高等职业教育旅游与酒店管理类专业"十三五"规划系列教材

旅游法规与法律实务

袁 义 编著

东南大学出版社
SOUTHEAST UNIVERSITY PRESS

内容简介

《旅游法规与法律实务》是根据旅游院校教学需要而编写的一本专业教材。本教材基于旅游管理的实际情况,对旅游法规与相关法律实务进行了全面、系统的阐述与分析,并将一些典型案例穿插其中,将旅游管理中涉及的有关法律问题有机地结合起来。

本教材立足于旅游法律知识结构的系统性和旅游实际管理中法律应用的实用性,紧密联系旅游法学研究发展的前沿,以最新旅游法学成果展示旅游法学体系的理论知识和实践技巧,重点突出旅游法学知识的全面性、结构的合理性、内容的科学性和学习的实用性。本教材注重可操作性和实用性,目的在于使旅游管理专业的学生能够全面掌握旅游相关法律知识,为今后工作打下坚实基础。本教材内容系统、全面、新颖,知识性、适用性强,既有旅游法学的理论,又紧扣旅游管理实际,突出实务的可操作性、实战性。本书可作为旅游院校教学用书,也可作为旅游经营管理人员及从业人员的培训教材和参考书。

图书在版编目(CIP)数据

旅游法规与法律实务 / 袁义编著. —南京:东南大学出版社,2017.7

高等职业教育旅游与酒店管理类专业"十三五"规划系列教材

ISBN 978-7-5641-7253-4

Ⅰ.①旅… Ⅱ.①袁… Ⅲ.①旅游业—法规—中国—高等学校—教材 Ⅳ.①D922.296

中国版本图书馆 CIP 数据核字(2017)第 149498 号

东南大学出版社出版发行
(南京四牌楼 2 号 邮编 210096)
出版人:江建中
网　　址:http://www.seupress.com
电子邮件:press@seupress.com
新华书店经销　南京京新印刷有限公司印刷
开本:787 mm×1092 mm　1/16　印张:14.75　字数:387 千字
2017 年 7 月第 1 版第 1 次印刷
ISBN 978-7-5641-7253-4
定价:32.00 元

(凡因印装质量问题,可直接与营销部调换。电话:025—83791830)

出 版 说 明

当前职业教育还处于探索过程中,教材建设"任重而道远"。为了编写出切实符合旅游管理专业发展和市场需要的高质量的教材,我们搭建了一个全国旅游与酒店管理类专业"十三五"规划建设、课程改革和教材出版的平台,加强旅游管理类各高职院校的广泛合作与交流。在编写过程中,我们始终贯彻高职教育的改革要求,把握旅游与酒店管理类专业"十三五"规划课程建设的特点,体现现代职业教育新理念,结合各校的精品课程建设,每本书都力求精雕细琢,全方位打造精品教材,力争把该套教材建设成为国家级规划教材。

质量和特色是一本教材的生命。与同类书相比,本套教材力求体现以下特色和优势:

1. 先进性:(1)形式上,尽可能以"立体化教材"模式出版,突破传统的编写方式,针对各学科和课程特点,综合运用"案例导入""模块化"和"MBA任务驱动法"的编写模式,设置各具特色的栏目;(2)内容上,重组、整合原来教材内容,以突出学生的技术应用能力训练与职业素质培养,形成新的教材结构体系。

2. 实用性:突出职业需求和技能为先的特点,加强学生的技术应用能力训练与职业素质培养,切实保证在实际教学过程中的可操作性。

3. 兼容性:既兼顾劳动部门和行业管理部门颁发的职业资格证书或职业技能资格证书的考试要求又高于其要求,努力使教材的内容与其有效衔接。

4. 科学性:所引用标准是最新国家标准或部颁标准,所引用的资料、数据准确、可靠,并力求最新;体现学科发展最新成果和旅游业最新发展状况;注重拓展学生思维和视野。

本套丛书聚集了全国最权威的专家队伍和由江苏、四川、山西、浙江、上海、海南、河北、新疆、云南、湖南等省市的近60所高职院校参加的最优秀的一线教师。借此机会,我们对参加编写的各位教师、各位审阅专家以及关心本套丛书的广大读者,致以衷心的感谢,希望在以后的工作和学习中为本套丛书提出宝贵的意见和建议。

高等职业教育旅游与酒店管理类专业"十三五"规划系列教材编委会

高等职业教育旅游与酒店管理类专业"十三五"规划系列教材编委会名单

顾问委员会(按姓氏笔画排序)

  沙 润 周武忠 袁 丁 黄震方

丛书编委会(按姓氏笔画排序)

主 任 朱承强 陈云川 张新南

副主任 毛江海 王春玲 支海成 邵万宽 周国忠
     袁 义 董正秀 张丽萍

编 委 丁宗胜 马洪元 马健鹰 王 兰 王志民
    方法林 卞保武 朱云龙 刘江栋 朱在勤
    任昕竺 汝勇健 朱 晔 刘晓杰 李广成
    李世麟 邵 华 沈 彤 陈克生 陈苏华
    陈启跃 吴肖淮 陈国生 张建军 李炳义
    陈荣剑 杨 湧 杨海清 杨 敏 杨静达
    易 兵 周妙林 周 欣 周贤君 孟祥忍
    柏 杨 钟志慧 洪 涛 赵 廉 段 颖
    唐 丽 曹仲文 黄刚平 巢来春 崔学琴
    梁 盛 梁 赫 韩一武 彭 景 蔡汉权
    端尧生 霍义平 戴 旻

前　言

近年来我国旅游业蓬勃发展,短短几十年取得的成就令世界瞩目和惊叹。中国已成为当今世界旅游业发展最快的国家,旅游业也已经成为我国经济新的增长点。

旅游法是一门理论性与实践性较强的专业基础课程,作为培养旅游管理人才的旅游院校,旅游法已成为一门不可或缺的专业基础课程。根据高职院校教学特点,即在课堂教学中既要强调学科的理论性和科学性,又要注重实践应用中的实用性和可操作性,使学生既能学到本门课程系统的理论知识,又能在技术和方法上适应现代旅游管理实践运作的需要。本教材基于现代旅游的实际情况,对旅游涉法问题进行了全面、系统的阐述与分析,并将发生在旅游过程中的一些典型案例穿插其中,将旅游管理中涉及的法律问题有机地结合起来进行系统阐述。

《旅游法规与法律实务》以旅游院校学生为对象,全面系统地论述了旅游企业在经营管理过程中涉及的诸多法律问题,内容既包括具体的旅游法学理论知识,同时穿插大量旅游企业在经营管理中涉及的经典案例,并且融汇了大量新的旅游业的有关法律规范,使学生通过学习能够在今后的工作中懂得如何保障游客以及旅游企业的合法权益,懂得如何处理日常工作中涉及的有关法律事务。

《旅游法规与法律实务》突出"以实用为导向""以学习者为中心""以职业生涯发展需要"为原则,并将这一原则作为教材编写的指导思想,力求使学生在知识、能力、态度等诸多方面具备行业发展需求的综合素质,满足职业岗位的要求。本教材立足于理论与实践的统一,注重实践运用,强调所学知识的有用性,重视与相关课程相结合,并形成以下的特色:

1. 系统性。作为旅游高职高专院校的教材,针对学生的特点以及旅游行业管理的特点,对旅游管理相关法律法规作了全面、系统性的介绍。

2. 权威性。本教材的作者既拥有扎实的理论知识功底,又拥有丰富的一线实践经验,按照优秀教材的编写标准,编创结合,做到教材内容准确、科学的同时,体现出自身的权威性。

3. 实用性。本教材立足于为学生旅游实践工作服务,着眼于旅游业从业者基础旅游法学知识和处理问题能力的培养,为学生综合素养的提高和专业技能的增强服务,对旅游管理具有很强的实用性。

4. 新颖性。本教材囊括了诸多与旅游经营管理有关的法律法规,并将国家最新的有关法律规定编写其中,如 2016 年 11 月起修正施行的《中华人民共和国旅游法》、2016 年 12 月起施行的《旅游安全管理办法》、2016 年 2 月起修正施行的《旅行社条例》、2014 年 3 月起修正施行的《消费者权益保护法》等。在选用案例方面,本教材精选了旅游业实际发生的一些典型案例,其中很多是近年国内旅游业有影响的经典案例。

《旅游法规与法律实务》是作者在多年教学研究以及实践的基础上,针对旅游专业高等院校学生的特点编写的教材。作者自 1973 年起从事旅游业工作,先后在江苏省旅游局、中国国际旅行社和多家旅游饭店任职,1987 年起在旅游院校从事旅游法学的教学与研究工作,同时在全国多家旅游企业担任法律咨询顾问工作,既有扎实的理论知识功底,又有丰富的一线实践经验。作为专家,作者承担了《中国旅游饭店行业规范》的起草工作,为《中国旅游业安全现状与管理规范研究》课题负责人、《中国旅游饭店综合评价体系》法律和安全部分负责人;作为学者,出版了《旅游法规概论》《旅游法规》等十多部专著和教材,发表了近百篇有关论文,为《中国酒店》杂志"袁教授说法"专栏作者,是中国职业技术教育学会教学工作委员会旅游餐饮专业教学研究会会员;作为旅游法学课的主讲教师,受聘为清华大学和中国旅游协会等一些著名院校和行业协会的客座教授。

本教材具有较强的普适性,适合各类旅游院校旅游管理专业学生作为教材使用,也可以作为旅游从业人员的培训教材。

由于编者水平有限,定存在不足之处,敬请读者和同行批评指正,以便不断完善。

编著者

目 录

第一章 旅游法概述 ·· 1
第一节 有关旅游的定义 ·· 1
第二节 旅游法的概念及调整对象 ·· 2
第三节 旅游法与旅游法学 ··· 4
第四节 旅游业的发展与旅游法的形成 ··· 5
第五节 我国旅游的立法情况 ··· 11
第六节 旅游法律关系 ·· 14
第七节 旅游法的渊源 ·· 16
第八节 旅游法的基本内容 ·· 18
第九节 旅游法的作用 ·· 19

第二章 旅行社管理法律制度 ·· 22
第一节 旅行社的概念与法律特征 ··· 22
第二节 旅行社的设立 ·· 23
第三节 旅行社的管理 ·· 28
第四节 旅行社的经营 ·· 30
第五节 旅行社的权利和义务 ··· 32
第六节 旅行社的法律责任 ·· 35
第七节 旅行社对旅游者权益受损的赔偿 ·· 37

第三章 旅游饭店管理法律制度 ··· 46
第一节 旅游饭店的概念 ··· 46
第二节 饭店的设立与分类 ·· 47
第三节 旅游饭店同客人的权利与义务 ··· 50
第四节 旅游饭店的星级评定制度 ··· 62
第五节 旅游饭店行业规范 ·· 64

第四章 旅游交通运输管理法律制度 ··· 72
第一节 旅游交通运输管理法律制度概述 ·· 72
第二节 旅游交通运输企业与旅游者双方的义务 ··· 74
第三节 航空运输管理法律制度 ·· 76
第四节 铁路交通运输管理法律制度 ·· 84

第五章　旅游合同法律制度 ····· 88
- 第一节　旅游合同的基本概念 ····· 88
- 第二节　旅游合同的签订与主要条款 ····· 91
- 第三节　旅游企业常用合同 ····· 93
- 第四节　旅游合同的违约责任 ····· 101
- 第五节　旅游企业劳动合同 ····· 106

第六章　旅游安全管理法律制度 ····· 111
- 第一节　旅游安全管理法律制度概述 ····· 112
- 第二节　旅游安全事故、事件的防范与处理 ····· 114
- 第三节　对旅游者死亡事件的处理 ····· 119
- 第四节　旅游涉外案件、事件的处理 ····· 121

第七章　旅游企业的法律责任 ····· 132
- 第一节　旅游企业法律责任的概念 ····· 132
- 第二节　旅游企业的民事责任 ····· 133
- 第三节　旅游企业的刑事责任 ····· 136
- 第四节　旅游企业的其他相关法律责任 ····· 139

第八章　旅游侵权责任法律制度 ····· 148
- 第一节　旅游侵权责任概述 ····· 149
- 第二节　旅游者财物毁损或灭失的赔偿责任 ····· 155
- 第三节　旅游者人身损害的赔偿责任 ····· 156
- 第四节　侵权责任与违约责任的责任竞合 ····· 157
- 第五节　对旅游者精神损害的赔偿责任 ····· 161
- 第六节　诉讼时效 ····· 164

第九章　旅游者入出境管理法律制度 ····· 166
- 第一节　外国旅游者在中国的法律地位 ····· 166
- 第二节　外国旅游者入境和出境管理 ····· 167
- 第三节　中国旅游者出境和入境管理 ····· 170

第十章　国内法与国际法 ····· 175
- 第一节　法的一般分类 ····· 176
- 第二节　国内法 ····· 176
- 第三节　国际法 ····· 181
- 第四节　国际私法 ····· 182
- 第五节　国际惯例 ····· 183
- 第六节　国际旅游组织 ····· 184

第十一章　涉外诉讼 ·· 190
　第一节　涉外民事诉讼 ·· 191
　第二节　涉外刑事诉讼 ·· 193
　第三节　涉外仲裁 ·· 194

附录一　中华人民共和国旅游法 ·· 197
附录二　旅游安全管理办法 ·· 209
附录三　旅游投诉处理办法 ·· 215
附录四　关于印发《旅行社服务质量赔偿标准》的通知 ············ 219
附录五　最高人民法院关于审理旅游纠纷案件适用法律若干问题的规定 ··· 221
附录六　旅游发展规划管理办法 ······································ 224

第一章 旅游法概述

本章导读

旅游是最具活力的一种活动,旅游业是当今世界发展最迅猛的行业之一。第二次世界大战以后,随着国际形势的相对稳定,世界经济得以恢复和发展,旅游业也蓬勃发展起来。旅游涉及众多的部门,要使旅游业得以健康发展,一些国家认识到旅游立法的必要性和重要性,纷纷制定本国的旅游法律、法规,旅游法作为一个新兴的法律部门便产生了。作为旅游院校有关专业的学生,要学好有关旅游专业的课程,必须懂得有关旅游法规,掌握其有关的基础理论和相关知识。

案例导入

陈明浩是一位退休老人,子女定居在国外,他一人在上海独居。2017年他相约了三位在老年大学一起学习的朋友去山东旅游。缴了旅游费后,他们参加了某旅行社组织的旅游团。一路旅游顺利,第三天的行程目的地是青岛崂山。当天下午4时许在山上游览的陈明浩对同伴说要去洗手间,由于同伴们都在忙着拍照,他就独自去找厕所了。到了旅游集合的时间老人没有出现,大家着急了,将老人不见的情况告诉了导游。旅行社的导游立即通知了景区并报了警。经过多方寻找,直到天亮才找到老人,送到医院后抢救无效死亡。

之后,陈明浩的三位同伴找到了旅行社和景区,要求其赔偿医疗抢救费、丧葬费及死亡赔偿金等项费用,并称如果得不到相应的赔偿,他们将起诉到法院。

在没有能够得到相关赔偿的情况下,陈明浩的同伴能否将旅行社和景区告上法庭?他们能打赢诉讼吗?为什么呢?

第一节 有关旅游的定义

一、旅游的定义

1991年6月,世界旅游组织在加拿大召开了"旅游统计国际大会",对旅游作了如下的定义:"旅游,是指一个人旅行到他(或她)通常环境以外的地方,时间少于一段指定的时段,主要目的不是为了在所访问的地区获得经济利益的活动。""少于一段指定的时段"是指非长久的移民活动。

二、旅游者的定义

世界旅游组织对旅游者的定义是：旅游者是指不是为定居和谋求职业到外地或外国，而是进行探亲、访友、度假、观光、参加会议或从事经济、文化、体育、宗教等活动的个人和团体，时间为24小时以上一年以下。

本书中的旅游者，包括旅行社的游客、旅游饭店的客人以及旅游交通的乘客等。

三、旅游业的定义

旅游业是以旅游市场为对象，有偿为旅游者的旅游活动创造便利条件，并提供所需商品和服务的所有行业和部门的综合性产业。旅游业主要由三部分构成，即旅行社、交通客运部门和以旅游饭店为代表的住宿业部门。旅行社、旅游饭店和旅游交通三者构成了现代旅游业的三大支柱。

四、旅游企业的定义

旅游企业是依法成立的以营利为目的、从事经营活动的独立核算的组织。旅游企业有如下特征：

（1）旅游企业是一种社会经济组织。它主要从事经济活动，并有相应的财产，是一定人员和一定财产的组合。

（2）旅游企业是以营利为目的、从事生产经营活动的社会经济组织。生产经营活动是指创造社会财富和提供服务的活动，包括生产、交易、服务等。旅游企业从事生产经营活动是以营利为目的，是为了赚取利润。

（3）旅游企业是实行独立核算的社会经济组织。企业要单独计算成本费用，以收抵支，计算盈亏，对经济业务作出全面反映和控制。

（4）旅游企业是依法设立的社会经济组织。旅游企业通过依法设立，可以取得相应的法律地位，获得合法身份，得到国家法律的认可和保护。

第二节 旅游法的概念及调整对象

一、旅游法的概念

旅游法有狭义和广义之分。狭义的旅游法，是指国家所制定的旅游法律规范，如由中华人民共和国第十二届全国人民代表大会常务委员会第2次会议于2013年4月25日通过，自2013年10月1日起施行的《中华人民共和国旅游法》。

广义的旅游法，是指与旅游企业经营、管理活动有关的各种法律规范的总和，也就是调整旅游活动领域中各种社会关系的法律规范的总称。社会关系，是人们在社会生产过程中彼此产生的联系，以旅游活动为主线而产生的各种社会关系，是旅游法的调整对象。

广义的旅游法所调整的是旅游活动关系的一系列法律规范的总和，而不是单一的法律或法规。这些法律规范包括国家有关部门制定的有关旅游方面的法律、法规及各省、自治区、直辖市制定的有关旅游方面的地方法规。此外，还包括我国参加和承认的国际有关公约或规章。

二、旅游法的调整对象

旅游法调整旅游活动中所产生的各种各样的社会关系，这些关系主要包括以下几类：

（一）旅游行政管理部门与旅游企业之间的关系

国家要发展旅游事业，国家旅游行政管理部门必然要根据社会对旅游消费的需求作出预测，并综合考虑其他一些因素，确立一定时期的旅游业发展规模，制定出发展旅游业的方针、政策和规划。这些旅游方针、政策和规划在制定、贯彻和实施过程中，国家旅游行政管理部门与旅游企业必然要发生各种关系。在计划经济条件下，国家旅游行政管理部门主要通过行政命令、指示、规定等行政手段直接组织、指挥所属各旅游企业的活动。他们之间的关系是领导与被领导的关系，企业基本上没有经营自主权。在市场经济条件下，国家旅游行政管理部门主要通过制定法规、提供信息、培育市场，并利用价格、税收、奖惩等经济手段和法律手段间接管理旅游企业，二者之间是指导与被指导的关系。企业是独立的法人，具有独立的经营自主权。

旅游行政管理部门与旅游企业之间的关系是一种纵向的法律关系。国家旅游行政管理部门对旅游企业的经营管理活动负有监督、管理的责任。这种关系具体表现为领导与被领导、管理与被管理、监督与被监督的关系。前者主要表现为权力的行使，后者主要表现为义务的履行，双方的主体地位是不平等的。

（二）旅游企业与旅游者之间的关系

旅游企业与旅游者之间的关系是旅游法所调整的最主要的社会关系。旅游企业同旅游者之间的关系是一种横向的法律关系，旅游企业同旅游者之间的法律地位是平等的，他们之间的关系一般以合同的形式予以确立，各主体在享有权利的同时承担义务，也就是说，旅游企业与旅游者在履行义务的同时也享有相应的权利。

（三）旅游企业之间以及旅游企业同其他企业的关系

旅游活动中的吃、住、行、游、购、娱等活动不可能只靠一家旅游企业单独完成。它需要各旅游企业之间相互协作、互相配合，形成一个旅游服务的整体，才能使旅游活动顺利进行。例如，旅行社往往只能组织客源和提供导游服务，而解决不了住宿、就餐和游览景点的问题，而旅游饭店和游览景点又需要旅行社提供客源。旅游业自身的这些特点便决定了各旅游企业之间的活动必须是相互配合、协调发展、彼此之间相互依存的协作关系。

旅游企业除了同旅游企业之间产生联系，还有可能同其他企业产生联系。例如企业通过旅行社安排员工外出旅游等。

旅游企业之间以及旅游企业同其他企业的联系也是一种横向的法律关系。

（四）旅游企业与相关部门之间的关系

旅游企业在经营管理过程中与许多部门都产生联系，如供水、供电、供气等企业和部门。旅游企业同这些企业和部门之间的联系既有横向的法律关系又有纵向的法律关系。

（五）旅游者与旅游及其他行政管理部门之间的关系

旅游者在旅行游览过程中，除了与旅游企业发生一定的社会关系外，还会与旅游行政管理部门以及公安、卫生、海关、园林、文物、宗教等诸多行政管理部门发生一定的社会关系。如旅游者的正当权益受到损害时,要找旅游行政管理部门投诉;旅游者出境时,要在公安部门办理护照等旅游身份证件;旅游者在游览风景名胜和历史古迹时,还会涉及对风景、名胜和古迹的保护以及对旅游资源与环境的保护。所有这些都会与相关的行政管理部门发生一定的关系。

(六)旅游行政管理部门之间的关系

在发展旅游事业的过程中,要贯彻政府的旅游法律、法规和方针、政策,对旅游企业和旅游从业人员进行管理,并保护好旅游资源和旅游环境。各级旅游行政管理部门之间有着各自的权限划分、分工负责的问题,这必然出现旅游行政管理部门上下级之间的领导与被领导关系与横向之间的相互配合关系。

(七)具有涉外因素的法律关系

涉外因素的法律关系包括外国旅游者和旅游组织在中国的法律地位,以及中外合资、合作旅游企业中的中外各方的合作关系等。这些关系一般由我国法律进行调整,但涉及我国参加的国际有关公约、条约以及国际惯例的除外。

第三节 旅游法与旅游法学

法律,是指由国家制定或认可,体现统治阶级意志,以国家强制力保证实施的具有普遍约束力的行为规则的总和。

法律有广义与狭义之分。广义的法律,是指法的整体,包括法律、有法律效力的解释及其行政机关为执行法律而制定的规范性文件。狭义的法律,是指拥有立法权的国家机关依照立法程序制定的规范性文件。它包括法律、法令、条例、规定、规则、决议、决定、命令等,如《中华人民共和国旅游法》《中华人民共和国消费者权益保护法》《中华人民共和国食品安全法》《中华人民共和国治安管理处罚法》《中华人民共和国突发事件应对法》《旅行社条例》等等。

法学,是以法律为主要研究对象的学科,是社会经济、政治、文化有了相当发展,出现了较完整的法律规范体系后,才逐渐形成和发展起来的。

旅游法和旅游法学是两个不同的概念,它们之间既相互联系又有所区别。旅游法是一个部门法,它以旅游企业社会关系为调整对象,体现国家意志,对当事人具有约束力。而旅游法学是一个法学分科,它以旅游法为研究对象,对当事人没有约束力。旅游法的规范和实践为旅游法学的研究提供课题和条件,而旅游法学的研究又促进了旅游法的健全和完善。

旅游法与旅游法学之间的区别在于:

(1)旅游法是一些法律规范的总和,是法律的一个部门,简单地说,它是法;而旅游法学是社会科学的一部分,是一种法学理论,是法学的一个分支学科。

(2)旅游法是具有法律约束力的法律规范;旅游法学则没有法律的约束力,它是一种学术理论,并非旅游企业的行为准则。

第四节 旅游业的发展与旅游法的形成

一、旅游业的发展

（一）世界旅游业的发展

旅游作为人类社会的一种活动现象，古已有之，如中国的徐霞客和欧洲的马可·波罗，他们不仅是著名的旅行家，而且留下了游记。但是古代的旅游活动是分散和个别的，再加上交通不便利，不可能形成，最终也没有形成一个产业门类。

进入近代以后，社会生产力、交通、科技的巨大变化与发展，为旅游活动的发展奠定了基础，为更多的人外出旅游提供了机会和条件。由于大多数人没有外出旅游的经验，特别是对远距离的旅游更是陌生，需要有专门的机构提供帮助，于是就出现了一个新的行业——旅游服务业。19世纪40年代，在英国出现了专门从事旅游活动的组织者和经营者——旅行社，标志着人类的旅游活动进入一个新的历史阶段。此后，在欧洲和北美相继出现了许多类似的旅游经营组织，它们极大地推动了旅游业的发展。

第二次世界大战结束后，全球局势相对稳定，各国都致力于本国的经济建设，旅游业开始在世界范围迅速发展，成为普遍性的社会、经济、文化现象。1963年联合国国际旅游及旅行会议（罗马会议）总决议中指出："旅游是人类的一项基本活动。"

近年来，随着经济的发展、科学技术的进步和人们休闲时间的增多，旅游业更是得到了迅猛的发展。1989年全世界国际旅游者已经突破4亿人次大关，国际旅游收入达到2 087亿美元，旅游业从业人员超过1亿人。同时，世界旅游业已经从其他行业中逐渐分离出来成为独立的综合性的经济行业，在各国获取非贸易外汇收入、平衡外汇收支、解决就业等方面发挥了相当大的作用。在这种形势下，世界许多国家纷纷采取法律手段来鼓励和扶持国家旅游的发展，制定各种涉外旅游法规来保护国际旅游者的合法权益。

根据世界旅游组织（UNWTO）于2016年发布的《2015全球旅游报告》（UNWTO Tourism Highlights 2015 Edition）显示，2015年国际旅游人次较上一年上升了4.4%，达到了11亿8 400万人次，国际旅游花费达12 450亿美元。全球前往境外旅游目的地的过夜游客比2014年增长了5 000万人。这是国际旅游人次自2010年以来，连续第6年以每年4%以上的速度出现增长。

全球越来越多的目的地，开始重视旅游并在旅游中投入资金用于发展，旅游已经成为创造就业和创业、出口创收以及拉动基础设施建设的关键驱动力。在过去的60年中，旅游经历了持续扩张和多元变化，已经成为全球经济中最大和增长最快的行业。许多新兴目的地已经成为继欧洲、北美等传统热门目的地之外的新宠。全球国际游客到访量1950年为2 500万人，到2015年达到11亿8 400万人次。全球范围内旅游目的地的国际旅游花费1950年为20亿美元，1980年增加到1 040亿美元，2015年达到12 450亿美元。

2016年在首届世界旅游发展大会的新闻发布会上，中国国家旅游局给出的数据是，当前世界经济复苏乏力，而旅游业发展逆势而上，目前全球旅游业已连续6年实现增长，旅游业对全球GDP的综合贡献占全球GDP总量的10%，创造就业占全球就业总量的9.5%。

根据世界旅游组织长期预测报告《旅游走向2030年》(Tourism Towards 2030),全球范围内国际游客到访量从2010年到2030年,将以年均3.3%的速度持续增长,到2030年将达到18亿人次。在2010年至2030年,新兴目的地的游客到访量预计将以年均4.4%的速度增长,是发达国家/经济体年均2.2%增速的两倍。

(二) 中国旅游业的发展

新中国成立后,我国旅游业的发展历程大体可以分为两个时期。第一个时期为新中国成立至改革开放前。

1949年11月中国旅行社成立(前身为厦门华侨服务社,后为厦门中国旅行社),这是新中国的第一家旅行社,主要接待对象为来大陆的海外华侨、港澳台同胞和外籍华人。

1954年,中国国际旅行社总社在北京正式成立。同年,在上海、天津、广州、南宁、哈尔滨、南京、杭州、武汉、沈阳、大连、丹东、满洲里等12个城市成立了分支社,开始从事接待邀请客人、国际友人、互换和自费游客业务。它在成立之初,是隶属国务院的外事接待单位。在此之前,全国还没有专门管理旅游业的行政机构,国旅总社实际上代行了政府管理职能。至1957年底,国旅在全国各主要大中城市设立19个分支社,国旅的接待业务网络初步形成。

随着中国的建设与发展,来华公务和旅游的外国宾客逐渐增多。为加强对旅游工作的管理,中国旅行和游览事业管理局于1964年正式成立。国务院规定,发展我国旅行和游览事业的方针和目的首先是为了学习各国人民的长处,宣传我国社会主义建设的成就,促进同各国人民的友好往来和互相了解,其次才是通过发展旅行和游览事业增加外汇收入。

这一时期由于受我国生产力低下和经济落后的影响,制约了国人旅游的需要。当时我国旅游部门的工作主要是根据外交工作的需要,负责来华国际友人的接待任务。在这段时期中国处于十分落后的局面,国际环境严峻,国内生产水平低下,人民仍旧处于难以温饱的状态,在这种局面下要发展旅游业是很困难的。旅游活动在当时主要是对那些来华的外宾所展开的。

我国旅游业发展的第二个时期为改革开放至今。改革开放30多年,中国旅游业经历了起步、成长、拓展、综合发展4个主要阶段,探索了一条体现中国特色的旅游发展之路。

1. 起步阶段(1978—1991年)

这是中国旅游业迈向产业发展的历史性的一步,是改革开放促进旅游产业兴起,旅游产业发展又推动改革开放的新时代。1979年,邓小平同志提出"旅游事业大有文章可做,要突出地搞,加快地搞",由此掀开了中国旅游产业兴起的篇章。随后,北京建国饭店、长城饭店和北京航空食品有限公司等第一批中外合资旅游企业诞生。

1981年,中国政府第一次组织召开了全国旅游工作会议,在《关于加强旅游工作的决定》中明确指出:"旅游事业是一项综合性的经济事业,是国民经济的一个组成部分,是关系国计民生的一项不可缺少的事业。"为此,中国先后对旅游管理体制进行了重大改革:1978年将中国旅行游览事业管理局改为管理总局,1982年又将管理总局改为国家旅游局,直属国务院管理;各省区市相继成立旅游局,负责管理各地方的旅游事业;成立了旅游工作领导小组,由时任国务院副总理耿飚担任组长,国务院17个部门负责人参与工作。这一时期,国内旅游开始起步,出境旅游以出国探亲游、边境游为主要类型进入试点试行。到1991年,中国境内旅游者人数增加至3.33亿人次,旅游总收入达到351亿元人民币,其中,接待入境旅游人数达到3 334.98万人次,旅游创汇28.45亿美元,分别比1978年增长了18.4倍和10.8倍,初步具有了以创汇为主的经济产业特征。

2. 成长阶段(1992—1997年)

这是三大旅游市场培育推进、旅游产业加快成长的重要阶段,也是中国进入亚洲旅游大国之列的关键时期。1992年是中国改革开放在新的起点上再出发的关键一年。在"发展才是硬道理"的思想指引下,中国政府作出了《关于加快发展第三产业的决定》,明确旅游业是第三产业的重点。

1997年,香港回归,中国政府抓住机遇,提出"大力发展入境旅游、积极发展国内旅游、适度发展出境旅游"的方针,并召开出境旅游工作会议,正式批准开展中国公民出境旅游业务,推动了内地与香港出入境双向市场起步发展,呈现出国内游、出境游、入境游三大市场开始同时发展的新格局。1997年,国民出游次数平均达到了1次,全国共接待游客总量7.01亿人次,旅游总收入3 112亿元,分别比1991年增加了2.1倍和8.7倍。1997年,出境旅游虽然起步晚,但以边境游为主体的出境旅游开始形成一定规模,到1997年,出境旅游人数已达到800万人次。

这一时期,中国旅游业形成以政府为主导的特色发展模式,三大旅游市场相继开始活跃,中国步入了亚洲旅游大国行列。

3. 拓展阶段(1998—2008年)

这是中国旅游业由经济增长点向新兴产业、国民经济重要产业转型阶段,也是中国融入世界经济体系、跨入世界旅游大国的重要时期。

这一时期,为了扩大内需、激活旅游市场,中国政府采取了一系列举措推动旅游业加快发展:在全国经济工作会议上明确提出旅游业为国民经济新的增长点;开始实行春节、五一、十一3个连续7天假期的黄金周假日制度;启动了"中国优秀旅游城市"评定,表明中国政府主导旅游业发展的模式将从一个部门、一个行业延展到多部门、全行业、多区域,形成统筹管理、属地管理和分级管理为一体的推进模式;下发了加快旅游业发展的国务院文件《关于进一步加快旅游业发展的通知》;颁布了《中国公民出国旅游管理办法》规范出境旅游;全面展开全国红色旅游推进工作,推动创建工农业旅游示范点;等等。这些措施全方位拓展了旅游产业发展空间,推动国内旅游市场保持强劲增长态势,成为拉动内需的消费热点;入境旅游市场呈现高位增长态势,把中国带进世界旅游接待大国的行列;出境旅游市场走向边境游与国外游、港澳游互动发展的新局面。2001,中国入境旅游收入178亿美元,入境过夜旅游者人数为3 317万人次,两项指标均跃居世界第5位。

这一时期,是中国旅游业综合优势全面发挥的时期,旅游业开始走向中国政治、经济、社会、文化、生态等大舞台,在关系国计民生的一些重要领域发挥了独特作用。在国际上,中国成为世界第四大旅游接待国;在国内,旅游功能全面发挥,旅游业基本形成了比较完整的产业体系,建立了有一定专业水平的从业队伍,积累了比较丰富的经营管理经验,奠定了持续发展的良好基础。

4. 综合发展阶段(2009—2017年)

这是中国旅游业由国民经济重要产业向战略性支柱产业转型发展阶段。旅游业进入国家战略层面,在调结构、稳增长、促消费、惠民生等方面,越来越发挥出重要的作用,成为中国经济发展的"加速器"、社会和谐的"润滑油"、生态文明建设的"催化剂"、对外合作交流的"压舱石"，综合性产业地位日益凸显，迈向了多方位、多层面、多维度的大旅游产业发展崭新时代。这一阶段，中国开启了向全面小康型旅游强国迈进的伟大进程。

2009年出台了《国务院关于加快发展旅游业的意见》，将旅游业首次定位为国民经济的战略性支柱产业，开启了中国旅游业具有里程碑意义的新时代。2011年，国务院将每年的5月19日确定为"中国旅游日"，标志着旅游业迈入满足大众化旅游需求的新时代。2013年，国务院发布了《国民旅游休闲纲要(2013—2020年)》，明确推行带薪休假制度，并颁布实施中国第一部旅游基本法——《中华人民共和国旅游法》，标志着中国旅游业进入了依法治旅、依法兴旅的新阶段。

2016年，在《国民经济与社会发展"十三五"规划纲要》中，中国政府将旅游业放在了促进经济发展、促进改革开放、促进调整结构和促进改善民生的战略地位。在此期间，全国旅游总收入从2008年的1万亿元跃为2015年的4.13万亿元，接待游客总人数超过41亿人次。

根据国家旅游局2017年发布的数据显示，2016年全国旅游总收入达4.69万亿元，同比增长13.6%。据联合国世界旅游组织的计算，2016年我国旅游业对国民经济综合贡献率达11%，对社会就业综合贡献超过10.26%，与世界平均水平基本持平。2016年国内旅游人数继2015年首次突破40亿人次后，继续两位数增长，全年超过44.4亿人次；国内旅游收入同样保持两位数增长，达到了3.9万亿元。在入境旅游人数上，2016年达1.38亿人次，增长3.8%；其中外国人接待人数2 815万人次，增长8.3%。国际旅游收入为1 200亿美元，增长5.6%。我国继续保持世界第一大出境旅游客源国和第四大入境旅游接待国地位。

这一阶段，是中国旅游业全面转型提升发展时期，国内游、入境游、出境游三大市场全面繁荣，形成了三足鼎立、活跃发展的新格局。中国成为世界最大的国内旅游市场、世界第一大国际旅游消费国、世界第四大旅游目的地国家。中国旅游业对中国和世界经济和社会发展的贡献更加突出，成为世界旅游业的重要一员。

同欧洲相比，中国旅游业起步较晚，但后来居上，强势发展。依据世界旅游组织提供的统计显示，中国旅游业在过去的几年里发展迅猛。中国的旅游业形成了几个世界之最，第一个是出境旅游增长率世界最快，第二个是国内旅游市场世界最大，第三个是在世界旅游史上，中国的发展规模和速度是举世无双的。中国国内旅游、出境旅游人次和国内旅游消费、境外旅游消费均列世界第一。国家旅游数据中心测算数据则显示，我国旅游就业人数占总就业人数的10.2%。统计表明，2015年在40亿人次国内游的人群中，自由行人群高达32亿人次，人均消费937.5元。1.2亿人次出境游客中，有2/3的游客选择自由行，达到了8 000万人次。2015年中国国内自由行市场规模为3万亿元人民币，出境游客的人均消费高达11 625元。中国国内旅游、出境旅游人次和国内旅游消费、境外旅游消费均列世界第一。中国的出境旅游购物市场规模已达6 841亿元，其中自由行游客的消费占比超过80%。2016年第二季度全国旅行社入境旅游外联343.55万人次、1 416.02万人天，接待487.71万人次、1 591.51万人天。

中国作为全球第一大旅游客源市场，持续其超常规增长，中国出境游市场在过去20年增速喜人。中国贡献了全球旅游收入的13%，让全球一批目的地，特别是亚太地区的目的地获益匪浅。根据世界旅游组织2016年统计，中国继续成为国际游客最大的客源国，连续超过10年以双位数的速度增长。我国旅游业发展取得了巨大成就，国际影响力日益增强，旅游大国的地位和作用更加突出，中国旅游对世界的影响力与日俱增。

5. 未来发展

2016年12月5日，国家发展改革委和国家旅游局联合发文〔2016〕2550号，提出"十三五"期间旅游业对国民经济的贡献明显提高。全国旅游直接投资年均增长20%，到2020年，实现旅游投资总额达到2万亿元；旅游消费总额达到7万亿元，旅游业对国民经济增长的综合贡献超过10%；旅游就业总量达到5000万人，旅游业就业对社会就业的贡献率超过10%，实现每年约200万贫困人口通过发展旅游实现精准脱贫。

2016年12月7日国务院印发《"十三五"旅游业发展规划的通知》，通知明确指出在"十三五"期间，我国旅游业将呈现以下发展趋势：

（1）消费大众化。随着全面建成小康社会持续推进，旅游已经成为人民群众日常生活的重要组成部分。自助游、自驾游成为主要的出游方式。

（2）需求品质化。人民群众休闲度假需求快速增长，对基础设施、公共服务、生态环境的要求越来越高，对个性化、特色化旅游产品和服务的要求越来越高，旅游需求的品质化和中高端化趋势日益明显。

（3）竞争国际化。各国各地区普遍将发展旅游业作为参与国际市场分工、提升国际竞争力的重要手段，纷纷出台促进旅游业发展的政策措施，推动旅游市场全球化、旅游竞争国际化，竞争领域从争夺客源市场扩大到旅游业发展的各个方面。

（4）发展全域化。以抓点为特征的景点旅游发展模式向区域资源整合、产业融合、共建共享的全域旅游发展模式加速转变，旅游业与农业、林业、水利、工业、科技、文化、体育、健康医疗等产业深度融合。

（5）产业现代化。科学技术、文化创意、经营管理和高端人才对推动旅游业发展的作用日益增大。云计算、物联网、大数据等现代信息技术在旅游业的应用更加广泛。产业体系的现代化成为旅游业发展的必然趋势。

"十三五"旅游业发展的主要目标是：旅游经济稳步增长。城乡居民出游人数年均增长10%左右，旅游总收入年均增长11%以上，旅游直接投资年均增长14%以上。到2020年，旅游市场总规模达到67亿人次。综合效益显著提升。旅游业对国民经济的综合贡献度达到12%，对餐饮、住宿、民航、铁路客运业的综合贡献率达到85%以上。根据"十三五"旅游业发展规划，中国旅游业未来发展将业态创新，拓展发展新领域。着重实施"旅游+"战略，推动旅游与城镇化、新型工业化、农业现代化和现代服务业的融合发展，拓展旅游发展新领域。

2017年2月5日发布的中央一号文件《中共中央、国务院关于深入推进农业供给侧结构性改革加快培育农业农村发展新动能的若干意见》中，多处提及发展旅游，提出大力发展乡村休闲旅游产业。文件提出，大力发展乡村休闲旅游产业；充分发挥乡村各类物质与非物质资源富集的独特优势，利用"旅游+""生态+"等模式，推进农业、林业与旅游、教育、文化、康养等产业深度融合；丰富乡村旅游业态和产品，打造各类主题乡村旅游目的地和精品线路，发展富有乡村特色的民宿和养生养老基地；鼓励农村集体经济组织创办乡村旅游合作社，或与社会资本联办乡村旅游企业；多渠道筹集建设资金，大力改善休闲农业、乡村旅游、森林康养公共服务设施条件；完善休闲农业、乡村旅游行业标准。

"十三五"期间旅游业发展主要指标

专栏2 "十三五"期间旅游业发展主要指标

指　　标	2015年实际数	2020年规划数	年均增数(%)
国内旅游人数(亿人次)	40	64	9.86
入境旅游人数(亿人次)	1.34	1.50	2.28
出境旅游人数(亿人次)	1.17	1.50	5.09
旅游业总收入(万亿元)	4.13	7.00	11.18
旅游投资规模(万亿元)	1.01	2.00	14.65
旅游业综合贡献度	10.8	12.00	

二、旅游法的形成

(一) 旅游法的形成

由于旅游业的兴起与发展,产生了国家旅游管理部门与旅游企业之间的关系,产生了旅游企业与旅游者之间的关系,产生了旅游企业与其他相关部门之间的关系,从而逐步形成了调整这些关系和确定各当事方权利和义务的各种规范。旅游法是旅游业发展到一定历史阶段的产物,它随着旅游业的发展而产生,随着旅游业的不断发展而健全完善。

从国际旅游立法情况看,旅游法的形成经历了一个漫长的过程,开始是不成文的习惯法,后来才出现了成文法。最初的成文法大都是一些习惯的记载。随着旅游的发展,调整旅游企业与旅游者之间的一些权利和义务的法律规定及惯例出现了,这就是旅游法的雏形阶段。

"旅游法"作为一个概念被提出来,始于20世纪50年代。到了六七十年代,日本、巴西、韩国、英国、美国、墨西哥、中国等国家根据本国的情况,相继制定了一些专门的旅游法律、法规和规章,如《日本旅游基本法》(1963年)、《巴西联邦共和国旅游组织法》(1966年)、《韩国旅游振兴法》(1967年)、《英国旅游发展法》(1969年)、《美国全国旅游政策法》(第96—126号)、《墨西哥旅游法》(1979年)、《中华人民共和国旅游法》(2013年)。从世界上一些国家的旅游立法情况看,大致有三种情况:一是在通用性法律、法规中规定有关旅游的条文。二是针对旅游企业经营或发展中出现的具体问题制定单行的旅游法律法规,如比利时在1965年颁布的《旅行社法》等。三是制定一国发展旅游事业的基本法律——旅游基本法,如日本、美国、英国、韩国、巴西等国家。

(二) 国际旅游法律规定的形成

第二次世界大战以来,随着世界经济的发展,国际间的旅游有了很大的发展。1980年世界旅游人数增加到了2.85亿人。国际旅游、交往、商务打破了国与国之间的界限,当旅游企业与旅游者发生纠纷时,就产生了这样一个问题,由于世界上每个国家有它自己独立的法院系统和法律系统,由于各国法律的不同,对同一问题,不同国家的法律可能作出完全不同的裁定和判决。国际旅游、交往、商务是一个国际范围的活动,而各国的立法一般是基于本国的情况,这就给法律的运用带来了困难。为解决这些问题,一些有关旅游方面的国际公约、国际条约和国际协定制定出来,并被越来越多的国家所承认及执行,如1944年在芝加哥订立的《国际航空运输协定》、1970年在伯尔尼订立的《关于铁路旅客及行李运输的国际公约》、1970年在布鲁塞尔签订的《关于旅行契约的国际公约》、1978年国际私法统一协会拟订和通过的《关于旅馆合同的协定草案》、1981年由国际旅馆协会执行委员会在尼泊尔颁布的《国际旅馆业新规程》等等。从国际旅游立法情况看,旅游法发展到今天,已有一定的系统性和完整性,越来越受到各国立法的重视。

(三)国际旅游立法的模式

据统计,截至2016年世界上约有60个国家颁布了旅游法,其立法模式包括综合立法模式、组织法模式、合同法模式、促进法模式等,都不尽相同。我国的《中华人民共和国旅游法》属于综合立法模式。所谓综合立法模式是在同一部法律中,将一国旅游业发展中最根本、最重要的问题囊括其中,这种模式的优点在于立法成本小、效力高。鉴于我国的政治体制、法律体系、法律环境等现实情况,综合立法模式为最佳选择。通常其法律规定的内容比较全面,涵盖发展原则、旅游主管部门的职权、旅游服务、旅游者与旅游经营者行为、旅游市场监管等。

第五节 我国旅游的立法情况

一、我国旅游立法的基本情况

我国涉及有关旅游方面的立法始于20世纪70年代末,为了保障旅游业的健康发展,我国在颁布的众多民事和经济的法律和法规中,十分重视对旅游业的法律保护。由于旅游活动领域存在着某些不同于一般经济或民事关系的特殊的权利义务,仅靠通用性法律的一般原则和规定,不足以调整这些特殊的权利义务。这样,调整旅游社会关系的专门法律法规也不断出台。目前我国有两类法律和法规调整旅游社会关系。一类是通用的法律法规,如《中华人民共和国消费者权益保护法》《中华人民共和国合同法》《中华人民共和国食品安全法》《中华人民共和国环境保护法》等等。尽管这些法律从立法意图上不是专门针对旅游社会关系制定的,但事实上它所提供的法律原则和规定也适用于旅游事业。另一类是专门调整旅游关系的法律、法规。旅游业在我国是一个新兴的产业部门,旅游专门立法工作起步较晚。1985年5月11日,国务院颁布了《旅行社管理暂行条例》,这是我国第一个关于旅游业管理方面的法规。该条例施行后,相继有几十个专门法规问世。这些法规在实践中也在不断地修改和完善。目前我国已经制定的旅游法律法规主要有《中华人民共和国旅游法》《旅行社条例》《导游人员管理条例》《风景名胜区管理条例》《旅馆业治安管理办法》《中华人民共和国评定旅游涉外饭店星级的规定》《旅游安全管理办法》《游客不文明行为记录管理暂行办法》等。这些法律法规从制定的部门来看,有的是全国人大通过的法律,有的是国务院批准的旅游法规,有的是国家旅游局单独或会同有关部门制定的法规。除此之外还有大量的地方政府制定的有关地方旅游的法规。

随着我国旅游事业的发展,制定调整旅游企业和旅游者以及旅游企业和其他法律关系主体之间行为规范的法律法规将更加完善。

二、《中华人民共和国旅游法》

(一)《中华人民共和国旅游法》基本情况

《中华人民共和国旅游法》(简称《旅游法》)是国家首部针对旅游业的立法,全篇共设十章112条,从政府对旅游业的规划促进与旅游市场监管要求、旅游市场秩序、旅游者和旅游经营者的合法权益、旅游安全、旅游服务合同以及旅游纠纷的处理等多方面作出了规定。它采用综合立法模式,以保护旅游者合法权益为立法宗旨,实现了旅游规划入法。《旅游法》在总则中,明确提出了社会责任、综合协调机制,以及应遵循社会效益、经济效益和生态效益相统一的原则,都体现了社会经济法的基本理论思想。该法将旅游活动中的各种行为规范上升至法律层面来规制,将原旅游法规的相关规定提升到法律层面予以强化。《旅游法》的出台是中国旅游发展的里程碑,是改革开放和科学发展的结晶,是维护旅游者和旅游经营者权益,规范旅游市场的法律保证。旅游法的颁布,标志着中国旅游业进入了全面依法兴旅、依法治旅的新阶段。2013年4月25日,第十二届全国人民代表大会常务委员会第二次会议通过了《旅游法》,并于2013年10月1日起正式实施。2016年11月7日中华人民共和国第十二届全国人民代表大会常务委员会第二十四次会议通过了修正的《中华人民共和国旅游法》。

(二)《旅游法》出台背景

20世纪80年代初,在改革开放和旅游业发展的初期,为规范旅游市场,1982年国务院有关部门着手起草《旅游法》。经过一段时间的准备,《旅游法》于1988年列入七届全国人大常委会立法规划。《旅游法(草案)》经过反复研究和认真修改,于1993年形成送审稿。由于我国旅游业发展尚处于起步阶段,各个方面对旅游立法涉及的一些重要问题认识不尽一致,旅游立法工作被搁置。

随着改革开放的深化和我国经济社会的持续快速发展,旅游业在国民经济中的不可替代性呈现出来,另一方面旅游市场逐渐乱象频现,既损害了旅游者的合法权益,也不利于整个行业良性发展。为此,社会各界广泛呼吁制定和出台旅游法,以规范旅游业发展。在全社会的普遍呼吁之下,《旅游法》起草工作再启动。这次旅游法的起草工作,由全国人大财经委主导。2009年4月6日至12日,全国人大财经委赴安徽开展旅游立法前期调研。同年12月18日,全国人大财经委牵头组织国家发改委、国家旅游局等23个部门和有关专家成立旅游法起草组,并召开了起草组第一次全体会议。2012年3月14日,全国人大财经委第64次全体会议审议并通过了《旅游法(草案)》。同年8月27日,《旅游法(草案)》提请十一届全国人大常委会第二十八次会议初次审议。初次审议后,全国人大常委会法工委又将《旅游法(草案)》印发各省、自治区、直辖市和中央有关部门、部分企业、有关院校和研究机构征求意见。全国人大法律委、全国人大常委会法工委还到一些地方调研听取意见。综合各方面意见,全国人大法律委提出了《旅游法(草案)》二次审议稿,提请2012年12月举行的十一届全国人大常委会第三十次会议再次审议。2013年4月17日,全国人大常委会法工委又邀请了全国人大代表、旅游者和旅游经营者、专家学者召开座谈会,对《旅游法(草案)》进行了认真评估。

2013年4月19日,全国人大法律委再次审议《旅游法(草案)》。全国人大法律委认为《旅游法(草案)》经过全国人大常委会会议两次审议,围绕加强旅游者权益保护、规范旅行社经营行为、促进旅游业健康发展进行修改完善,已经比较成熟。同年4月23日,《旅游法(草案)》提请十二届全国人大常委会第二次会议进行第三次审议。在审议过程中,全国人大常委会组成人员普遍认为,发展旅游业,对调整经济结构、增加就业和居民收入、满足人民群众日益增长的精神文化需求,具有重要作用。为了规范旅游市场秩序,保护和合理利用旅游资源,促进旅游业健康发展,应尽快制定和出台《旅游法》。4月24日上午,全国人大法律委召开会议,再度逐条认真研究了常委会组成人员的审议意见,对草案进行了审议,并作了40余处修改。全国人大财经委、国务院法制办、国家旅游局的负责同志列席了会议。全国人大法律委最后认为,草案是可行的。2013年4月25日,十二届全国人大常委会第二次会议表决通过了《旅游法》。这部《旅游法》酝酿了30多年,最后历经三审,终获通过,使我国旅游业有了专门的法律保障,填补了法律空白,也为"依法之旅"打下了基础。

《旅游法》的出台,是所有旅游者和几千万旅游从业人员众望所归、翘首以待的大事,是中国经济发展转型的大势所趋。

(三)《旅游法》的特点

《旅游法》概括起来有以下几个方面的特点:

(1)《旅游法》采取了综合立法模式,既是促进法,又是行业管理法,也是民商法。当前旅游发展中存在的突出问题,如旅游促进措施的内容和整合问题、旅游资源低水平盲目开发问题、涉旅各部门工作协调问题、基层随意圈地设景区收费问题、公共资源的门票价格规范问题、"零负团费"这种回扣经营模式的治理问题,在旅游法中都有相应的规定。

(2)《旅游法》突出了以人为本的理念,专设了旅游者这一章,明确旅游者权利义务,这在世界旅游立法中也是一大亮点。

(3)按照市场经济和法治的理念规范旅游市场秩序。过去实践表明,虚化当事人的维权努力,主要依靠行政执法纠正微观经济活动中的市场失范问题,效果不好,也不符合市场经济和法治的基本理念,《旅游法》除了必要的行政监管措施外,强化了旅游者的维权机制和维权效果,通过释放旅游者的力量解决市场失范问题。《旅游法》这三个特点保证了立法内容的完整性,具体规定具有较好的可操作性。同时为今后法律规范的进一步完善搭建了完整的平台,并确立了比较正确的着力方向。

(四)《旅游法》的立法宗旨

《旅游法》的立法宗旨是保护旅游者的合法权益,这也是该法的最大亮点。《旅游法》既在总则中明确了旅游者权利的相关原则规定,又特别设立了旅游者专章,从六项具体权利落实对旅游者的保护:一是自主选择权;二是知悉真情权;三是要求严格履行权;四是受尊重权;五是救助保护请求权;六是特殊群体获得便利优惠权。对旅游经营者及其从业人员设定较严格的义务:一是对虚假宣传、强迫交易等作了更严格的规定;二是明确了更严格的说明和告知义务;三是规定了更严格的合同全面履行和责任承担义务;四是规定了更严格的安全保障义务。

为了保障旅游者在旅游中的人身财产安全,《旅游法》对旅游安全设立了专章,规定国家建立旅游目的地安全风险提示制度。旅游目的地安全风险提示级别的划分标准和实施程序由国务院旅游行政主管部门会同有关部门依法制定。县级以上人民政府及其有关部门应当把旅游安全作为突发事件监测和评估的重要内容。旅游法还对旅游过程中突发事件的应对提出了要求,同时规定了景区流量控制制度。另外,对旅游经营者的安全保障、安全警示、事故救助处置作了规定。

(五)《旅游法》实施后带来的变化

《旅游法》颁布实施后气象更新,旅游市场进一步得到了规范,为旅游发展带来了更好的法治环境,也为旅游业发展增添了新动力。以2016年国庆期间黄金周为例,全国共接待游客5.93亿人次,同比增长12.8%,累计旅游收入4 822亿元,同比增长14.4%,全域旅游产品供给丰富,旅游服务质量明显提升,文明旅游渐成风尚。旅游市场综合监管工作小组、旅游警察、工商旅游分局、旅游巡回法庭……这些都是旅游法出台后出现的新鲜事物。为贯彻《旅游法》相关规定,国家旅游局积极推动国务院旅游工作部际联席会议,设立旅游市场综合监管工作小组,推进建立旅游市场综合治理协调机制,推广旅游警察、工商旅游分局和旅游巡回法庭等"1+3"综合治理模式,使我国旅游纠纷处理从单一的行政执法向"调解+仲裁+行政执法+司法诉讼"综合处理机制转变。一系列举措既是应对旅游市场乱象频发的顺时之举,也是在全域旅游模式下推进"依法治旅"的制度突破。《旅游法》的出台有力地推进了文明旅游工作。《旅游法》中多次提及文明旅游需要旅游者、旅游企业共同承担等内容。

《旅游法》出台后,国家旅游局制定了《旅游法》配套制度建设工作计划,并加快推进相关工作。目前,《旅行社条例》《中国公民出国旅游管理办法》的合并修订被列入国务院2016年立法计划。《旅游规划编制与实施办法》《旅游安全管理办法》等规章以及《旅行社责任保险投保信息报送和检查暂行办法》《旅游不文明行为记录管理暂行办法》《关于促进导游行业组织建设的指导意见》《景区最大承载量核定工作导则》等规定已经出台。与此同时,国家旅游局还对部分规章和规范性文件进行了清理。

第六节 旅游法律关系

一、旅游法律关系的概念

法律关系,是指由法律规范所确认和调整的当事人之间的权利和义务关系。法律关系有三个要素:一是参与法律关系的主体;二是主体间权利和义务的共同指向对象——客体;三是构成法律关系内容的权利和义务。

旅游法律关系,是指被旅游法所确认和调整的、当事人之间在旅游经营管理活动中形成的权利和义务关系。旅游法律关系具有以下特征:

(一)旅游法律关系是受旅游法律规范调整的、具体的社会关系

旅游法律关系反映了当事人之间在旅游经营管理活动中所结成的一种社会关系。同其他法律关系一样,旅游法律关系以相应的旅游法律规范为前提。由于规定和调整旅游关系的法律规范的存在,因此产生了旅游法律关系。

(二)旅游法律关系是以权利和义务为内容的社会关系

旅游社会关系同其他社会关系一样,之所以能成为法律关系,就在于法律规定了当事人之间的权利和义务关系。这种权利和义务关系的确认,体现了国家意志,是国家维护旅游经营管理活动秩序的重要保障。

(三)旅游法律关系的产生、发展和变更是依据旅游法律规范的规定而进行的

由于法律体现统治阶级的意志,国家会依据旅游经营管理活动的发展和变化不断对旅游法律规范进行完善、修改、补充和废止,因此会引起旅游法律关系的发展和变更。

二、旅游法律关系的构成要素

旅游法律关系的构成要素,是指构成旅游法律关系不可缺少的组成部分,包括主体、客体和内容三个要素,缺少其中一个要素,就不能构成旅游法。

(一) 旅游法律关系的主体

旅游法律关系的主体,是指在旅游活动中依照国家有关法律法规享受权利和承担义务的人,即法律关系的当事人。在我国旅游法律关系中,能够作为主体的当事人,主要有以下两类:

1. 旅游法律关系的管理、监督主体

(1) 国家旅游行政管理部门,包括地方旅游行政管理部门,它们在同级人民政府领导下,负责管理全国和地方的旅游工作;

(2) 根据法律的规定,在旅游法律关系中实行监督权的各级公安、物价、审计、税务、海关、园林、文物等部门。

2. 旅游法律关系的实施主体

(1) 旅游企业,包括旅行社、旅游饭店、旅游交通运输部门、旅游景区景点、旅游商店等;

(2) 旅游者,包括国内旅游者和国外旅游者;

(3) 境外旅游组织等。

由于许多旅游企业直接同外国旅行社等组织发生业务联系,因此外国旅游组织同我国旅游企业发生经济交往时,也会成为我国旅游法律关系的一方当事人。

在司法实践中,旅游法律关系主体的确立非常重要,本章"案例导入"中游客陈明浩在旅游途中意外死亡,他的同伴是不能够将旅行社和景区告上法庭的,因为他们不具备该案的主体资格。

(二) 旅游法律关系的客体

旅游法律关系的客体,是指旅游法律关系主体之间权利和义务所共同指向的对象。在通常的情况下,法律关系主体都是围绕着一定的事物彼此才能成立一定的权利、义务,从而建立法律关系的。这里的权利、义务所指向的事物,便是旅游法律关系的客体。如果仅有法律关系主体和内容,而无权利和义务所指向的事物——客体,这种权利和义务是无实际意义的,法律关系也难以成立。可以作为旅游法律关系客体的,主要有物和行为两种类型。

1. 物

物,是指现实存在的,人们可以控制、支配的一切自然物和劳动创造物。旅游法律关系的客体包括古迹、寺庙、饭店客房、餐饮、娱乐场所、旅游商品、旅游大巴等等。货币作为旅游费用的支付手段,也是旅游法律关系的客体。

2. 行为

行为,是指权利主体的活动,它是旅游法律关系中重要的客体。旅游法律关系中的行为,可以分为旅游服务行为和管理行为。

旅游服务行为,是把旅游者迎进来、送出去,以及做好旅游者在旅游期间食、住、行、游、购、娱等各个环节的服务工作。

旅游管理行为,是一种直接或间接地为旅游者提供服务的活动,包括旅游企业的内部管理活动。通过他们的管理工作,使得旅游服务行为形成一个统一的整体,为旅游者提供各种方便。

3. 科学技术成果

科学技术成果，是指旅游法律关系主体从事智力劳动所取得的智力成果，包括专利、科学发明、旅游产品商标、企业名称标志、管理技术等等。其所有权的使用和转让是有偿的，所以科学技术成果也可作为旅游法律关系的客体。

4. 信息资料

信息资料，是指反映旅游活动发生、变化和特点的各种消息、数据、情报和资料等。

（三）旅游法律关系的内容

旅游法律关系的内容，是指旅游法律关系主体间的权利和义务。法律关系主体间的权利和义务，构成了法律关系的内容。由于权利和义务把旅游法律关系的主体联结起来，因此权利和义务在旅游法律关系中不可缺少。

1. 旅游法律关系主体的权利

旅游法律关系主体的权利，是指旅游法律关系主体依法享有的作为或不作为，以及要求他人作为或不作为的一种资格。当旅游法律关系的主体一方因另一方或他人的行为而不能行使和实现其权利时，有权要求国家有关机关依据法律，运用强制手段帮助实现其权利。

旅游法律关系的主体权利主要包括以下三方面内容：

（1）旅游法律关系主体有权作出或不作出一定的行为。如旅游汽车公司有权拒绝旅游者将危险物品带上大巴车，饭店有权拒绝携带危险品的客人进入饭店。

（2）旅游法律关系主体有权要求另一方按照规定相应作出或不作出一定的行为。如旅游者有权要求旅行社提供符合约定的等级标准与服务。又如旅游者在付款后有权要求旅行社出示票据。

（3）旅游法律关系主体的合法权益受到侵害时，有权要求国家有关机关依据法律，保护其合法权益。如旅游者由于旅行社的原因使其受到人身损害得不到赔偿，有权要求旅游投诉受理机关保护自己的合法权益。

2. 旅游法律关系主体的义务

旅游法律关系主体的义务，是指旅游法律关系主体所承担的某种必须履行的责任。这种责任包括三方面内容：

（1）旅游法律关系主体按照其权利享有人的要求作出一定的行为。如旅行社在收取旅游者支付的费用后，旅行社的导游有义务按照约定的项目提供旅游目的地旅游，不得擅自更改线路。

（2）旅游法律关系主体按照其权利享有人的要求，停止一定的行为。如饭店的客人在房内休息，要求饭店停止客房服务时，服务员不得随意进入客人的房间清扫卫生。

（3）旅游法律关系主体不履行或者不适当履行义务，将受到国家法律的制裁。如旅游企业发生重大事故、事件造成旅游者人身损害或财产损失，不但要承担其赔偿责任，还要受到法律的制裁。

第七节 旅游法的渊源

旅游法的渊源，是指旅游法律规范的制定和表现形式，它包括国内渊源和国际渊源。

一、国内渊源

旅游法的国内渊源主要有以下几个方面：

1. 宪法

世界上很多国家在宪法中都有关于旅游的条文。2004年3月14日第十届全国人民代表大会第二次会议通过的《中华人民共和国宪法修正案》第四十三条规定："中华人民共和国劳动者有休息的权利。国家发展劳动者休息和休养的设施，规定职工的工作时间和休假制度。"《中华人民共和国宪法》的这一规定可以认为是涉及旅游的条款，因为旅游是劳动者休息和修养的重要活动之一。

2. 法律

法律由国家最高权力机关——全国人民代表大会及其常务委员会制定、通过。其制定的法律有《中华人民共和国旅游法》《中华人民共和国消费者权益保护法》《中华人民共和国合同法》《中华人民共和国公民出境入境管理法》《中华人民共和国外国人入境出境管理法》《中华人民共和国食品安全法》等等。

3. 行政法规

行政法规是由国务院发布或政府主管部门依国务院授权制定并经国务院批准发布的规范性法律文件，如1994年7月13日发布的《中华人民共和国公民出境入境管理法实施细则》，2001年公安部发布、2002年5月1日施行的《机关、团体、企业、事业单位安全消防管理规定》，2011年1月公安部公布的《旅馆业治安管理办法》，2016年2月6日起修改实施的《旅行社条例》，2016年12月1日起旅行的《旅游安全管理办法》等等。

4. 地方性法规和规章

地方性法规和规章由省、自治区、直辖市人民代表大会及其常务委员会制定，报全国人大常委会备案或批准，在本地区实施，如2002年1月1日实施的《宁夏回族自治区旅游管理条例》、2009年3月1日实施的《湖南省旅游条例》、2009年5月1日起施行的《上海市旅馆业管理办法》、2010年修订的《北京市旅游涉外饭店管理试行办法》、2016年新修订的《江苏省旅游管理条例》、2016年新修订的《上海市旅游条例》、2017年8月1日起施行的《山东省风景名胜区条例》、2017年8月1日起施行的《北京市旅游条例》等等，这类法规由地方立法机关公布，仅限于其辖区内适用。

在我国，习惯只有在国家认可的条件下才是法的渊源，判例不是我国法的渊源，但对指导审判实践有参考价值，并且能为进一步完善我国的旅游立法提供经验。在普通法系国家，判例是重要的法律渊源之一。

二、国际渊源

旅游法的国际渊源主要有以下几方面：

1. 国际公约

如《国际饭店协会和世界旅行社协会联合会公约》《关于旅行契约的国际公约》《关于旅馆经营者对旅客携带物品之责任的公约》等。

2. 国际协定（包括双边协定和多边协定）

如《旅馆与旅行社合同的协议》《国际旅馆法规》《关于饭店合同的国际协定》《国际旅馆

业新规程》等。

3. 国际旅游惯例

在国际旅游业中已有一些为各国普遍接受的习惯做法，如在饭店客房预订方面的规则等。

国际上没有统一的旅游立法机构。国际旅游法律规范常以公约、条约、协定等形式表现。按其参加缔约协商国数量的多少，可以分为双边和多边条约、公约、协定等，其适用范围仅限于缔约国和承认的国家，不涉及其他国家，对其他国家也没有约束力。

第八节 旅游法的基本内容

旅游法是调整旅游企业在经营管理中各种关系的法律规范的总称。虽然世界各国在旅游法的形式、法律效力以及名称上各不相同，但它们所调整的权利和义务关系都属同一类，都有其共同的基本内容。

一、规定旅游企业的设立、变更和终止

旅游企业的设立、变更和终止是旅游企业存在和消亡的法律问题。旅游企业的设立又称旅游企业的开办，是指旅游企业设立人为取得旅游企业经营的资格，依照法定程序所实施的行为。关于设立旅行社的规定，2016年2月20日起实施的《旅行社条例》第六条规定："申请经营国内旅游业务和入境旅游业务的，应当取得企业法人资格，并且注册资本不少于30万元。"

关于设立饭店的规定，2011年1月8日修改施行的《旅馆业治安管理办法》第四条规定："申请开办旅馆，应经主管部门审查批准，经当地公安机关签署意见，向工商行政管理部门申请登记，领取营业执照后，方准开业。经批准开业的旅馆，如有歇业、转业、合并、迁移、改变名称等情况，应当在工商行政管理部门办理变更登记后3日内，向当地的县、市公安局、公安分局备案。"

在我国境内的各种经济类型的旅行社、饭店以及其他旅游企业，都由国家行政机关审批设立。申请设立的旅游企业必须具备法定的设立条件，通常由旅游企业设立人提出申请，由主管机关或其他授权机关审查批准。

旅游企业的变更，是指旅游企业设立登记事项中某一项或某几项内容的改变。

旅游企业的终止，又称作旅游企业的关闭，是指旅游企业的解散及其经营活动的停止。

二、规定旅游企业经营的范围

现代的旅游企业涉及其他的一些经营范围，如有的旅游饭店除了有客房和餐饮外，还有车队、康乐、旅行社、商场等。以首旅集团为例，首旅集团是中国最大的旅游企业集团之一，其经营范围涵盖了酒店、旅行社、汽车、购物、餐饮、会展、娱乐、景区等旅游业务。凡是在该旅游企业实际控制下的部门或空间，均属该旅游企业的范围。

三、规定旅游企业的权利和义务

旅游企业有诸多权利，如旅行社有权拒绝患有严重精神病或其他疾病的旅游者参加旅

游团,有权要求旅游者按照规定的时间到达指定的场所集中;饭店有权要求住宿在本店的客人进行登记,并有权查验客人的身份证明;旅游大巴有权拒绝客人将易燃、易爆、剧毒、腐蚀性和放射性等危险物品带入车内;旅游企业有权收取合理的费用,有权要求旅游者赔偿因自身的原因而使旅游企业蒙受的损失等等。

旅游企业的义务也有很多,如旅行社有义务向旅游者提供与约定的等级标准相符的旅游项目与服务;旅游饭店有义务提供符合其星级标准的硬件设施和服务,有义务为住店客人提供贵重物品安全寄存服务;旅游大巴有义务提供符合安全标准的汽车;旅游餐馆有义务为客人提供符合国家卫生标准的饮食;旅游企业有义务保障旅游者的人身安全和财产安全,有义务接受有关行政部门的监督等等。

四、规定旅游者的权利和义务

旅游者有广义与狭义之分,广义的旅游者包括一切进行旅行游览活动的人员。狭义的旅游者,是指与旅行社签订合同,并参加旅行社组织的旅行游览活动的人员(即旅行社的客人);在旅游饭店内登记住宿、用餐或接受其他服务的人员(即旅游饭店的客人);购买旅游交通企业的票据并且在指定的时间进行了乘坐交通工具的人员(即乘客);或者旅游者与其他旅游企业构成消费关系的人员。本书中的旅游者,一般是指狭义上的旅游者。

旅游者的权利包括:有权要求旅行社提供符合约定等级标准的旅游产品;有权要求旅游饭店按照住宿契约提供与其星级标准相适应的房间和服务;有权要求旅游汽车公司提供所约定的汽车;有权要求旅游企业提供符合保障人身安全和财产安全的旅游产品与服务等等。

旅游者的义务包括:在入住饭店进行登记时有义务提供有效的身份证件,并接受检查;在旅游期间有义务遵守国家和旅游所在地的法律法规;有义务爱护旅游企业的财物及公共设施;有义务支付有关的旅游费用等等。

五、规定旅游企业的法律责任

旅游企业对自己的旅游者负有法律上的义务,这些义务包括保护旅游者的人身安全、保护旅游者的财产安全以及保护旅游者的隐私权等等。在旅游企业向旅游者提供服务的过程中,如果违反了所应尽的义务,旅游企业就应当向旅游者承担相应的法律责任。

第九节 旅游法的作用

一、对旅游业的发展实行宏观调控

国家通过制定有关旅游方面的法律、法规,对旅游企业同有关部门的关系实行有效的协调,促进旅游业的健康发展。

二、为旅游法律关系主体规定行为规范

旅游企业在经营和管理中会产生多种法律关系,在这些法律关系中会出现各种法律问

题。例如,旅游者由于某种原因向旅行社提出退团,或者旅行社由于某种原因不能使旅游团按照约定的路线旅游;客人未使用已经预订的房间而给饭店造成经济损失,或者饭店因为自身的过错(如超额预定)不能按时向客人提供预订的客房;旅游交通企业因为过错而造成旅游者的人身损害或者财产损失;旅游餐厅因为提供不符合卫生标准的饮食而造成旅游者疾病;旅游者将旅游企业的财物损坏等等。

旅游企业和旅游者以及旅游企业和其他法律关系主体之间的合同一经成立,便具有法律效力,在双方之间就会产生权利和义务的法律关系,合同双方必须按合同的规定,向对方承担法律义务,并享有一定的权利。如果合同当事人一方或双方未按合同规定履行义务,就应承担相应的法律责任。

《旅游法》为旅游企业规定的行为规范包括:旅游企业应当保护旅游者的人身安全,旅游企业应当保护旅游者的财物安全、旅游企业应当保护客人的隐私权,旅游饭店应当设置客人贵重物品保险箱保管客人的贵重物品等等。《旅游法》为旅游者规定的行为规范包括:支付相应的旅游费用,禁止携带危险品进入饭店和旅游汽车,入住饭店时应当按照国家的规定如实登记等等。

三、为旅游法律关系主体提供法律保护

《旅游法》除了明确旅游法律关系主体的权利和义务,保证这些权利和义务真正得以实现外,还规定了对不履行或不适当履行义务的行为所应承担的法律责任,使受害的一方得到合理的赔偿和补偿。

20世纪80年代以来,随着我国旅游业的发展,我国出台了很多旅游或与旅游有关的法律、法规和规范、标准,如《中华人民共和国旅游法》《中华人民共和国中国公民出境入境管理法》《中华人民共和国外国人入境出境管理法》《中华人民共和国消费者权益保护法》《中华人民共和国消防法》《中华人民共和国食品安全法》《中华人民共和国合同法》《导游人员管理条例》《旅行社条例》《旅游投诉处理办法》《旅行社投保旅行社责任保险规定》《旅行社经理资格认证管理规定》《旅馆业治安管理办法》《旅游饭店星级的划分与评定》《中国旅游饭店行业规范》《最高人民法院关于确定民事侵权精神损害赔偿责任若干问题的解释》《机关、团体、企业、事业单位消防安全管理规定》《中华人民共和国安全生产法》《最高人民法院关于审理人身损害赔偿案件适用法律若干问题的解释》等等。这些法律、法规和规范、标准的出台为旅游企业同旅游者及其他法律关系主体的正当权益提供了法律保护。

四、促进经济发展

市场经济是法治经济。随着我国市场经济的逐步建立和完善,旅游业有了很大的发展。《旅游法》的健全可以避免和制止旅游企业不规范经营等现象。而这些现象仅靠原有的行政管理手段以及协调的方式、方法已远远不能适应市场经济条件下的旅游业建设和管理的需要。《旅游法》的建立是市场经济条件下发展旅游业、提高旅游企业服务质量、保障旅游者合法权益的需要。从竞争和发展的关系看,旅游法的建立、健全加强了旅游行业的管理,使旅游业的管理纳入法治的轨道,促进了经济的发展。

复习思考题

1. 什么是旅游?
2. 什么是旅游法?
3. 旅游法与旅游法学有哪些区别?
4. 旅游法是怎样形成的?
5. 我国《旅游法》的特点有哪些?
6. 我国《旅游法》的立法宗旨是什么?
7. 简述旅游法律关系的主体。
8. 简述旅游法律关系的客体。
9. 简述旅游法律关系的内容。
10. 旅游法律关系主体的权利有哪些内容?
11. 旅游法律关系主体的义务有哪些内容?
12. 什么是旅游法的渊源?
13. 旅游法的国内和国际渊源主要有哪些?
14. 旅游法有哪些基本内容?
15. 旅游法有哪些作用?

第二章 旅行社管理法律制度

本章导读

近年来，我国旅行社发展迅猛，截至2016年第二季度，全国有国际旅行社1 838家，国内旅行社27 856家；全国旅行社总资产为517.00亿元，2007年度全国旅行社营业收入为1 639.30亿元。在我国的旅游法规建设中，有关旅行社的立法较为完善。1995年我国第一部旅游行政法规《旅行社管理暂行条例》出台，2009年5月1日《旅行社条例》正式实施，目前已形成了较为系统的法律规定。通过本章的学习，要求学生掌握旅行社成立的基本条件、有关旅行社经营、管理等基本问题，明确旅行社质量保证金制度的规定，结合现实中的各种现象，明确旅行社在经营旅游业务过程中必须履行的主要职责，从而更好地保护旅游者的合法权益。随着我国加入世贸组织，旅行社的设立由单一的内资转变成包括外商独资在内的多种形式，而出境旅游业务也面向国际市场广泛展开，作为旅游专业的学生，学习与掌握好相关的法律知识，对今后从事的旅游工作大有裨益。

案例导入

这些旅行社为什么会受到处罚

2003年7月，重庆市旅游局公开通报了因违规经营、无理拒绝监管或者经营不善，26家旅行社受到暂缓通过年检的处罚，其中4家旅行社受到停业整顿处罚，另3家旅行社因年度内有效投诉达3次以上，受到通报批评。

据重庆市旅游局的通报：涪陵天马、重庆东方、东海、扬帆等4家旅行社因涉嫌超范围经营给予停业整顿处罚；重庆春秋、假日等11家旅行社发布超范围广告给予警告处分。重庆中国旅行社等3家旅行社有效投诉达3次以上，给予通报批评。另外，南风旅行社渝中门市部和康辉旅行社永川门市部因操作不规范受到处罚；渝西旅行社渝中区门市部和天府旅行社南坪门市部因严重违规操作被吊销了旅行社门市部登记证。（资料来源：2003年7月10日华西都市报）

旅行社受到通报批评，甚至停业整顿在全国各地屡见不鲜，这些旅行社为什么会受到这样的处罚呢？

第一节 旅行社的概念与法律特征

一、旅行社的概念

根据2016年2月6日中华人民共和国国务院令第666号公布的修正的《旅行社条例》

规定:旅行社,是指从事招徕、组织、接待旅游者等活动,为旅游者提供相关旅游服务,开展国内旅游业务、入境旅游业务或者出境旅游业务的企业法人。

因此,旅行社的概念有以下三个要素。

(1) 经过旅游行政管理部门审批设立的;

(2) 以营利为目的的;

(3) 专门从事旅游业务的企业。

二、旅行社的法律特征

(1) 旅行社是从事旅游业务的企业法人。设立旅行社企业,应当经旅游行政管理部门批准,取得"旅行社业务经营许可证",并到工商行政管理部门注册登记,领取营业执照后,即取得旅行社企业法人的资格。

(2) 旅行社所从事的旅游业务主要是代办出入境和签证手续,招徕并接待旅游者。招徕,是指旅行社按照批准的业务范围,在国内外开展宣传促销活动,组织招徕旅游者的工作。接待,是指旅行社根据与旅游者达成的协议,为其安排食、住、行、游、购、娱等,并提供导游服务。

(3) 旅行社是以营利为目的的并为旅游者提供有偿服务的企业。

第二节 旅行社的设立

一、旅行社的设立条件

按照新《旅行社条例》第六条的规定,申请设立旅行社,经营国内旅游业务和入境旅游业务的,应当具备下列条件:

(1) 应当取得企业法人资格;

(2) 有不少于30万元的注册资本。

旅行社应当自取得旅行社业务经营许可证之日起3个工作日内,在国务院旅游行政主管部门指定的银行开设专门的质量保证金账户,存入质量保证金,或者向作出许可的旅游行政管理部门提交依法取得的担保额度不低于相应质量保证金数额的银行担保。经营国内旅游业务和入境旅游业务的旅行社,应当存入质量保证金20万元;经营出境旅游业务的旅行社,应当增存质量保证金120万元。质量保证金的利息属于旅行社所有。

此外,要有经培训并持有省、自治区、直辖市以上旅游行政管理部门颁发的资格证书的经营人员。具体是指:持有国家旅游局颁发的"旅行社经理任职资格证书"的总经理1名;持有国家旅游局颁发的"旅行社经理任职资格证书"的部门经理人员,其中设立国际旅行社的,至少有部门经理3名,设立国内旅行社的至少有部门经理2名;设立国际旅行社的要有取得会计师以上职称的专职财会人员;设立国内旅行社的有取得助理会计师以上职称的专职财会人员。

注册资本是指旅行社成立时所填报的财产总额,包括旅行社的固定资金和流动资金。注册资本是旅行社承担债务的一般担保财产。确定注册资本的目的,一方面是为了便于旅行社在政府企业登记主管部门登记注册;另一方面是为了在设立旅行社时公开申明其资本数额,以便公众了解其目前和今后可能达到的规模,便于债权人和社会公众在与该旅行社交往中,正确决策,减少风险。注册资本是旅行社设立时必须拥有的法定最低限额的资本。

二、申请设立旅行社提交的文件

(一) 设立申请书

申请书是申请人设立旅行社愿望的明示。申请书应包括申请设立旅行社的类别、中英文名称、设立地、企业形式、投资者、投资额、出资方式、申请人、受理申请部门的全称、申请报告名称、申请时间等。

(二) 设立旅行社可行性研究报告

可行性研究报告在旅行社的申请设立过程中至关重要,是申请人在申请前对旅游市场情况的研究和自身实力评估的一种书面反映。旅游行政管理部门通过对可行性研究报告的分析、核实,作出判断,以决定是否批准其申请。可行性研究报告包括市场条件、资金条件、人员条件等。

(三) 旅行社章程

"旅行社章程",是由申请人起草,规定旅行社经营活动的规范性文件。在章程中记载旅行社法人名称、经营宗旨和目的、运行方式、经营活动范围、主要机构和分支机构、注册资本金额及资金来源、质量保证金额、权力机关和执行机关、亏损责任承担和盈余分配、对旅游者承担的责任等。

(四) 旅行社经理、副经理任职资格证书和履历表

旅行社经理、副经理任职资格证书和履历表是对旅行社负责人的特殊要求和严格限制,体现了国家对旅行社管理人员素质和能力的具体要求。

(五) 资金信用证明和验资报告

包括开户银行出具的资金信用证明、注册会计师及其会计师事务所或者审计师事务所出具的验资证明。

(六) 经营场所证明

这是旅行社开展正常业务活动所必须的条件,经营场所可以是租用的,也可以是自己拥有的。如果是租用的经营场所,应当向旅游行政管理部门出具至少一年租期额租房合同。如果是自己拥有的经营场所,应当向旅游行政管理部门出具产权证明或者使用权证明。

(七) 经营设备情况证明

旅行社要经营,必须要有经营设备,这些设备应当是旅行社自己所拥有的,其证明可以是商业部门开具的、具有申请人或该旅行社名称的发票收据,也可以是投资部门出具的经营设备的使用证明。

三、设立旅行社的审批

(一) 申请设立国内旅行社的审核部门

《旅行社条例》第七条规定:申请经营国内旅游业务和入境旅游业务的,应当向所在地省、自治区、直辖市旅游行政管理部门或者其委托的设区的市级旅游行政管理部门提出申

请,并提交符合本条例第六条规定的相关证明文件。

(二) 申请设立国际旅行社的审核部门

旅行社取得经营许可满两年,且未因侵害旅游者合法权益受到行政机关罚款以上处罚的,可以申请经营出境旅游业务。

申请经营出境旅游业务的,应当向国务院旅游行政主管部门或者其委托的省、自治区、直辖市旅游行政管理部门提出申请,受理申请的旅游行政管理部门应当自受理申请之日起20个工作日内作出许可或者不予许可的决定。予以许可的,向申请人换发旅行社业务经营许可证,旅行社应当持换发的旅行社业务经营许可证到工商行政管理部门办理变更登记;不予许可的,书面通知申请人并说明理由。

(三) 审核原则

受理申请的旅游行政管理部门收到申请书后,根据下列原则进行审核:
(1) 符合旅游业发展规划;
(2) 符合旅游市场需要;
(3) 具备条例规定的申请旅行社条件。

(四) 审批期限

审批期限,是旅游行政管理部门审批旅行社的时限规定。受理申请的旅游行政管理部门应当自受理申请之日起20个工作日内作出许可或者不予许可的决定。予以许可的,向申请人颁发旅行社业务经营许可证,申请人持旅行社业务经营许可证向工商行政管理部门办理设立登记;不予许可的,书面通知申请人并说明理由。

(五) 颁证、领取营业执照

旅游行政管理部门应当向经审核批准的申请人颁发"旅行社业务经营许可证",申请人应当在收到许可证的60个工作日内,持批准设立文件和许可证到工商行政管理部门办理开业登记,领取营业执照。

案例分析

基本情况: 广州的郭先生到海南出差住在某酒店,发现酒店商务中心门口有组织旅游的广告,于是就交了300元旅游费参加旅游,酒店出具了收款收据。由于该酒店没有组到足够的人数,就把包括郭先生在内的4位客人转到其他旅行社,并按照每人250元的价格向旅行社交了4人的费用。由于费用过低,车辆、用餐均没有达到该酒店当时向客人的承诺,引发郭先生等人的不满,遂向旅游质监部门投诉旅行社。

旅游质监部门经过调查发现酒店没有经营旅行社的业务,责令酒店退还郭先生等4人旅游费,并依据《旅行社管理条例实施细则》第三十八条的规定,没收了该酒店的违法所得200元,并处罚款1万元。

本案分析: 根据《旅行社管理条例》第三条第二款"本条例所称旅游业务,是指为旅游者代办出境、入境和签证手续,招徕、接待旅游者,为旅游者安排食宿等有偿服务的经营活动",第十二条第二款"未取得《旅行社业务经营许可证》的,不得从事旅游业务"和第三十八条"违反本条例第三条第二款、第十二条第二款规定的,由旅游行政管理部门责令停止非法经营,没收违法所得,并处人民币1万元以上5万元以下的罚款",旅游质监部门作出上述处罚是正确的。

旅游业务经营实行许可制度。组织旅游者旅游，涉及"吃住行游购娱"等各个环节，是一项综合性服务，它要求经营企业必须有必要的设施设备和资质，要求相关服务人员具备较高的业务素质。该酒店既没资质又没专业人员，虽然最后交给旅行社运作，但还是违反有关法律、法规，造成服务质量问题，应当受到处罚。（注：该案例发生在《旅行社条例》实施之前，所以依据的是《旅行社管理条例》）

四、旅行社分支机构的设立

旅行社的分支机构为非法人分社（以下简称分社），旅行社可设立专门招徕旅游者、提供旅游咨询的服务网点（简称旅行社服务网点）。旅行社根据经营和发展的需要，可以设立分社和旅行社服务网点等分支机构，但不得设立办事处、代表处和联络处等办事机构。

（一）分社的设立

1. 设立分社的基本条件

旅行社设立分社的，应当持旅行社业务经营许可证副本向分社所在地的工商行政管理部门办理设立登记，并自设立登记之日起3个工作日内向分社所在地的旅游行政管理部门备案。旅行社分社的设立不受地域限制。分社的经营范围不得超出设立分社的旅行社的经营范围。

旅行社每设立一个经营国内旅游业务和入境旅游业务的分社，应当向其质量保证金账户增存5万元；每设立一个经营出境旅游业务的分社，应当向其质量保证金账户增存30万元。

2. 设立分社的数量

旅行社在同一地区可设立多家分社。拟设立分社的旅行社应当向原审批的旅游行政管理部门提供：设立分社的申请书、加盖红章的企业法人营业执照（副本）及旅行社业务经营许可证（副本）的复印件，以办理有关证明文件。

3. 设立分社需提供的证明

旅行社设立分社，应当向原审批的旅游行政管理部门出示增加注册资本的证明；向分社设立地有质量保证金管理权的旅游行政管理部门办理增交质量保证金的手续，并取得增交质量保证金的证明。

4. 分社《营业执照》的领取

旅行社持上述所列的增加注册资本的证明，及增交质量保证金证明，以及《旅行社业务经营许可证》原件，按照《公司登记管理条例》的规定，向分社设立地工商行政管理机关申请领取《营业执照》。

旅行社分社应当在其经营场所悬挂《旅行社业务经营许可证》。旅行社分社应当接受其所在地的旅游行政管理部门的监督管理。

（二）旅行社服务网点的设立

旅行社设立专门招徕旅游者、提供旅游咨询的服务网点应当依法向工商行政管理部门办理设立登记手续，并向所在地的旅游行政管理部门备案。旅行社服务网点应当接受旅行社的统一管理，不得从事招徕、咨询以外的活动。

五、外国旅行社常驻机构的设立

外国旅行社常驻机构，是指外国旅行社按照法定程序提出申请，由国务院旅游行政主管部门审批,外国旅行社在中国境内设立的常驻非经营性旅游办事机构。根据规定,外国旅行社常驻机构只能从事旅游咨询、联络、宣传等非经营性活动,不能经营招徕、接待等旅游业务,包括不得从事订房、订餐和订交通客票等经营性业务。外国旅行社具备在中国境内设立常驻机构的条件后,还须经由一家与其有一年以上旅游业务合作关系的中国国际旅行社作为推荐单位,代其向国家旅游局提出书面申请。

六、外商投资旅行社的设立

(一) 外商投资旅行社的界定

2016年2月6日实施的新《旅行社条例》第三章第二十一条规定:外商投资旅行社适用本章规定;本章没有规定的,适用本条例其他有关规定。前款所称外商投资旅行社,包括中外合资经营旅行社、中外合作经营旅行社和外资旅行社。

(二) 我国旅行社业入世的承诺

2001年12月11日,中国成为世贸组织的第143个正式成员。中国正式加入世贸组织,给我国旅游业带来了极大的发展机遇。从我国旅游业入世承诺内容来看,主要集中在饭店和旅行社业。其中旅行社业的承诺是:

1. 凡满足下列条件的外国服务提供者可以自加入时起以合资旅行社和旅游经营者的形式在中国政府指定的旅游度假区和北京、上海、广州、西安提供服务。

(1) 旅行社和旅游经营者主要从事旅游业务;

(2) 年全球旅游综合收入超过4 000万美元。

2. 凡满足上述条件而设定的外商投资旅行社或旅游经营者的注册资本,不得少于400万元人民币。

(三) 外商投资旅行社的设立申请

外商投资企业申请经营旅行社业务,应当向所在地省、自治区、直辖市旅游行政管理部门提出申请,并提交符合本条例第六条规定条件的相关证明文件。省、自治区、直辖市旅游行政管理部门应当自受理申请之日起30个工作日内审查完毕。予以许可的,颁发旅行社业务经营许可证;不予许可的,书面通知申请人并说明理由。

申请人持外商投资旅行社业务许可审定意见书、章程,合资、合作双方签订的合同向国务院商务主管部门提出设立外商投资企业的申请,国务院商务主管部门应当依照有关法律、法规的规定,作出批准或者不予批准的决定。予以批准的,颁发外商投资企业批准证书,并通知申请人向国务院旅游行政主管部门领取旅行社业务经营许可证,申请人持旅行社业务经营许可证和外商投资企业批准证书向工商行政管理部门办理设立登记;不予批准的,书面通知申请人并说明理由。

(四) 外商投资旅行社的业务范围

1. 向外国旅游者提供可由在中国的交通和饭店经营者直接完成的旅行和饭店住宿服务;

2. 向国内旅游者提供可由在中国的交通和饭店经营者直接完成的旅行和饭店住宿服务;

3. 在中国境内为中外旅游者提供导游服务;

4. 在中国境内为中外旅游者提供旅行支票兑现业务;

5. 外商投资旅行社不得经营中国内地居民出国旅游业务以及赴香港特别行政区、澳门特别行政区和台湾地区旅游的业务,但是国务院决定或者我国签署的自由贸易协定和内地与香港、澳门关于建立更紧密经贸关系的安排另有规定的除外。

(五)外商投资旅行社的申办程序

申请人持《外商投资旅行社业务经营许可审定意见书》以及投资各方签订的合同、章程向商务部(国务院对外经济贸易主管部门)提出设立外商投资企业的申请,商务部(国务院对外经济贸易主管部门)应当自受理申请之日起在有关法律、行政法规规定的时间内,对拟设立外商投资旅行社的合同、章程审查完毕,作出批准或者不批准的决定。予以批准的,颁发"外商投资企业批准证书",并通知申请人向国务院旅游行政主管部门领取"旅行社业务经营许可证";不予批准的,应当书面通知申请人并说明理由。

申请人凭"旅行社业务经营许可证"和"外商投资企业批准证书",向工商行政管理机关办理外商投资旅行社的注册登记手续。

【资料链接】

截至2015年底,全国旅行社总数为27 621家;全国旅行社资产合计为1 342.95亿元;2015年度全国旅行社营业收入4 189.01亿元,同比增长3.96%;营业成本3 901.77亿元,同比增长2.08%;营业利润18.60亿元,同比减少29.41%;利润总额21.88亿元,同比减少34.14%;营业税金及附加16.12亿元,同比减少2.89%;所得税8.58亿元,同比增长13.49%;旅游业务营业收入3 747.77亿元,同比增长10.29%;旅游业务利润198.79亿元,同比增长16.72%。

第三节 旅行社的管理

一、旅行社业务经营许可证制度

旅行社业务经营许可证制度所指的许可证,是旅行社经营旅游业务的资格证明,由国家旅游局统一印制,由具有审批权的旅游行政管理部门颁发。未取得许可证的,不得从事旅游业务。

(一)许可证的类别

许可证分为"国际旅行社业务经营许可证"和"国内旅行社业务经营许可证"两种。许可证由正本和副本组成。正本应当与旅行社营业执照一并悬挂在营业场所的显要位置,以便有关部门监督检查以及旅游者、其他企业识别;副本主要为旅行社开展业务的需要而印制、核发。许可证上应当注明旅行社的经营范围。

(二)许可证的有效期

许可证有效期为3年。旅行社应当在许可证到期前3个月内,持许可证到原颁证机关换发。许可证损坏或遗失,旅行社应当到原颁发机关申请换发或补发。

旅游行政管理部门应当向经审查批准申请开办旅行社的申请人颁发许可证。申请人应在收到许可证的60个工作日内,持批准设立文件和许可证到工商行政管理部门领取营业执照。

二、旅行社公告制度

旅行社公告制度,是指旅游行政管理部门对其审批设立的旅行社通过报纸、期刊或者其他形式向社会公开发布告知。旅行社公告制度以行政法规的形式确立,有别于工商登记部门发布的企业法人登记公告,是旅游行政管理部门对旅行社实行行业监督的一项重要措施。其目的是将经过依法设立的旅行社向社会公开告知,从而把对旅行社的监督工作推向社会,扩大对旅行社的监督范围,提高对旅行社实行行业管理的效力。

旅行社公告制度的内容包括:开业公告、变更公告(分为变更名称公告和变更经营范围公告)、停业公告、吊销"旅行社经营许可证"公告。

【小资料】

根据中华人民共和国国家旅游局2016年9月的公告:截至2015年底,全国旅行社总数为27 621家(按2015年第四季度旅行社数量计算)。其中,旅行社数量排名前十位的省份依次为江苏(2160)、山东(2109)、浙江(2028)、广东(1901)、北京(1397)、河北(1360)、辽宁(1253)、上海(1225)、河南(1082)、安徽(1068),上述省份旅行社数量占全国旅行社总量的56.42%。2015年度全国旅行社组接指标排名前十位的省份依次为广东、山东、江苏、浙江、福建、北京、辽宁、上海、湖南、湖北。

三、旅行社业务的年检管理

(一)旅行社业务年检制度概述

旅行社业务年检制度,是指旅游行政管理部门每年对旅行社前一年的业务经营情况进行检查和评估,通过对旅行社业务经营状况的分析和旅行社执行国家政策法规的检查,找出旅行社业务中存在的影响旅游业发展的问题,并依法对违法经营的旅行社进行处罚的制度。通过年检,旅游行政管理部门可以对旅行社企业的基本情况、业务经营、人员管理、遵纪守法等情况有一个总体的掌握。因此,旅行社业务的年检管理是旅游行政管理部门对旅行社实施管理的一项十分重要的管理制度。

根据有关规定,旅游行政管理部门对旅行社每年进行一次年度检查。旅行社应当按照旅游行政管理部门的规定,提交年检报告书、资产状况表、财务报表以及其他有关文件、材料。

(二)旅行社业务年检的内容

旅行社业务年检考核指标,由国家旅游局依据旅游业发展的状况制定并统一组织,年检工作的具体实施,由各级旅游行政管理部门负责。一般来说,年检的内容主要有4项:即旅行社企业年度的基本情况、企业业务经营状况、企业人员管理和遵纪守法情况。年检方式采取书面审阅和实地检查。年检的范围包括:在年检年度内经旅游行政管理部门批准设立并领取许可证的旅行社,即凡属于这个范围内的旅行社都必须参加年检。

旅游行政管理部门通过旅行社的年度年检,可以作出"通过业务年检""暂缓通过业务年检"或"不予通过业务年检"三种形式的年检结论。

(三)暂缓通过业务年检的情形

在年检年度内存在以下情形之一的旅行社,旅游行政管理部门可以作出暂缓通过业务年检的决定,并由旅游行政管理部门依照法律、法规的规定给予警告、限期改正等处罚:

(1)注册资本、旅行社质量保证金不足《旅行社条例》规定的最低限额的;

(2) 歇业超过半年的；

(3) 以承包或挂靠等方式非法转让经营权或部分经营权的；

(4) 超范围经营的；

(5) 未按规定组织管理人员及导游、领队等从业人员教育培训，或集中培训时数不够规定标准，经理资格未达到要求的；

(6) 未按规定投保旅行社责任保险的；

(7) 经营过程中有零团费、负团费现象的；

(8) 有重大投诉尚在调查处理过程中的；

(9) 年检主管部门认定有其他违反法规、规章行为的。

凡具有上述情形之一的旅行社，由旅游行政管理部门作出暂缓通过业务年检决定后，应当按照法律、法规、规章的规定和年检主管部门的要求，在限期内改正其行为，并报告年检主管机关，由年检主管部门验收其纠正情况，并作出通过或不予通过业务年检的决定。

(四) 不予通过年检的情形

在年检年度内存在以下情形之一的旅行社，旅游行政管理部门可以对其作出不予通过业务年检的决定，依照法规、规章的规定给予行政处罚，并可注销或建议注销其许可证：

(1) 拒不按照规定补足注册资本、旅行社质量保证金的；

(2) 未经营旅游业务超过一年的；

(3) 国际旅行社连续两年未经营入境旅游业务的；

(4) 严重超范围经营的；

(5) 以承包或挂靠等方式非法变相转让许可证，造成严重后果的；

(6) 连续两年未按规定组织管理人员及导游、领队等从业人员教育培训，或集中培训时数不够规定标准，经理资格证未达到要求的；

(7) 发生严重侵害旅游者合法权益事件的；

(8) 拒不参加年检的；

(9) 未建立合法、公开的导游报酬机制，致使导游人员私拿回扣，造成恶劣影响的；

(10) 年检主管部门认定有其他严重违反法规、规章行为的。

在每年度年检完成后，旅游行政管理部门将以公告的形式对通过业务年检、暂缓通过业务年检和不予通过业务年检的旅行社进行公告。对没有通过业务年检的旅行社，旅游行政管理部门可以注销其旅行社业务经营许可证，并通知工商行政管理部门注销其营业执照。

第四节 旅行社的经营

一、旅行社经营原则及规则

1. 经营原则

《旅行社条例》第二十四条规定："旅行社向旅游者提供的旅游服务信息必须真实可靠，不得作虚假宣传。"

旅行社应当按照核定的经营范围开展经营活动。旅行社在经营活动中应当遵循自愿、平等、公平、诚实信用的原则,遵守商业道德。

(1) 自愿原则,是指旅行社不得通过欺诈、胁迫等手段强迫旅游者或其他企业在非自愿的情况下与其发生旅游法律关系。

(2) 平等原则,是指旅行社在经营活动中,与旅游者或其他企业法人之间发生业务关系,必须平等协商,不得将自己的意志强加给对方。

(3) 公平原则,是指在设立权利义务、承担民事责任等方面应当公正、平等,合情合理。此项原则要求旅行社应本着公平的观念从事经营活动,正当行使其权利义务;在经营活动中兼顾他人和社会利益,保证公正交易和公平竞争。

(4) 诚实信用原则,要求旅行社对旅游者和其他企业诚实不欺,恪守诺言,讲究信用。旅行社应以友好合作的方式行使权利,在获得利益的同时,不损害他人利益和社会利益,并以诚实信用方式履行义务。此外,旅行社在开展业务经营活动中,还应遵守社会公认的商业道德。

2. 旅游业务经营规则

(1) 禁止超范围经营

旅行社应当按照核定的经营范围开展经营活动,严禁超范围经营。这既是旅行社的权利,也是旅行社必须履行的经营规则和义务。超范围经营包括:国内旅行社经营国际旅行社业务;国际旅行社未经批准经营出国旅游业务、港澳台旅游业务和边境旅游业务;国家旅游局认定的其他超范围经营活动。

(2) 禁止采用不正当竞争手段

不正当竞争,一般是指经营者采取违反诚实信用原则和公认的商业道德的手段,损害其他经营者和消费者的利益,扰乱市场经济秩序的行为。在旅行社业务中的不正当手段包括以下内容:

① 假冒其他旅行社的注册商标、品牌和质量认证标志;
② 擅自使用其他旅行社名称;
③ 串通制定垄断价格;
④ 低于成本价竞销;
⑤ 委托非旅行社单位或任何个人代理或变相代理旅游业务;
⑥ 散布虚假信息,损害其他旅行社的企业形象和商业信誉;
⑦ 散布虚假信息,招徕旅游者;
⑧ 其他被国家旅游行政管理部门认定的行为。

(3) 严禁向旅游者介绍和提供的旅游项目

① 含有损害国家利益和民族尊严的内容;
② 含有民族、种族、宗教、性别歧视内容;
③ 含有淫秽、迷信、赌博内容;
④ 其他被法律法规所禁止的内容。

二、旅行社的经营范围

1. 国内旅行社的经营范围

在我国,按照旅行社经营业务的范围,将旅行社划分为国际旅行社和国内旅行社。它们在核定的业务经营范围内经营,可同时经营招徕和接待业务。

国内旅行社的经营范围,仅限于国内旅游业务。具体经营范围为:

(1) 招徕我国旅游者在国内旅游,为其安排交通、游览、住宿、饮食、购物、娱乐事务及提供导游等相关服务;

(2) 为我国旅游者代购、代订国内交通客票,提供行李服务;

(3) 其他经国家旅游局规定的与国内旅游有关的业务。

根据国家旅游局2016年第一季度全国旅行社统计调查情况的公报,2016年第一季度全国旅行社国内旅游组织2 181.53万人次、7 271.48万人天,接待2 297.21万人次、5 708.20万人天,同比增长7.0%、12.72%,同比下降3.10%和3.69%。第一季度旅行社国内旅游组织人次排名前十位的地区由高到低依次为广东、浙江、山东、上海、重庆、江苏、湖北、辽宁、福建、北京。第一季度旅行社国内旅游接待人次排名前十位的地区由高到低依次为江苏、浙江、广东、海南、福建、云南、湖北、山东、上海、四川。

2. 国际旅行社的经营范围

《旅行社条例》第二十五条规定:"经营出境旅游业务的旅行社不得组织旅游者到国务院旅游行政主管部门公布的中国公民出境旅游目的地之外的国家和地区旅游。"国际旅行社的经营范围包括入境旅游业务、出境旅游业务、国内旅游业务。具体经营范围有:

(1) 招徕外国旅游者来中国,华侨和香港、澳门、台湾同胞归国及回内地旅游,为其安排交通、游览、住宿、饮食、购物、娱乐及提供导游等相关服务;

(2) 招徕我国旅游者在国内旅游,为其安排交通、游览、住宿、饮食、购物、娱乐事务及提供导游、行李等相关服务;

(3) 经国家旅游局批准,组织国内旅游者到外国和我国香港、澳门、台湾地区旅游,为其安排领队、委托接待及行李等相关服务,并接受旅游者委托,为旅游者代办出境及签证手续;

(4) 经国家旅游局批准,组织国内旅游者到规定的与我国接壤国家的边境地区旅游,为其安排领队、委托接待及行李等相关服务并接受旅游者委托,为旅游者代办入境、出境及签证手续;

(5) 其他经国家旅游局规定的旅游业务。

【小资料】

2015中国十强旅行社排行榜:1.中旅总社CTS;2.中国国旅;3.中青旅CYTS;4.康辉旅行社;5.春秋旅行社;6.广之旅;7.锦江旅行社;8.广东中旅;9.中信旅行社;10.众信国际旅行社。

第五节 旅行社的权利和义务

一、旅行社的权利

1. 签约权

旅行社有权同旅游者(包括团体或企业)签订合同。在旅行社与旅游者之间,双方均是平等主体，由此建立的合同关系双方都应自觉维护。

2. 收费权

旅行社有权向旅游者收取合理的费用，旅游者也有义务支付接受服务后应付的费用。

3. 维护自己的合法权益

旅行社有权要求违反合同的旅游者承担相应责任，例如：旅游者不按规定时间参加旅游活动，给旅行社造成损失，旅行社不退还因旅游者自己违约而预交的费用；旅行社有权要求因旅游者违约给旅行社造成经济损失而承担赔偿责任等等。

二、旅行社的义务

旅行社应当维护旅游者的合法权益。这是旅行社的基本职责，更是旅行社的义务。

1. 提供真实的旅游信息和宣传

旅行社向旅游者提供的旅游服务信息必须真实可靠，不得作虚假宣传。旅行社所作的广告应当符合国家有关法律、法规的规定，不得进行虚假广告宣传。

旅游广告应当具备以下内容：

（1）旅行社名称和许可证号码、类别、地址和联系电话；

（2）委托代理业务广告应当注明被代理旅行社的名称；

（3）旅游业务广告应包括旅游线路、游览项目和活动内容、天数、旅游服务价格和交通、食宿收费标准等。严禁旅行社超出经营范围进行广告宣传。旅游业务广告不得用模糊、不确定用语故意误导、欺骗旅游者和公众。

2. 与旅游者签订合同

根据《旅行社条例》的规定，旅行社为旅游者提供服务，应当与旅游者签订旅游合同并载明下列事项：

（1）旅行社的名称及其经营范围、地址、联系电话和旅行社业务经营许可证编号；

（2）旅行社经办人的姓名、联系电话；

（3）签约地点和日期；

（4）旅游行程的出发地、途经地和目的地；

（5）旅游行程中交通、住宿、餐饮服务安排及其标准；

（6）旅行社统一安排的游览项目的具体内容及时间；

（7）旅游者自由活动的时间和次数；

（8）旅游者应当交纳的旅游费用及交纳方式；

（9）旅行社安排的购物次数、停留时间及购物场所的名称；

（10）需要旅游者另行付费的游览项目及价格；

（11）解除或者变更合同的条件和提前通知的期限；

（12）违反合同的纠纷解决机制及应当承担的责任；

（13）旅游服务监督、投诉电话；

（14）双方协商一致的其他内容。

旅行社在与旅游者签订旅游合同时，应当对旅游合同的具体内容作出真实、准确、完整的说明。

旅行社和旅游者签订的旅游合同约定不明确或者对格式条款的理解发生争议的，应当按照通常理解予以解释;对格式条款有两种以上解释的,应当作出有利于旅游者的解释;格式条款和非格式条款不一致的,应当采用非格式条款。

3. 按规定投保和为旅游者推荐保险

旅行社组织旅游,必须投保旅行社责任保险,并应当在订立旅游合同时推荐旅游者购买相关的旅游者个人保险。

4. 保障旅游者的人身和财物安全

《旅行社条例》第三十九条规定:旅行社对可能危及旅游者人身、财产安全的事项,应当向旅游者作出真实的说明和明确的警示,并采取防止危害发生的必要措施。发生危及旅游者人身安全的情形的,旅行社及其委派的导游人员、领队人员应当采取必要的处置措施并及时报告旅游行政管理部门;在境外发生的,还应当及时报告中华人民共和国驻该国使领馆、相关驻外机构、当地警方。

5. 提供约定的各项服务

旅行社应当向旅游者提供约定的各项服务,所提供的服务不得低于国家标准或行业标准。旅行社对旅游者就其服务项目和服务质量提出的询问,应作出真实、明确的答复。

6. 合理收费、明码标价

旅行社所提供的服务应明码标价、质价相符,不得有价格欺诈行为。旅行社对旅游者提供的旅行服务项目,按照国家规定收费;旅行中增加服务项目需要加收费用的,应当事先征得旅游者同意;旅行社提供有偿服务,应当按照国家有关规定向旅游者出具服务单据。

7. 提供旅游目的地相关信息

对旅游目的地可能引起旅游者误解或产生冲突的法律规定、风俗习惯、宗教信仰等,应当事先给旅游者以明确的说明和忠告。

8. 聘用合格导游和领队

旅行社为接待旅游者委派的导游人员或者为组织旅游者出境旅游委派的领队人员,应当持有国家规定的导游证和具备领队条件的人员。

案例分析

基本情况:

江西的王先生等5名旅游者报名参加了某旅行社组织的"杭州西湖、乌镇两日游",时间是2016年6月21日,旅游者交纳了旅游费用,双方签订了旅游合同。旅游的第一天非常顺利,按合同规定去了乌镇,江南水乡的风情让他们心情十分愉快。第二天,按照行程安排,早饭后应先乘船游西湖,但该团是散客拼团,该旅行社却安排去了另外一个景点。到了中午11点左右,杭州天气突变下起大暴雨,所乘旅游车辆在行驶中发生了追尾交通事故,致使在车上耽误一个多小时。到了下午1点钟以后旅游团才赶到西湖,因湖水暴涨游船停开,王先生等5人没有能够乘船游西湖。而此时旅游车已经去了汽修厂检修,王先生一行旅游者在雨中行走了约半个小时路程,到苏堤附近才乘上来接他们的这辆旅游车。到了整个行程中的最后一个景点黄龙洞,由于游客的衣服和鞋子都被雨水淋湿了,王先生等5人不愿意再进黄龙洞景区游览,一直待在旅游车上。

王先生等5人返回旅游出发地城市后,向旅游质量监督管理部门投诉,要求该旅行社承担违约责任,给予经济赔偿。

旅游质量监督管理部门受理了此案,经过审理认为,旅行社违反合同约定事实清楚,应当赔偿王先生等一行5人所受的经济损失。最终旅行社赔偿了王先生等5人每人的乘船游西湖的船票费30元、黄龙洞门票20元,共50元,加上同额违约金,计每人共获得赔偿金100元。

本案分析:

王先生等5人参加旅行社组织的旅游活动,双方签订了书面合同,旅游行程计划明确清楚,旅行社应当按照与旅游者签订的合同提供旅游服务。将散客拼团,虽是旅游行业的通行做法,但是必须按照合同约定的行程安排好旅游活动。本案中,造成王先生等5人在旅游过程中没有乘船游西湖,及进入黄龙洞景区游览,除天气原因外,完全是因组团社与地接社没有衔接好、操作失误所造成的,旅行社应当赔偿王先生等5人的损失。国家旅游局《旅行社质量保证金赔偿试行标准》第六条规定:"旅行社安排的旅游活动及服务档次与协议合同不符,造成旅游者经济损失,应退还旅游者合同金额与实际花费的差额,并赔偿同额违约金。"

第六节 旅行社的法律责任

一、对旅行社违反经营许可的处罚

(一) 对旅行社未取得经营许可或超出经营范围的处罚

有下列情形之一的,由旅游行政管理部门或者工商行政管理部门责令改正,没收违法所得,违法所得10万元以上的,并处违法所得1倍以上5倍以下的罚款;违法所得不足10万元或者没有违法所得的,并处10万元以上50万元以下的罚款:

(1) 未取得相应的旅行社业务经营许可,经营国内旅游业务、入境旅游业务、出境旅游业务的;

(2) 分社的经营范围超出设立分社的旅行社的经营范围的;

(3) 旅行社服务网点从事招徕、咨询以外的活动的。

(二) 对旅行社转让、出租、出借旅行社业务经营许可证的处罚

旅行社转让、出租、出借旅行社业务经营许可证的,由旅游行政管理部门责令停业整顿1个月至3个月,并没收违法所得;情节严重的,吊销旅行社业务经营许可证。受让或者租借旅行社业务经营许可证的,由旅游行政管理部门或者工商行政管理部门责令停止非法经营,没收违法所得,并处10万元以上50万元以下的罚款。

(三) 对旅行社超出业务范围的处罚

外商投资旅行社经营中国内地居民出国旅游业务,以及赴香港特别行政区、澳门特别行政区和台湾地区旅游业务,或者经营出境旅游业务的旅行社组织旅游者到国务院旅游行政主管部门公布的中国公民出境旅游目的地之外的国家和地区旅游的,由旅游行政管理部门责令改正,没收违法所得,违法所得10万元以上的,并处违法所得1倍以上5倍以下的罚款;违法所得不足10万元或者没有违法所得的,并处10万元以上50万元以下的罚款;情节严重的,吊销旅行社业务经营许可证。

(四）对旅行社其他违反经营许可的处罚

旅行社有下列情形之一的，由旅游行政管理部门责令改正；拒不改正的，处1万元以下的罚款：

（1）变更名称、经营场所、法定代表人等登记事项或者终止经营，未在规定期限内向原许可的旅游行政管理部门备案，换领或者交回旅行社业务经营许可证的；

（2）设立分社未在规定期限内向分社所在地旅游行政管理部门备案的；

（3）不按照国家有关规定向旅游行政管理部门报送经营和财务信息等统计资料的。

二、对旅行社违反质量保证金和不投保的处罚

（一）对旅行社违反质量保证金的处罚

违反《旅行社条例》的规定，旅行社未在规定期限内向其质量保证金账户存入、增存、补足质量保证金或者提交相应的银行担保的，由旅游行政管理部门责令改正；拒不改正的，吊销旅行社业务经营许可证。

（二）对旅行社不投保的处罚

对违反《旅行社条例》的规定，旅行社不投保旅行社责任险的，由旅游行政管理部门责令改正；拒不改正的，吊销旅行社业务经营许可证。

三、旅行社的其他法律责任

（一）对旅行社安排或介绍含有违法内容的处罚

旅行社为旅游者安排或者介绍的旅游活动含有违反有关法律、法规规定的内容的，由旅游行政管理部门责令改正，没收违法所得，并处2万元以上10万元以下的罚款；情节严重的，吊销旅行社业务经营许可证。

（二）对旅行社在旅游合同以外增加有偿服务的处罚

旅行社未经旅游者同意在旅游合同约定之外提供其他有偿服务的，由旅游行政管理部门责令改正，处1万元以上5万元以下的罚款。

（三）对出境旅游团不安排领队的处罚

旅行社组织中国内地居民出境旅游，不为旅游团队安排领队全程陪同的，由旅游行政管理部门责令改正，处1万元以上5万元以下的罚款；拒不改正的，责令停业整顿1个月至3个月。

（四）对旅行社安排无证导游和不具备领队条件的人员从事领队服务的处罚

旅行社委派的导游人员和领队人员未持有国家规定的导游证或者不具备领队条件的人员从事领队服务的，由旅游行政管理部门责令改正，对旅行社处2万元以上10万元以下的罚款。

（五）其他责任

旅行社及其委派的导游人员、领队人员有下列情形之一的，由旅游行政管理部门责令改正，对旅行社处2万元以上10万元以下的罚款；对导游人员、领队人员处4 000元以上2万元以下的罚款；情节严重的，责令旅行社停业整顿1个月至3个月，或者吊销旅行社业务经营许可证、导游证：

（1）发生危及旅游者人身安全的情形，未采取必要的处置措施并及时报告的；

（2）旅行社组织出境旅游的旅游者非法滞留境外，旅行社未及时报告并协助提供非法

滞留者信息的；

（3）旅行社接待入境旅游的旅游者非法滞留境内，旅行社未及时报告并协助提供非法滞留者信息的。

第七节 旅行社对旅游者权益受损的赔偿

旅游者跟随旅行社组团出游，而旅行社未按合同约定提供旅游服务，或者提供的旅行服务质量不合格造成旅游者权益受损，按照国家旅游局颁布的《旅行社质量保证金赔偿试行标准》赔偿情况如下：

（1）旅行社收了旅游者预付款后，因旅行社的原因不能成行，应提前3天（出境旅游应提前7天）通知旅游者，否则应承担违约的责任，并赔偿旅游者已交预付款10%的违约金。

（2）因旅行社过错造成旅游者误机（车、船），旅行社应赔偿旅游者的直接经济损失，并赔偿10%的违约金。

（3）旅行社安排的旅游活动及服务档次与协议合同不符，造成旅游者经济损失，应退还旅游者合同金额与实际花费的差额，并赔偿同额违约金。

（4）导游未按照国家或旅游行业对旅游者服务标准的要求提供导游服务的，旅行社应赔偿旅游者所付导游服务费用的2倍。

（5）导游违反旅行社与旅游者的合同约定，损害了旅游者的合法权益，旅行社应对旅游者赔偿。

（6）导游在旅游行程期间，擅自离开旅游团队，造成旅游者无人负责，旅行社应承担旅游者滞留期间所支出的食宿费等直接费用，并赔偿全部旅游费用30%的违约金。

（7）旅行社安排的餐厅，因餐厅原因发生质价不符的，旅行社应赔偿旅游者所付餐费的20%。

（8）旅行社安排的饭店，因饭店原因低于合同约定的等级档次，旅行社应退还旅游者所交房费与实际房费的差额，并赔偿差额20%的违约金。

（9）旅行社安排的交通工具，因交通部门原因低于合同约定的等级档次，旅行社应退还旅游者所付交通费和实际费用的差额，并赔偿差额20%的违约金。

（10）旅行社安排的观光景点，因景点原因不能游览，旅行社应退还景点门票、导游费并赔偿20%的违约金。

案例分析

基本情况：

2014年9月，苏州的赵先生参加了某旅行社组织的泰国六日游，《团队出境旅游合同》中约定：旅游费用4 074元；在自行安排活动期间，应当在自己能够控制风险的范围内选择活动项目，并对自己的安全负责；旅游者自行安排活动期间人身、财产权益受到损害的，旅行社在事前已尽到必要警示说明义务，且事后尽到必要协助义务的，旅行社不承担赔偿责任。

9月11日，赵先生随团至泰国旅游。第4天行程为"蜜月岛俱乐部和金沙岛旅游，在岛上享受阳光、沙滩、海水,沙滩漫步和参加各种水上活动(水上活动费用自理)"。此间,赵先生自费参加海上摩托艇项目,因所乘坐的摩托艇发生事故而受伤,被送往泰国当地医院治疗,诊断为"右小腿骨折",并行右胫骨内固定手术。一星期后,旅行社安排赵先生乘机至国内医院治疗。

此后,赵先生多次要求旅行社赔偿损失,但均以该项目不是其安排为由遭拒。赵先生将旅行社告上苏州吴中法院,要求退还旅游费1200元,赔偿医疗费、误工费等损失。旅行社称,赵先生是在参加自费项目中受伤。该项目不是其安排的,属于"自行安排活动期间",且在参加水上活动前,领队向包括赵先生在内的游客进行了提示,要求游客在游玩时注意自身安全,因此赵先生受伤与其无关。

苏州吴中法院受理了此案,法庭认为旅游经营者安排的在旅游行程中独立的自由活动期间,旅游经营者未尽到必要的提示义务,对旅游者造成人身损害,旅游经营者应当承担相应的责任。法院于2016年11月判定旅行社在此案中应承担70%的责任,判决旅行社返还赵先生旅游费1200元费并赔偿各项损失共计3万余元。

本案分析:

原告受伤发生在旅游活动期间,虽然原告所参加的活动为自费项目,但是作为经营者的旅行社应当尽到相应的义务,而旅行社并没有提供相应的证据证实其在原告参加自费项目活动时尽到了相应的义务,故仍应承担相应的赔偿责任。

被告作为旅游经营者,应负有在合理限度范围内正确履行自己的义务,保障旅游者人身、财产安全的责任。在此次事故中,被告应当提供符合保障原告人身安全的证据,如在原告自费参加旅游项目时,向原告作出一定的警示,并说明旅游活动中可能出现的危险及防止危险发生的方法。本案中的被告未提供符合旅游者要求的服务,未尽到其所应尽的义务,原告的受伤与被告未尽合理限度范围内的安全保障义务有一定的因果关系,因此被告应承担相应的过错赔偿责任。当然,原告作为具有完全民事行为能力的人,对参加自费项目可能出现的危险应当预见,其本身存在一定的过错,因此也须承担相应的责任。最高人民法院《关于审理旅游纠纷案件适用法律若干问题的规定》第十九条规定:"旅游者在自行安排活动期间遭受人身损害、财产损失,旅游经营者未尽到必要的提示义务、救助义务,旅游者请求旅游经营者承担相应责任的,人民法院应予支持。"据此,法院判定原告负有30%的过错责任,被告承担70%的赔偿责任是符合情理的。

附件:《旅行社条例》

旅行社条例
中华人民共和国国务院令第666号

(2009年2月20日中华人民共和国国务院令第550号公布。根据2016年2月6日中华人民共和国国务院令第666号《国务院关于修改部分行政法规的决定》修改,自公布之日起施行。)

第一章 总 则

第一条 为了加强对旅行社的管理,保障旅游者和旅行社的合法权益,维护旅游市场秩序,促进旅游业的健康发展,制定本条例。

第二条 本条例适用于中华人民共和国境内旅行社的设立及经营活动。

本条例所称旅行社,是指从事招徕、组织、接待旅游者等活动,为旅游者提供相关旅游服务,开展国内旅游业务、入境旅游业务或者出境旅游业务的企业法人。

第三条 国务院旅游行政主管部门负责全国旅行社的监督管理工作。

县级以上地方人民政府管理旅游工作的部门按照职责负责本行政区域内旅行社的监督管理工作。

县级以上各级人民政府工商、价格、商务、外汇等有关部门,应当按照职责分工,依法对旅行社进行监督管理。

第四条 旅行社在经营活动中应当遵循自愿、平等、公平、诚信的原则,提高服务质量,维护旅游者的合法权益。

第五条 旅行社行业组织应当按照章程为旅行社提供服务,发挥协调和自律作用,引导旅行社合法、公平竞争和诚信经营。

第二章 旅行社的设立

第六条 申请经营国内旅游业务和入境旅游业务的,应当取得企业法人资格,并且注册资本不少于30万元。

第七条 申请经营国内旅游业务和入境旅游业务的,应当向所在地省、自治区、直辖市旅游行政管理部门或者其委托的设区的市级旅游行政管理部门提出申请,并提交符合本条例第六条规定的相关证明文件。受理申请的旅游行政管理部门应当自受理申请之日起20个工作日内作出许可或者不予许可的决定。予以许可的,向申请人颁发旅行社业务经营许可证;不予许可的,书面通知申请人并说明理由。

第八条 旅行社取得经营许可满两年,且未因侵害旅游者合法权益受到行政机关罚款以上处罚的,可以申请经营出境旅游业务。

第九条 申请经营出境旅游业务的,应当向国务院旅游行政主管部门或者其委托的省、自治区、直辖市旅游行政管理部门提出申请,受理申请的旅游行政管理部门应当自受理申请之日起20个工作日内作出许可或者不予许可的决定。予以许可的,向申请人换发旅行社业务经营许可证;不予许可的,书面通知申请人并说明理由。

第十条 旅行社设立分社的,应当向分社所在地的工商行政管理部门办理设立登记,并自设立登记之日起3个工作日内向分社所在地的旅游行政管理部门备案。

旅行社分社的设立不受地域限制。分社的经营范围不得超出设立分社的旅行社的经营范围。

第十一条 旅行社设立专门招徕旅游者、提供旅游咨询的服务网点(以下简称旅行社服务网点)应当依法向工商行政管理部门办理设立登记手续,并向所在地的旅游行政管理部门备案。

旅行社服务网点应当接受旅行社的统一管理,不得从事招徕、咨询以外的活动。

第十二条 旅行社变更名称、经营场所、法定代表人等登记事项或者终止经营的,应当到工商行政管理部门办理相应的变更登记或者注销登记,并在登记办理完毕之日起10个工作日内,向原许可的旅游行政管理部门备案,换领或者交回旅行社业务经营许可证。

第十三条 旅行社应当自取得旅行社业务经营许可证之日起 3 个工作日内,在国务院旅游行政主管部门指定的银行开设专门的质量保证金账户,存入质量保证金,或者向作出许可的旅游行政管理部门提交依法取得的担保额度不低于相应质量保证金数额的银行担保。

经营国内旅游业务和入境旅游业务的旅行社,应当存入质量保证金 20 万元;经营出境旅游业务的旅行社,应当增存质量保证金 120 万元。

质量保证金的利息属于旅行社所有。

第十四条 旅行社每设立一个经营国内旅游业务和入境旅游业务的分社,应当向其质量保证金账户增存 5 万元;每设立一个经营出境旅游业务的分社,应当向其质量保证金账户增存 30 万元。

第十五条 有下列情形之一的,旅游行政管理部门可以使用旅行社的质量保证金:

(一)旅行社违反旅游合同约定,侵害旅游者合法权益,经旅游行政管理部门查证属实的;

(二)旅行社因解散、破产或者其他原因造成旅游者预交旅游费用损失的。

第十六条 人民法院判决、裁定及其他生效法律文书认定旅行社损害旅游者合法权益,旅行社拒绝或者无力赔偿的,人民法院可以从旅行社的质量保证金账户上划拨赔偿款。

第十七条 旅行社自交纳或者补足质量保证金之日起三年内未因侵害旅游者合法权益受到行政机关罚款以上处罚的,旅游行政管理部门应当将旅行社质量保证金的交存数额降低 50%,并向社会公告。旅行社可凭省、自治区、直辖市旅游行政管理部门出具的凭证减少其质量保证金。

第十八条 旅行社在旅游行政管理部门使用质量保证金赔偿旅游者的损失,或者依法减少质量保证金后,因侵害旅游者合法权益受到行政机关罚款以上处罚的,应当在收到旅游行政管理部门补交质量保证金的通知之日起 5 个工作日内补足质量保证金。

第十九条 旅行社不再从事旅游业务的,凭旅游行政管理部门出具的凭证,向银行取回质量保证金。

第二十条 质量保证金存缴、使用的具体管理办法由国务院旅游行政主管部门和国务院财政部门会同有关部门另行制定。

第三章　外商投资旅行社

第二十一条 外商投资旅行社适用本章规定;本章没有规定的,适用本条例其他有关规定。

前款所称外商投资旅行社,包括中外合资经营旅行社、中外合作经营旅行社和外资旅行社。

第二十二条 外商投资企业申请经营旅行社业务,应当向所在地省、自治区、直辖市旅游行政管理部门提出申请,并提交符合本条例第六条规定条件的相关证明文件。省、自治区、直辖市旅游行政管理部门应当自受理申请之日起 30 个工作日内审查完毕。予以许可的,颁发旅行社业务经营许可证;不予许可的,书面通知申请人并说明理由。

设立外商投资旅行社,还应当遵守有关外商投资的法律、法规。

第二十三条 外商投资旅行社不得经营中国内地居民出国旅游业务以及赴香港特别行政区、澳门特别行政区和台湾地区旅游的业务,但是国务院决定或者我国签署的自由贸易协定和内地与香港、澳门关于建立更紧密经贸关系的安排另有规定的除外。

第四章 旅行社经营

第二十四条 旅行社向旅游者提供的旅游服务信息必须真实可靠,不得作虚假宣传。

第二十五条 经营出境旅游业务的旅行社不得组织旅游者到国务院旅游行政主管部门公布的中国公民出境旅游目的地之外的国家和地区旅游。

第二十六条 旅行社为旅游者安排或者介绍的旅游活动不得含有违反有关法律、法规规定的内容。

第二十七条 旅行社不得以低于旅游成本的报价招徕旅游者。未经旅游者同意,旅行社不得在旅游合同约定之外提供其他有偿服务。

第二十八条 旅行社为旅游者提供服务,应当与旅游者签订旅游合同并载明下列事项:

(一)旅行社的名称及其经营范围、地址、联系电话和旅行社业务经营许可证编号;
(二)旅行社经办人的姓名、联系电话;
(三)签约地点和日期;
(四)旅游行程的出发地、途经地和目的地;
(五)旅游行程中交通、住宿、餐饮服务安排及其标准;
(六)旅行社统一安排的游览项目的具体内容及时间;
(七)旅游者自由活动的时间和次数;
(八)旅游者应当交纳的旅游费用及交纳方式;
(九)旅行社安排的购物次数、停留时间及购物场所的名称;
(十)需要旅游者另行付费的游览项目及价格;
(十一)解除或者变更合同的条件和提前通知的期限;
(十二)违反合同的纠纷解决机制及应当承担的责任;
(十三)旅游服务监督、投诉电话;
(十四)双方协商一致的其他内容。

第二十九条 旅行社在与旅游者签订旅游合同时,应当对旅游合同的具体内容作出真实、准确、完整的说明。

旅行社和旅游者签订的旅游合同约定不明确或者对格式条款的理解发生争议的,应当按照通常理解予以解释;对格式条款有两种以上解释的,应当作出有利于旅游者的解释;格式条款和非格式条款不一致的,应当采用非格式条款。

第三十条 旅行社组织中国内地居民出境旅游的,应当为旅游团队安排领队全程陪同。

第三十一条 旅行社为接待旅游者委派的导游人员或者为组织旅游者出境旅游委派的领队人员,应当持有国家规定的导游证、领队证。

第三十二条 旅行社聘用导游人员、领队人员应当依法签订劳动合同,并向其支付不低于当地最低工资标准的报酬。

第三十三条 旅行社及其委派的导游人员和领队人员不得有下列行为:

(一)拒绝履行旅游合同约定的义务;

(二) 非因不可抗力改变旅游合同安排的行程;

(三) 欺骗、胁迫旅游者购物或者参加需要另行付费的游览项目。

第三十四条 旅行社不得要求导游人员和领队人员接待不支付接待和服务费用或者支付的费用低于接待和服务成本的旅游团队,不得要求导游人员和领队人员承担接待旅游团队的相关费用。

第三十五条 旅行社违反旅游合同约定,造成旅游者合法权益受到损害的,应当采取必要的补救措施,并及时报告旅游行政管理部门。

第三十六条 旅行社需要对旅游业务作出委托的,应当委托给具有相应资质的旅行社,征得旅游者的同意,并与接受委托的旅行社就接待旅游者的事宜签订委托合同,确定接待旅游者的各项服务安排及其标准,约定双方的权利、义务。

第三十七条 旅行社将旅游业务委托给其他旅行社的,应当向接受委托的旅行社支付不低于接待和服务成本的费用;接受委托的旅行社不得接待不支付或者不足额支付接待和服务费用的旅游团队。

接受委托的旅行社违约,造成旅游者合法权益受到损害的,作出委托的旅行社应当承担相应的赔偿责任。作出委托的旅行社赔偿后,可以向接受委托的旅行社追偿。

接受委托的旅行社故意或者重大过失造成旅游者合法权益损害的,应当承担连带责任。

第三十八条 旅行社应当投保旅行社责任险。旅行社责任险的具体方案由国务院旅游行政主管部门会同国务院保险监督管理机构另行制定。

第三十九条 旅行社对可能危及旅游者人身、财产安全的事项,应当向旅游者作出真实的说明和明确的警示,并采取防止危害发生的必要措施。

发生危及旅游者人身安全的情形的,旅行社及其委派的导游人员、领队人员应当采取必要的处置措施并及时报告旅游行政管理部门;在境外发生的,还应当及时报告中华人民共和国驻该国使领馆、相关驻外机构、当地警方。

第四十条 旅游者在境外滞留不归的,旅行社委派的领队人员应当及时向旅行社和中华人民共和国驻该国使领馆、相关驻外机构报告。旅行社接到报告后应当及时向旅游行政管理部门和公安机关报告,并协助提供非法滞留者的信息。

旅行社接待入境旅游发生旅游者非法滞留我国境内的,应当及时向旅游行政管理部门、公安机关和外事部门报告,并协助提供非法滞留者的信息。

第五章 监督检查

第四十一条 旅游、工商、价格、商务、外汇等有关部门应当依法加强对旅行社的监督管理,发现违法行为,应当及时予以处理。

第四十二条 旅游、工商、价格等行政管理部门应当及时向社会公告监督检查的情况。公告的内容包括旅行社业务经营许可证的颁发、变更、吊销、注销情况,旅行社的违法经营行为以及旅行社的诚信记录、旅游者投诉信息等。

第四十三条 旅行社损害旅游者合法权益的,旅游者可以向旅游行政管理部门、工商行政管理部门、价格主管部门、商务主管部门或者外汇管理部门投诉,接到投诉的部门应当按照其职责权限及时调查处理,并将调查处理的有关情况告知旅游者。

第四十四条 旅行社及其分社应当接受旅游行政管理部门对其旅游合同、服务质量、旅游安全、财务账簿等情况的监督检查,并按照国家有关规定向旅游行政管理部门报送经营和财务信息等统计资料。

第四十五条 旅游、工商、价格、商务、外汇等有关部门工作人员不得接受旅行社的任何馈赠,不得参加由旅行社支付费用的购物活动或者游览项目,不得通过旅行社为自己、亲友或者其他个人、组织牟取私利。

第六章 法律责任

第四十六条 违反本条例的规定,有下列情形之一的,由旅游行政管理部门或者工商行政管理部门责令改正,没收违法所得,违法所得10万元以上的,并处违法所得1倍以上5倍以下的罚款;违法所得不足10万元或者没有违法所得的,并处10万元以上50万元以下的罚款:

(一)未取得相应的旅行社业务经营许可,经营国内旅游业务、入境旅游业务、出境旅游业务的;

(二)分社超出设立分社的旅行社的经营范围经营旅游业务的;

(三)旅行社服务网点从事招徕、咨询以外的旅行社业务经营活动的。

第四十七条 旅行社转让、出租、出借旅行社业务经营许可证的,由旅游行政管理部门责令停业整顿1个月至3个月,并没收违法所得;情节严重的,吊销旅行社业务经营许可证。受让或者租借旅行社业务经营许可证的,由旅游行政管理部门责令停止非法经营,没收违法所得,并处10万元以上50万元以下的罚款。

第四十八条 违反本条例的规定,旅行社未在规定期限内向其质量保证金账户存入、增存、补足质量保证金或者提交相应的银行担保的,由旅游行政管理部门责令改正;拒不改正的,吊销旅行社业务经营许可证。

第四十九条 违反本条例的规定,旅行社不投保旅行社责任险的,由旅游行政管理部门责令改正;拒不改正的,吊销旅行社业务经营许可证。

第五十条 违反本条例的规定,旅行社有下列情形之一的,由旅游行政管理部门责令改正;拒不改正的,处1万元以下的罚款:

(一)变更名称、经营场所、法定代表人等登记事项或者终止经营,未在规定期限内向原许可的旅游行政管理部门备案,换领或者交回旅行社业务经营许可证的;

(二)设立分社未在规定期限内向分社所在地旅游行政管理部门备案的;

(三)不按照国家有关规定向旅游行政管理部门报送经营和财务信息等统计资料的。

第五十一条 违反本条例的规定,外商投资旅行社经营中国内地居民出国旅游业务以及赴香港特别行政区、澳门特别行政区和台湾地区旅游业务,或者经营出境旅游业务的旅行社组织旅游者到国务院旅游行政主管部门公布的中国公民出境旅游目的地之外的国家和地区旅游的,由旅游行政管理部门责令改正,没收违法所得,违法所得10万元以上的,并处违法所得1倍以上5倍以下的罚款;违法所得不足10万元或者没有违法所得的,并处10万元以上50万元以下的罚款;情节严重的,吊销旅行社业务经营许可证。

第五十二条 违反本条例的规定,旅行社为旅游者安排或者介绍的旅游活动含有违反有关法律、法规规定的内容的,由旅游行政管理部门责令改正,没收违法所得,并处2万元以上10万元以下的罚款;情节严重的,吊销旅行社业务经营许可证。

第五十三条 违反本条例的规定,旅行社向旅游者提供的旅游服务信息含有虚假内容或者作虚假宣传的,由工商行政管理部门依法给予处罚。

违反本条例的规定,旅行社以低于旅游成本的报价招徕旅游者的,由价格主管部门依法给予处罚。

第五十四条 违反本条例的规定,旅行社未经旅游者同意在旅游合同约定之外提供其他有偿服务的,由旅游行政管理部门责令改正,处1万元以上5万元以下的罚款。

第五十五条 违反本条例的规定,旅行社有下列情形之一的,由旅游行政管理部门责令改正,处2万元以上10万元以下的罚款;情节严重的,责令停业整顿1个月至3个月:

(一)未与旅游者签订旅游合同;
(二)与旅游者签订的旅游合同未载明本条例第二十八条规定的事项;
(三)未取得旅游者同意,将旅游业务委托给其他旅行社;
(四)将旅游业务委托给不具有相应资质的旅行社;
(五)未与接受委托的旅行社就接待旅游者的事宜签订委托合同。

第五十六条 违反本条例的规定,旅行社组织中国内地居民出境旅游,不为旅游团队安排领队全程陪同的,由旅游行政管理部门责令改正,处1万元以上5万元以下的罚款;拒不改正的,责令停业整顿1个月至3个月。

第五十七条 违反本条例的规定,旅行社委派的导游人员和领队人员未持有国家规定的导游证或者领队证的,由旅游行政管理部门责令改正,对旅行社处2万元以上10万元以下的罚款。

第五十八条 违反本条例的规定,旅行社不向其聘用的导游人员、领队人员支付报酬,或者所支付的报酬低于当地最低工资标准的,按照《中华人民共和国劳动合同法》的有关规定处理。

第五十九条 违反本条例的规定,有下列情形之一的,对旅行社,由旅游行政管理部门或者工商行政管理部门责令改正,处10万元以上50万元以下的罚款;对导游人员、领队人员,由旅游行政管理部门责令改正,处1万元以上5万元以下的罚款;情节严重的,吊销旅行社业务经营许可证、导游证或者领队证:

(一)拒不履行旅游合同约定的义务的;
(二)非因不可抗力改变旅游合同安排的行程的;
(三)欺骗、胁迫旅游者购物或者参加需要另行付费的游览项目的。

第六十条 违反本条例的规定,旅行社要求导游人员和领队人员接待不支付接待和服务费用、支付的费用低于接待和服务成本的旅游团队,或者要求导游人员和领队人员承担接待旅游团队的相关费用的,由旅游行政管理部门责令改正,处2万元以上10万元以下的罚款。

第六十一条 旅行社违反旅游合同约定,造成旅游者合法权益受到损害,不采取必要的补救措施的,由旅游行政管理部门或者工商行政管理部门责令改正,处1万元以上5万元以下的罚款;情节严重的,由旅游行政管理部门吊销旅行社业务经营许可证。

第六十二条 违反本条例的规定,有下列情形之一的,由旅游行政管理部门责令改正,停业整顿1个月至3个月;情节严重的,吊销旅行社业务经营许可证:

(一)旅行社不向接受委托的旅行社支付接待和服务费用的;

（二）旅行社向接受委托的旅行社支付的费用低于接待和服务成本的；

（三）接受委托的旅行社接待不支付或者不足额支付接待和服务费用的旅游团队的。

第六十三条 违反本条例的规定，旅行社及其委派的导游人员、领队人员有下列情形之一的，由旅游行政管理部门责令改正，对旅行社处2万元以上10万元以下的罚款；对导游人员、领队人员处4 000元以上2万元以下的罚款；情节严重的，责令旅行社停业整顿1个月至3个月，或者吊销旅行社业务经营许可证、导游证、领队证：

（一）发生危及旅游者人身安全的情形，未采取必要的处置措施并及时报告的；

（二）旅行社组织出境旅游的旅游者非法滞留境外，旅行社未及时报告并协助提供非法滞留者信息的；

（三）旅行社接待入境旅游的旅游者非法滞留境内，旅行社未及时报告并协助提供非法滞留者信息的。

第六十四条 因妨害国（边）境管理受到刑事处罚的，在刑罚执行完毕之日起五年内不得从事旅行社业务经营活动；旅行社被吊销旅行社业务经营许可的，其主要负责人在旅行社业务经营许可被吊销之日起五年内不得担任任何旅行社的主要负责人。

第六十五条 旅行社违反本条例的规定，损害旅游者合法权益的，应当承担相应的民事责任；构成犯罪的，依法追究刑事责任。

第六十六条 违反本条例的规定，旅游行政管理部门或者其他有关部门及其工作人员有下列情形之一的，对直接负责的主管人员和其他直接责任人员依法给予处分：

（一）发现违法行为不及时予以处理的；

（二）未及时公告对旅行社的监督检查情况的；

（三）未及时处理旅游者投诉并将调查处理的有关情况告知旅游者的；

（四）接受旅行社的馈赠的；

（五）参加由旅行社支付费用的购物活动或者游览项目的；

（六）通过旅行社为自己、亲友或者其他个人、组织牟取私利的。

第七章 附 则

第六十七条 香港特别行政区、澳门特别行政区和台湾地区的投资者在内地投资设立的旅行社，参照适用本条例。

第六十八条 本条例自2009年5月1日起施行。1996年10月15日国务院发布的《旅行社管理条例》同时废止。

复习思考题

1. 旅行社的概念是什么？
2. 旅行社的法律特征是什么？
3. 旅行社设立的条件有哪些？
4. 我国旅行社的经营范围有哪些？
5. 什么是旅行社质量保证金制度？
6. 什么是旅行社年检制度？年检的内容有哪些？
7. 旅行社的义务和权利有哪些？

第三章 旅游饭店管理法律制度

本章导读

旅游饭店,指为旅游者提供餐饮、住宿、购物、娱乐等其他综合服务的企业。旅游饭店是旅游业的重要支柱之一。在构成旅游活动的吃、住、行、游、娱、购六大要素中,有多项发生在饭店。据统计,在世界旅游收入中,饭店业收入通常占50%左右。因此,饭店业是取得旅游收入的重要行业。旅游饭店是旅游活动主体之间权利义务关系最集中表现的场所。所以,旅游饭店管理法规是构成旅游法规的一个重要部分。

案例导入

> **客人在饭店内被外人打伤饭店是否有责任**
>
> 3月的一天,苏某与方某旅行结婚住进江苏某大酒店,当晚10时许他们在逛完城市夜景后回到酒店。刚走进大厅,两名醉醺醺的青年男子向他们寻衅,苏某和他们争辩了几句,招来了一顿拳打脚踢,苏某头部被打破,口鼻出血。方某虽大声呼救,但站在大厅内的两名酒店安全部的保安人员和两名服务员都无动于衷。待那两位打人的青年扬长而去之后,两名保安人员才走过来协助方某将苏某送往医院。经医院诊断:苏某头部外伤、脑震荡、胸腹部等多处软组织挫伤。苏某在医院治疗近一个月,花费医疗费5 000余元。
>
> 苏某出院后,要求酒店进行赔偿。酒店方认为:苏某受伤是外来人员所致,而且是在双方打斗时受伤的,所以酒店不应当承担赔偿责任。在得不到酒店方任何赔偿的情况下,苏某将该酒店告上了法院,要求酒店赔偿医疗费、误工费、营养费、护理费、精神损失费等共2万元。
>
> 客人在饭店内被外人打伤,饭店是否有责任呢?

第一节 旅游饭店的概念

一、饭店的定义

"饭店"的定义有多种,一般来说,饭店是指为客人提供住宿、餐饮、娱乐及各种其他服务的,拥有建筑物和设施的公共场所。"饭店"一词在英语里为hotel,源于法语,是指法国贵族用于接待客人的地方。我国的饭店有各种称谓,如酒店、大酒店、大饭店、宾馆、国宾馆、迎宾馆、旅馆、旅社、大厦、招待所、度假村、培训中心、会议中心、会馆、国际俱乐部等,但其性质是相同的。我国古代还把饭店称作亭驿、逆旅、私馆、客舍、客栈等。

《美利坚百科全书》对饭店的定义是:饭店是一个装备了的公共住宿设施,它一般提供食品、酒水和其他服务。

《大不列颠百科全书》对饭店的定义是:饭店是在商业性的基础上向公众提供住宿,也往往提供膳食的建筑物。

美国《饭店法》中关于饭店的定义是:"饭店"是为社会公众提供住宿的场所,它提供餐厅、客房服务、大厅服务、电话服务、洗衣服务,以及家具和设备等的使用。

综合上述的一些定义,现代饭店应当具备以下两个条件:

(1) 应当拥有一座或多座经国家批准的建筑物和住宿设施。
(2) 应当能够为客人和社会公众提供住宿、餐饮及其他有关服务。

二、旅游饭店的定义

1997 年的国家标准(GB/T 14308—1997)将旅游饭店称为"旅游涉外饭店",其定义是"能够接待观光客人、商务客人、度假客人以及各种会议的饭店"。2003 年的国家标准(GB/T 14408—2003),将"涉外"二字去除,称为旅游饭店(Tourist hotel),其定义是"能够以夜为时间单位向旅游客人提供配有餐饮及相关服务的住宿设施"。2010 年新的国家标准(GB/T 14408—2010)将其定义为"以间(套)夜为单位出租客房,以住宿服务为主,并提供商务、会议、休闲、度假等相应服务的住宿设施,按不同习惯可能也被称为宾馆、酒店、旅馆、旅社、宾舍、度假村、俱乐部、大厦、中心等"(简单称为"饭店")。

第二节 饭店的设立与分类

一、饭店的设立

饭店的设立即开办饭店。设立饭店,尤其是设立旅游饭店,要经办一系列的手续,涉及众多的部门,除了投资者和饭店所在系统的上级主管部门、旅游饭店管理部门外,还必须经以下单位和部门的同意和批准。

(一) 项目的审批单位

(1) 合资饭店的《项目建议书》需由上级发改委、经委和外经委审批;内资饭店的《项目建议书》需由上级发改委或经委审批。

(2) 确定饭店的名称,并由当地工商局审核。

(3) 如果是涉外饭店,饭店的选址需经国家安全部门审批。

(4) 合资饭店的《可行性研究报告》需由上级计委、经委、外经委审批;内资饭店由计委或经委审批即可。

(5) 合资饭店的合同、章程由发改委、经委、外经委审批。

(6) 合资各方出资后,由中国注册会计事务所进行验资并出具《验资报告》。

(7) 凭上述六项的报批材料向当地工商行政管理局申领营业执照。

(二) 工程技术审批单位

(1) 向当地土地管理局办理《国有土地使用证》和《建设用地许可证》。

(2) 向城乡建设委员会规划部门办理《建设用地规划许可证》《用地红线图》和《建设工程规划许可证》《建筑红线图》。

(3) 扩初设计会审并形成会议纪要。参加会审的单位有：发改委、经委（外经委）、建委规划部门、建筑管理部门、旅游局饭店管理处、公安消防、治安、交警、外事部门、环保局、卫生防疫站、供电、供水部门、国家安全局、邮电局、广电局、人防、白蚁防治站、文化市场管理办、劳动局锅炉压力容器安全监察部门、市政工程部门、环卫部门、设计单位、建设单位等。

(4) 工程招标、工程施工承发包合同应在建委招标监理部门、定额管理和合同管理部门、建设银行等单位指导下进行。

(5) 竣工验收基本上由扩初设计会审单位分别验收并签署验收合格证书或报告。

(三) 公安部门对开办饭店的要求

《旅馆业治安管理办法》第四条规定：申请开办旅馆，应经主管部门审查批准，经当地公安机关签署意见，向工商行政管理部门申请登记，领取营业执照后，方准开业。经批准开业的旅馆，如有歇业、转业、合并、迁移、改变名称等情况，应当在工商行政管理部门办理变更登记后3日内，向当地的县、市公安局、公安分局备案。

《旅馆业治安管理办法》第三条规定：开办旅馆，其房屋建筑、消防设备、出入口和通道等，必须符合《中华人民共和国消防法》等有关规定，并且要具备必要的防盗安全设施。

(四) 饭店经营的许可证制度

1. 饭店设立的许可证制度

饭店的许可证包括涉外营业许可证、特种行业经营许可证和卫生许可证等。

(1) 涉外营业许可证

涉外营业许可证是指依据有关规定，所有新建的饭店要从事涉外接待业务，必须取得相应的旅游行政主管部门依法给予的旅游涉外营业许可证，方可进行旅游涉外营业。如果新建饭店没有得到旅游行政主管部门批准，没有领取旅游涉外营业许可证，当地工商行政管理部门则不给予登记注册，即使登记注册，也不得经营旅游涉外接待业务。饭店没有按照规定领取涉外营业许可证而经营涉外旅游接待业务，有关部门要追究饭店经营者的法律责任。

(2) 特种行业经营许可证

特种行业经营许可证是指依据《旅馆业治安管理办法》的规定，凡申请开办饭店，应该经主管部门审查批准，经当地公安部门批准发给特种行业许可证后，向工商行政管理部门申请登记，领取营业执照方可开业。

(3) 卫生许可证

依据《中华人民共和国食品安全法》，我国于2009年6月1日起正式启用《餐饮服务许可证》，取代已沿用了几十年的《食品卫生许可证》，并由食品药品监管部门取代卫生监督部门，对餐饮服务环节进行监管。

自2009年6月1日起，对餐饮服务经营者申请新发、变更、延续、补发许可证的，各级餐饮服务监管部门严格按照《食品安全法》的要求,核发《餐饮服务许可证》。

2. 开业前各类营业许可证的审批单位

(1)《营业执照》由工商局审批
(2)《饭店法人代码》由技术监督局审批
(3)《卫星收视许可证》由文化厅(局)审批
(4)《文化经营许可证》由文化厅(局)审批
(5)《电梯使用许可证》由质监局审批
(6)《锅炉使用许可证》由质监局审批
(7)《环保排污批准证书》由环保局审批
(8)《治安和特种行业许可证》由公安局审批
(9)《消防验收许可证》由消防队审批
(10)《价格许可证》由物价委员会审批
(11)《收费许可证》由物价局审批
(12)《税务登记许可证》由税务部门审批
(13)《涉外许可证》由旅游局审批
(14)《代办外汇兑换业务许可证》由中国银行办理
(15)《食品流通许可证》由工商部门审批
(16)《从业人员健康许可证》由卫生防疫站办理
(17)《餐饮服务许可证》由食品药品监管局审批

二、饭店的分类

饭店有各种不同的类型划分,按照规模划分,有特大型饭店(客房数在500间以上)、大型饭店(客房数在300～499间)、中型饭店(客房数在200～299间)、中小型饭店(客房数在100～199间)和小型饭店(客房数在100间以下);按照星级划分有五星级饭店(截至2016年一季度我国共有816家)、四星级饭店(截至2016年一季度我国共有2 438家)、三星级饭店(截至2016年一季度我国共有5 354家)、二星级饭店(截至2016年一季度我国共有2 342家)和一星级饭店(截至2016年一季度我国共有87家);按照接待对象划分有旅游饭店和非旅游饭店;以及按照经济类型划分等。本节按照国家统计局和国家工商行政管理局发布的《关于经济类型划分的暂行规定》和国家旅游局发布的《旅游统计管理办法》,以饭店的经济性质分类。2016年国家旅游局发布的《中国旅游业统计公报》显示:截至2015年底,全国共有星级饭店10 550家,拥有客房146.25万间,床位数259.36万张,全年营收总额为2 106.75亿元,实缴税金204.91亿元。全国星级饭店平均客房出租率为54.19%,全员劳动生产率为15.66万元/人。

(一) 国有经济饭店

国有经济饭店,指生产资料归国家所有的经济类型饭店。截至2015年底,在全国星级饭店中,国有经济饭店共有2 426家,所占比例为23%。

国有饭店是依法自主经营、自负盈亏、独立核算的经济实体。国有饭店的财产属于国家所有,国家依照所有权和经营权分离的原则授予饭店企业管理。饭店对国家授予其经营管理的财产享有占有、使用和依法处理的权利,享有相对独立的经营管理权。国有饭店经工商行政管理部门核准登记,取得法人资格,有组织章程和组织机构,在核准登记经营范围内从事经营活动。

(二) 集体经济饭店

集体经济饭店,指生产资料归公民集体所有的经济类型饭店。它是社会主义公有制经济的重要组成部分。集体经济饭店遵循自负盈亏、民主管理、按劳分配、集体积累、自主支配等原则。集体经济饭店依法领取营业执照后,即具有法人资格,其合法权益受到国家法律保护。截至2015年底我国共有集体经济饭店331家,所占比例为3.14%。

(三) 外商投资饭店

外商投资饭店,是指外国投资者根据我国有关涉外经济法律、法规,以合资、合作或独资的形式在中国境内开办饭店而形成的一种经济类型的饭店。截至2015年底,我国共有外商投资饭店203家,所占比例为1.92%。

(四) 港澳台投资经济饭店

港澳台投资经济饭店,是指港、澳、台地区投资者参照我有关法律、法规,以合资、合作或独资的形式开办饭店而形成的一种经济类型饭店。截至2015年底,我国共有港澳台投资饭店180家,所占比例为1.71%。

(五) 股份制经济饭店

股份制经济饭店,是指饭店的全部注册资本由全体股东共同出资,以股份形式投资举办饭店而形成的一种经济类型饭店。截至2012年底,我国共有股份制经济饭店606家,客房数为8.35万间,床位数为14.58万张,营业收入为136.76亿元,客房出租率为59.8%。

(六) 联营经济饭店

联营经济饭店,是指不同所有制性质的企业之间或企业、事业单位之间共同投资组成的一种新的经济实体类型的饭店。联营经济饭店是近几年来我国饭店发展速度最快的一种经济类型的饭店之一。截至2012年底,我国共有联营经济饭店11家,客房数为0.11万间,床位数为0.21万张,营业收入为1.18亿元,客房出租率为54.9%。

(七) 私营经济饭店

私营经济饭店,是指生产资料归公民私人所有,以雇佣劳动力为基础的经济类型饭店。近年来,私营经济饭店在我国发展迅速,不但数量上升的速度很快,且在规模上大、中、小型饭店均有。截至2012年底,我国共有私营经济饭店3 996家,客房数为41.61万间,床位数为73.73万张,营业收入为234.84亿元,客房出租率为59.45%。

第三节 旅游饭店同客人的权利与义务

一、饭店同客人权利义务的产生与终止

(一) 饭店同客人权利义务的产生

饭店同其客人之间的权利义务关系是随着住宿以及其他有关合同的产生而产生的。合同也叫契约,它是当事人之间对确立、变更、终止民事权利义务关系表示一致的法律行为。合同的成立,须有当事人相互作出意思表示,并达成一致。住宿等合同,是指饭店和

客人,以及饭店和其他任何一方就有关提供住宿设施、饮食服务和附加服务而达成的协议。

饭店同客人以及饭店和其他法律关系主体之间的合同一经成立,便具有法律义务,并享有一定的权利。如果合同当事人一方或双方未按合同规定履行义务,就应承担相应的法律责任。

客人如果向饭店发出要求预订客房的要约,而饭店接受了这一要约(即饭店表示承诺),则饭店和客人之间的住宿合同关系即告成立。当事人任何一方如果不按合同规定履行自己的义务,应当承担相应的法律责任。

在广义上,凡是来饭店的人员,无论他是否住宿、用餐或进行其他消费和活动,均是饭店的客人。但从法律的角度来看,饭店同其客人产生权利和义务关系需要具备以下的条件:

(1) 客人来到了饭店,提出了住宿的要求(即向饭店发出住宿要约),办理了登记手续,并且拿到了饭店客房的钥匙以后(即饭店承诺了客人要求住宿的要约),他才具有饭店客人的身份,才能算是饭店客人(或称"住店客人")。

(2) 客人向饭店发出了就餐或进行其他消费的要约(比如客人点了菜),而饭店又接受了这一要约后(餐厅接受了点菜),这时饭店和客人之间的合同关系便正式成立。

确定从什么时候起合同才算成立,对确定当事人的权利、义务和责任有重要意义。饭店和客人之间的合同关系一旦成立,饭店就要对客人的人身和财物安全负责。

(二) 饭店同客人权利义务的终止

1. 结账终止

客人住宿期满来到结账处,提出退房,饭店出示账单,双方无异议,客人签单付费之后;或者客人在饭店内进行其他的消费结束,付了款以后,饭店和客人双方之间的权利和义务关系便终止了。

但在实际情况下,客人在结账后到走出饭店大门这一段时间,仍具有"潜在客人的身份"。例如用于等候出租汽车的时间;客人结账后,返回房间整理行李的时间。这时,应视为客人和饭店之间的合同关系仍然存在。在此期间,饭店就负有"潜在责任",直到客人离开饭店。

2. 合同终止

团队、会议、长住、预定客房或用餐等客人,一般通过合同的方式产生其权利义务关系。合同一经成立,双方之间的权利和义务关系即按照合同约定的时间产生和终止。在合同期内,如无特殊情况,双方都无权不经对方的同意而终止合同。在合同期间,如果客人或饭店中任何一方违反合同的规定,另一方有权要求赔偿其损失。按照合同的约定住宿期满,饭店同客人之间的权利义务关系即告终止。

如果由于某种原因客人要求继续留宿饭店,饭店应问清客人是个人还是签约单位同意继续留宿饭店(这样做避免续住期间所产生的费用纠纷)。无论是何种情况,应视为上一合同的终止和新的合同的开始,并且要得到饭店的同意。如果客人没有事先通知饭店将继续住宿,而且饭店也无客人需要的住房提供,饭店可以要求客人离开该房间。

3. 违约终止

客人或者饭店如果有一方严重违反了双方的合同,并且经指出后仍不能达到约定的要求,另一方可以随时提出终止合同。例如,客人严重违反有关规定经劝告无效、将客房转租他人、在客房内作出有损于公共道德或者有损于饭店声誉的行为、饭店提供的客房和服务与其等级严重不符、饭店侵害客人合法权益的行为等等。

4. 驱逐终止

我国合同法的基本原则之一是,合同必须符合国家法律、法规的规定,违反国家法律、法规的合同,法律不予保护。《旅馆业治安管理办法》第十二条规定:"旅馆内,严禁卖淫、嫖宿、赌博、吸毒、传播淫秽物品等违法犯罪活动。"该办法第十七条规定:"违反本办法第十二条规定的,依照《中华人民共和国治安管理处罚法》有关规定处理。"

客人如果在饭店内因实施犯罪行为或其他违反国家法律规定的行为,被公安机关拘留,饭店有权将其驱逐,此时双方的合同关系就随即终止。

二、饭店对客人的权利

(一) 拒绝客人的权利

饭店是为住店客人及社会公众提供各种服务的场所。但出现以下情况,饭店可以不予接待。

1. 患有严重传染病或精神病者

因为严重的传染疾病患者和严重精神病患者对饭店内其他客人的健康和安全构成威胁。在"非典"时期,很多饭店都作出禁止"非典"患者(包括疑似患者)进入的规定。

2. 携带危害饭店安全的物品入店者

《旅馆业治安管理办法》第十一条规定:"严禁旅客将易燃、易爆、剧毒、腐蚀性和放射性等危险物品带入旅馆。"对携带上述危险品入店的客人,饭店可以进行劝阻,如客人不听劝阻,饭店有权拒绝入店。

3. 从事违法活动者

《旅馆业治安管理办法》第十二条规定:"旅馆内,严禁卖淫、嫖宿、赌博、吸毒、传播淫秽物品等违法犯罪活动。"为了保障客人的安全,维护饭店的声誉,饭店有权拒绝一切有违法行为的客人。对于其入店后违法或有违法行为的客人,饭店有权制止,经劝阻无效的,饭店可以要求客人离店,情节严重的,饭店应当及时报公安机关。

4. 影响饭店形象者

饭店内禁止客人携带猫和狗等动物进入,这是很多国家的饭店法明文规定的。我国的《旅馆业治安管理办法》第十三条规定:"旅馆内,不得酗酒滋事、大声喧哗,影响他人休息,旅客不得私自留客住宿或者转让床位。"对上述行为举止不当的客人,饭店有权制止,不听劝告的,饭店有权要求客人离店。有的饭店(特别是一些豪华的饭店)为了维护其自身的形象,对一些衣冠不整的客人也规定不予接待。

5. 无支付能力或曾有过逃账记录者

饭店是以营利为目的的企业,并非公益性单位,对于无支付能力或者拒绝支付饭店合理费用的人员,饭店有权不予接待。对于曾有过逃账记录的人员再次入店时,饭店也有权加以拒绝。

6. 饭店客满

在饭店已经客满,无能力接待新来的客人和接受新的预订时,饭店可以拒绝客人。

7. 法律、法规规定的其他情况

（二）要求客人支付合理费用的权利

饭店有要求客人支付饭店合理费用的权利。饭店收取的各种费用应当是合理的，收费标准不能违反国家的有关规定。客人如无力或拒绝支付所欠饭店的合理费用，饭店可以通过一定的方式解决。

如果客人拒绝支付饭店合法的费用，饭店可以通过向法院诉讼的方式实现其自身的权利。

案例分析

基本情况：

英国国际企业跨国公司执行总裁 MAO MEI SYKES（茅·美·赛克斯）和英国国际跨国公司技术顾问 TIMOTHY TERENCE ANDREAE（蒂莫西·特伦斯·安德烈）为与中国东方歌舞团订立演出合同来到中国。他们从 8 月 25 日至同年 11 月 7 日住上海 LB 饭店一号楼，应付该饭店房费、车费等项费用共计人民币 70 927.47 元。除已付人民币 14 000 元，尚欠该饭店人民币 56 927.47 元。上海 LB 饭店多次向他们索要，二人均以身边无现款为由一再拖欠。之后，二人迁住在北京华都饭店 5110 房间，准备离开中国，上海 LB 饭店于同年 12 月在北京市中级人民法院对上述二人提起诉讼，请求法院判他们偿付欠款。

北京市中级人民法院受理起诉后，立即对该案进行审理。法院认定二被告欠款不还是违法的。经法庭调解，被告又偿还了人民币 2.5 万元。余款部分由安德烈开出 1.65 万美元的期票，限期为次年 1 月 21 日，由被告回国后按期汇款，并由香港某公司张经理作债务担保人。如被告人到期未付款，由担保人承担清付债务责任。于是，上海 LB 饭店向北京市中级人民法院提出撤诉申请。北京市中级人民法院经审查，于 12 月 24 日裁定准许上海 LB 饭店撤销起诉，诉讼费由被告负担。

本案分析：

上海 LB 饭店在多次向英国国际企业跨国公司执行总裁 MAO MEI SYKES 和英国国际跨国公司技术顾问 TIMOTHY TERENCE ANDREAE 二人索要所欠饭店的费用，而二人以种种理由一拖再拖，并得知二人准备离境时，及时向北京市中级人民法院对二人提起诉讼，这种做法不但合法而且维护了自己的利益。

（三）要求赔偿造成饭店损失的权利

我国《民法通则》第一百一十七条规定："损坏国家的、集体的财产或者他人财产的，应当恢复原状或者折价赔偿。受害人因此遭受其他重大损失的，侵权人并应当赔偿损失。"根据我国的法律，客人无论是过失或故意损坏饭店的物品，都应当承担其赔偿责任。如果客人损坏了客房内的物品，影响了该客房的出租，饭店有权要求侵害人赔偿其损失。但是，饭店应当及时采取必要的措施，恢复该客房的作用状态，否则，饭店无权要求客人承担扩大的损失。

客人在饭店内必须爱护店内的一切设施和财物。我国《民法通则》第一百零六条规定："公民、法人违反合同或者不履行其他义务的，应当承担民事责任。公民、法人由于过错侵害国家的、集体的财产，侵害他人财产、人身的，应当承担民事责任。"如果客人故意或过失损坏了饭店的设施或财物，首先应当恢复原状或者折价赔偿，饭店如果因此遭受其他重大损失的,侵害人应当赔偿损失。例如,客人损坏了客房内的家具或其他设施,以至于该客房不能马上使用,则侵害人应该赔偿包括该房间不能使用在内的全部损失。一旦此种情况发生,饭店应尽快使得该房间恢复到可以使用的状态。

案例分析

基本情况:

大年初二的下午,广州 HY 饭店的 1633 号客房内的烟感报警器突然报警。饭店的消防队立即出动直奔该客房,此时客房内冒出浓烈的硫黄烟焦味。敲门多次,无人应答。他们只得用紧急万能钥匙打开房门。房内的火已经熄灭,烟雾弥漫,茶几上一截未烧尽的烟花余热尚存,近旁还有一包用报纸裹着的烟花和爆竹。经检查发现,地毯、茶几台面及旁边的两张单人沙发的面布上都有被烟花烧坏的痕迹。按照惯例,消防人员进行了现场拍照,着手查明起火原因。

经查,该房间住的是随香港中国旅行社组团来的李先生及境外的女友。午夜 1 时 30 分,李先生同其女友回到房间。经电话同意后,饭店的大堂经理、保安领班、消防主管及客房楼层主管共四人入房找李谈话。李先生承认点燃过烟花,并问赔偿多少钱。饭店答:按国际五星级饭店的质量标准,损坏的物品需重新更换。地毯每平方米为 300 元人民币,房间面积 28 平方米,应赔 8 400 元,沙发面布 600 元,茶几 1 000 元,合计赔偿金额为 1 万元人民币,尚不包括装修费及导致该房间不能出租的损失。但考虑到过年,赔偿金额减为 6 000 元人民币。李先生表示同意,由于身上所带现金不足,先付人民币 1 800 元,其余的等回港后再付。李先生用英文立下字据:"本人租住花园饭店 1633 房时,因放烟花毁坏了饭店的地毯、咖啡台和沙发,应赔偿人民币 6 000 元。先付 1 800 元,余欠的 4 200 元人民币将在回香港后于 2 月 28 日前交付。"为保证其字据的有效性,李先生、旅游团领队和饭店代表分别在欠条上签了名。

本案分析:

在本案中,广州 HY 饭店发现 1633 客房内的烟感报警器突然报警后,饭店消防人员立即到客房内查明情况,并进行现场拍照,这样做可以取得可靠的证据。在赔偿金额的计算方面充分考虑到了国际行业惯例和客人的承受能力。当客人所携带的现金不足时,让客人立下字据并且请当事人和旅游团的领队在上面分别签字,这种做法符合法律规定。

三、饭店对客人的义务

饭店对客人的义务,是指饭店在经营活动和服务过程中必须作为或不作为的责任。饭店的权利和义务是相辅相成、互相依存的,没有无义务的权利,也没有无权利的义务。饭店主要有以下几方面的义务。

(一) 尊重和保障客人人权的义务

2004 年 3 月 14 日第十届全国人民代表大会第二次会议通过的《中华人民共和国宪法修正案》在《中华人民共和国宪法》的第十四条中增加了一款"国家尊重和保障人权"。将尊重和保障人权写入宪法,确立了公民的人身权和隐私权得到法律的保护。我国《宪法》规定:"中华人民共和国公民的人身自由不受侵犯。任何公民,非经人民检察院批准或者决定或者人民法院决定,并由公安机关执行,不受逮捕。禁止非法拘禁和以其他方法非法剥夺或者限制公民的人身自由,禁止非法搜查公民的身体。"人权作为民事主体的基本权利,包含了很多的内容,如公民的姓名权、名誉权、荣誉权、肖像权、隐私权、生命健康权等等,人权历来受到各国法律的重视与保护。作为饭店不得非法搜查客人的身体和所携带的行李物品。按照我国的法律规定,对客人人身和财产实施检查或者搜查,只能由法律赋予权力的人员依照法定的程序来进行,其他任何机关、团体和个人是无权搜查客人的身体和所携带的财产的。

保护和尊重客人的人权是《宪法》明确规定的内容。人权也包括隐私权。隐私,是指个人生活方面不愿意让他人知道的正当的私人秘密,实质上是公民在一定范围内自由决定个人活动的权利。在国外,隐私权是人格权的重要组成部分。随着我国保护公民人权在法律上的确定,公民的隐私权意识正在逐步加强。按照法律的规定,公民的隐私权受到法律的保护,饭店非经法定程序不得公开客人的秘密。

从法律的角度上看,饭店的客房一旦出租,客房的使用权即属于客人,不允许未经许可的人员进入该客房。饭店的工作人员除履行职责,保护客人安全外(如工作人员进入客房进行卫生清扫、设备维修或者在发生火灾等紧急情况下进入),不得随意进入客房。无正当理由进入客人的房间,是一种侵权行为。

(二) 保障客人人身安全的义务

保障客人的人身安全是饭店对客人很重要的一项义务。2014年3月15日,实施的新版《中华人民共和国消费者权益保护法》第七条规定:"消费者在购买、使用商品和接受服务时享有人身、财产安全不受损害的权利。消费者有权要求经营者提供的商品和服务,符合保障人身、财产安全的要求。"饭店法从它开始产生的时候起就规定饭店有保护客人人身安全的责任。提供安全的住宿环境,保证客人住店期间的人身安全,是饭店在安全方面最基本的职责之一。

客人在饭店可能受到人身损害的原因很多,如行凶抢劫、火灾、设备故障、饮食污染、饭店或其服务人员疏忽大意、第三方的侵害行为等等。这些原因都可能造成客人的人身损害甚至伤亡。

改革开放30多年来,我国的饭店业发生了翻天覆地的变化。过去的那种封闭型的宾馆、涉外饭店如今成了开放型的、为住店客人和社会公众提供各种服务的公共场所。很多涉外饭店甚至国宾馆都已对外开放。但是,随之而来的是给旅游饭店的安全工作带来了较大的困难。近年来,发生在旅游饭店内的各类危及客人人身安全的事件时有发生。如1991年7月27日,台湾客人陈克祥和赖占清在四川重庆饭店被犯罪分子抢劫行凶杀害;1992年5月19日,日本游客河本小子和中村俊子在云南翠湖宾馆229房间被犯罪分子张云锦杀害;1993年5月25日,一名美国客人在云南昆明锦华大饭店被杀;1993年6月7日,三名日本客人在西安长安城堡大饭店被杀害;1998年8月23日,深圳某医药公司的总经理王翰在上海银河宾馆被杀;2002年1月10日中国某著名报社主编周建新在北京玉泉路一宾馆被杀害;2007年1月25日香港某上市公司主席郑慈太在深圳某饭店被劫杀;2016年4月3日北京和颐酒店发生了引起全国媒体关注的弯弯事件;2016年10月12日常州一宾馆内辽宁籍男子吕某将住店男子抢劫杀害……

从以上的案例可以看出,如何保障客人的人身安全是饭店面临的一个难题。对于一些难以确认是饭店责任的客人人身损害事件,只要饭店有充分证据证明为防止事件的发生已采取了一切可能的措施,或者证明损害的发生不是或不全是由于饭店的过失,就可以减轻或免除饭店的责任。关于客人在饭店范围内遭受人身损害的规定,法律是以饭店是否有过错和过错的程度来确定饭店的责任,而不是要求饭店负一切的责任。2004年5月1日实施的《最高人民法院关于审理人身损害赔偿案件适用法律若干问题的解释》第六条规定:从事住宿、餐饮、娱乐等经营活动或者其他社会活动的自然人、法人、其他组织,未尽合理限度范围内的安全保障义务致使他人遭受人身损害,赔偿权利人请求其承担相应赔偿责任的,人民法院应支持。安全保障义务人有过错的,应当在其能够防止损害的范围内承担相应的补充赔偿责任。该司法解释将饭店内发生的客人人身损害,饭店是否需要进行赔偿,以及如何赔偿用具体的条文加以规定,使得饭店更容易掌握如何保护客人的人身安全。

案例分析

基本情况:

2007年11月22日,江西某饭店内发生了一起客人在饭店内受伤,由于饭店处理不妥而造成饭店赔偿损失的事件。事发当天晚上7点多钟,市民张某与朋友在一星级饭店用餐。由于在用餐喝酒时声音过大,引起临近一桌客人的不满。由于言语不投,双方发生了争执。突然,临桌座位上的一男子冲过来,怒气冲冲地拿起桌上的酒杯和盘子向张某砸去。顿时张某头破血流。当张某的朋友上前查看他的伤势时,肇事者乘机匆忙逃走。在场饭店的保安看到了这一幕,但没有阻拦,行凶者顺利逃脱。

接着,临近一桌客人要求结账。在服务员报出共消费了680元餐费后,这些人立即交给服务员700元后,就要离开。张某的朋友随即上前,将对方的人抓住。但是,对方以他们并没有动手打人为由也迅速离开了现场。张某很快被朋友送到医院抢救治疗,共花去治疗费23 000元。因行凶者始终未找到,张某遂将饭店告上法院。不久,区人民法院对此事进行调解,最终饭店同意一次性赔偿张某治疗、误工等方面的经济损失14 000元。

本案分析:

《最高人民法院关于审理人身损害赔偿案件适用法律若干问题的解释》第六条规定:"从事住宿、餐饮、娱乐等经营活动或者其他社会活动的自然人、法人和其他组织,未尽合理限度范围内的安全保障义务致使他人遭受人身损害,赔偿权利人可以请求其承担相应赔偿责任。因第三人侵权导致损害结果发生的,由实施侵权行为的第三人承担赔偿责任。安全保障义务人有过错的,应当在其能够防止或者制止损害的范围内承担相应的补充赔偿责任。安全保障义务人承担责任后,可以向第三人追偿。赔偿权利人起诉安全保障义务人的,应当将第三人作为共同被告,但第三人不能确定的除外。"

在该案中,由于肇事者没有找到,因此,张某要求饭店先行承担赔偿责任是合理的,如果打人者出现,饭店可以向其追偿。

(三)保障客人财物安全的义务

1. 保护客人财物安全的责任

从法律的角度看,一旦客人同饭店产生合同关系,如客人向饭店发出住房的要约,办理了住宿登记手续,拿到了钥匙后,或者客人向饭店发出了就餐或进行其他消费的要约,而饭店又接受了这一要约以后,他和饭店之间即形成了法律关系,饭店就应该对客人带进饭店的财物负一定的责任。《中华人民共和国消费者权益保护法》第七条规定:"消费者在购买、使用商品和接受服务时享有人身、财产安全不受损害的权利。消费者有权要求经营者提供的商品和服务，符合保障人身、财产安全的要求。"造成客人在饭店内的财物灭失或损坏有多种原因，如被窃、毁损、火灾等。

饭店对客人财物安全的责任，在一些国家早期饭店法中，已有明确的规定。如法国《民法典》第1953条规定："客人的物品被盗或被损坏时，不论其被饭店仆人或职员，或出入饭店之外人所盗窃或所造成的损坏，饭店或饭店主人应负赔偿之责。"

2. 保管客人寄存行李的责任

客人将行李等物品存放在饭店，饭店接受客人的寄存物，是一种保管行为。客人将行李等物品交给饭店，经双方确认后，客人拿到了行李卡，保管合同即告成立。保管合同是实践合同，它的成立既要有双方为保管而发出的要约和接受的承诺，又要有存货人交付保管物的行为。一旦客人存放在饭店的物品发生毁损或灭失，饭店将负相应的责任。如有争议，双方可经法院调解解决。调解不成，由法院判决。

3. 保管客人遗留物品的责任

客人的遗留物品可分为遗忘物、遗失物和遗弃物三种，这是三个不同的概念。遗忘物，是指基于财产所有人或持有人的意思，放于某一地方后忘记带走而未完全失去控制的财物。遗失物，是指不基于物主的意思而偶然失去但又未完全失去控制的物品。遗弃物，是指基于财物所有人意思而抛弃的财物。遗忘物、遗失物和遗弃物既有共同点也有不同的地方。首先，它们都是动产，不动产不能作为此类财物。其次，它们都是意念上形成的后果。财物所有人或持有人对遗忘物、遗失物的松弛，以及对遗弃物的放任和抛弃都是由意念形成的。

饭店发现客人的遗留物品后，应当尽快设法归还给客人。一时找不到失主，饭店应登记造册，替客人保留一段时间，任何人不得非法占有客人遗留物品。寄还客人遗留物品的费用，一般由客人承担。

案例分析

基本情况：

某年6月19日上午，江西某宾馆总机话务员刘某接到广州来的长途电话，称日本客人正司茂当天离开宾馆时不慎将50万日元现金（折合人民币12 381元）遗忘在该宾馆的609房内，希望帮助查找。

话务员刘某当即向六楼当班的服务员王某询问，并要求查找。王某让服务员甘俊前去查找。甘俊进入609房后，发现床上有一白色信封，内装50万日元。甘俊急忙将该信封放入自己的口袋，然后告诉王某没有发现遗款，并伴装随王某一同再次进入该客房查找。当王某打电话给总机话务员时，甘俊趁机将装有50万日元的信封放进自己办公桌的抽屉内，然后离开宾馆。

失主当天晚上再次打长途询问查找情况，甘某答曰没有。次日上午，甘某将50万日元带回家中。甘某将25万日元兑换成人民币3 000元和港币1 000元，带着朋友去广州、珠海、深圳等地游玩并买了摩托车、收录机、手表等物。发案后，除上述赃物和剩余的23万日元，其余赃款均被挥霍一空。

南昌市中级人民法院以盗窃罪判处甘俊有期徒刑二年。

本案分析:

在饭店内拾得客人的遗留物品,应当主动归还给客人,这是法律规定的强制性义务,而不仅仅是道德义务。我国《民法通则》第七十九条第二款规定:"拾得遗失物、漂流物或者失散的饲养动物,应当归还失主。"该法第九十二条还明确规定:"没有合法根据,取得不当利益,造成他人损失的,应当将取得的不当利益返还受损失的人。"由此可见,拾得人拾得客人的遗留物后,据为己有,显然违反了民法有关规定,拾得人应依法承担民事责任,若情节严重,数额较大,还会构成侵占罪,拾得人还将受到刑法惩罚。本案中的甘某在住店客人多次打长途电话要求查找遗留的现金时,将50万日元隐藏并带回家中,并将其中部分购买了物品,显然违反了我国的法律规定。利用自己的工作关系,以非法手段隐藏并占有了客人数额较大的钱财,这实际上已构成了盗窃罪,所以南昌市中级人民法院的判处是合理的。

(四)保障客人贵重物品安全的义务

保障客人贵重物品安全也是饭店一项重要的义务。《中华人民共和国消费者权益保护法》第七条规定:"消费者在购买、使用商品和接受服务时享有人身、财产安全不受损害的权利。消费者有权要求经营者提供的商品和服务,符合保障人身、财产安全的要求。"《旅馆业治安管理办法》第七条规定:"旅馆应当设置旅客财物保管箱、柜或者保管室、保险柜,指定专人负责保管工作。对旅客寄存的财物,要建立登记、领取和交接制度。"《中国旅游饭店行业规范》第十七条规定:"饭店应当在前厅处设置有双锁的客人贵重物品保险箱。贵重物品保险箱的位置应当安全、方便、隐蔽,能够保护客人的隐私。"

如果客人的财物灭失是由于不可抗力造成的,如地震、战争等,饭店可以免除其法律责任。妥善保管好客人的贵重物品是饭店的一项重要责任。实践中,饭店逐渐意识到要保护客人的全部财物风险太大,往往会因为一些巨额的赔偿而破产。一些国家的饭店法开始作出规定,要求客人将随身携带的贵重物品存放在贵重物品安全寄存箱内,饭店只对这部分财物的灭失负绝对的责任,同时规定了客人放在房间内的财物灭失的最高赔偿额。

根据《旅游饭店星级的划分及评定》国家标准对不同星级旅游饭店的贵重物品保险箱的设置提出了不同的要求。但基本考虑到了客人贵重物品的安全及保护客人的隐私,如三、四星和五星级饭店设置贵重物品保险箱的要求是:"有饭店和客人同时开启的贵重物品保险箱。保险箱位置安全、隐蔽,能够保护客人的隐私。"

案例分析

基本情况:

某年1月4日,李某去江苏某大饭店用桑拿浴,随身携带人民币3 000余元和2 000多元的债券及其他一些贵重物品。因数额较大,李某要求饭店服务员代为保管,可服务员却以无此先例为由,拒绝了他的要求。李某将这些财物放入更衣箱内上锁。用完桑拿后李某却发现箱内的财物不见了,当即向饭店报案并要求赔偿。饭店认为接受桑拿服务的客人应当与住店客人区别对待,对于非住店客人的贵重物品的丢失饭店不负责任。为此李某起诉到法院,要求赔偿。法院审理后认为饭店有保管客人贵重物品的责任,判被告承担主要赔偿责任。

本案分析:

从饭店和客人的权利义务关系来看,只要客人提出在饭店消费,而且饭店接受了客人的消费要求，饭店就有责任保管好客人随身携带的物品。客人在饭店内用桑拿浴不可能将随身携带的物品带入浴室内，饭店也不可能要求客人不能携带物品进入饭店。所以客人在用桑拿时，要求饭店提供安全地方存放物品是合理合法的，饭店也有义务保管好客人的物品。

（五）告知客人注意安全的义务

告知客人注意安全是饭店的法律责任。《中华人民共和国消费者权益保护法》第十八条规定："经营者应当保证其提供的商品或者服务符合保障人身、财产安全的要求。对可能危及人身、财产安全的商品和服务，应当向消费者作出真实的说明和明确的警示，并说明和标明正确使用商品或者接受服务的方法以及防止危害发生的方法。经营者发现其提供的商品或者服务存在严重缺陷，即使正确使用商品或者接受服务仍然可能对人身、财产安全造成危害的，应当立即向有关行政部门报告和告知消费者，并采取防止危害发生的措施。"饭店应当用恰当的方式告诉客人有关安全事宜。对一些可能危及客人人身安全的项目和服务应当作出明确的警示和正确接受服务项目的说明。

《中国旅游饭店行业规范》第十四条规定："对可能危害客人人身和财产安全的场所，饭店应当采取防护、警示措施。警示牌应当中、外文对照。"

饭店应当通过适当的方式对有可能危及客人人身安全、财产安全等情况提醒客人。但是，对一些饭店能够作出努力，而没有尽力去做，或者采取的方式不恰当，而使客人遭受损害的，饭店仍应当承担责任。《中华人民共和国消费者权益保护法》第二十四条规定："经营者不得以格式合同、通知、声明、店堂告示等方式作出对消费者不公平、不合理的规定，或者减轻、免除其损害消费者合法权益应当承担的民事责任。格式合同、通知、声明、店堂告示等含有前款所列内容的，其内容无效。"

（六）提供符合等级标准的硬件与服务的义务

饭店为客人提供的硬件与服务必须和饭店的等级与收费标准相符，保证各种设备、设施运转良好，确保水、电、气的正常供应，确保饭店内无蚊虫、无异味、无噪音，提供符合本饭店星级与等级标准的服务。

如果饭店提供的各种服务存在问题，不能达到规定的标准，客人有权向有关部门投诉。

（七）提供真实情况的义务

饭店对自己的产品和服务，应当向客人提供真实的信息，不得作引起人们误解的推销。《中华人民共和国消费者权益保护法》规定："经营者应当向消费者提供有关商品或者服务的真实信息，不得作引人误解的虚假宣传。经营者对消费者就其提供的商品或者服务的质量和使用方法等问题提出的询问，应当作出真实、明确的答复。商店提供商品应当明码标价。""经营者以广告、产品说明、实物样品或者其他方式表明商品或者服务的质量状况的，应当保证其提供的商品或者服务的实际质量与表明的质量状况相符。"在饭店竞争越来越激烈的情况下，有些饭店采取不正当的手段欺骗客人，这不但是一种短期行为，也是一种不法行为。

（八）遵守有关法律法规和合同的义务

1. 国家法律法规规定的义务

除以上所谈到的义务，饭店在为客人提供服务或商品的过程中还应当履行国家法律法规规定的其他义务。这些法律法规包括《中华人民共和国食品安全法》《中华人民共和国消防法》《中华人民共和国消费者权益保护法》《中华人民共和国产品质量法》《中华人民共和国反不正当竞争法》等。

2. 合同约定的义务

饭店不仅要履行法定的义务,与客人签订合同,还应当按照合同的规定履行约定的义务。饭店违反合同约定不履行义务的,是对客人合法权益的侵犯,客人可据此追究饭店的违约责任,造成损失的,还可以要求饭店支付赔偿金。

饭店和客人有其他方面约定的,应当按照合同的约定履行义务,但双方的约定不得违背国家法律法规的规定。

四、客人的权利与义务

(一)客人的权利

1. 人身安全权

人身安全权,是指客人在住店期间或者在饭店内使用饭店的设施或接受饭店的服务时,享有的人身不受损害的权利。客人的人身安全权是我国宪法赋予公民的权利。《中华人民共和国消费者权益保护法》第七条规定:"消费者在购买、使用商品和接受服务时享有人身、财产安全不受损害的权利。消费者有权要求经营者提供的商品和服务,符合保障人身、财产安全的要求。"

客人人身安全表现在两个方面:一是客人的健康不受损害;二是生命安全有保障。

2. 财物安全权

财物安全权,是指客人在住店期间或在接受饭店的服务,或在使用饭店的商品时,享有的财物不受损害的权利。2004年3月14日施行的《中华人民共和国宪法》修正本第十三条规定:"公民的合法的私有财产不受侵犯。"饭店不得私自扣留或者检查客人携带进饭店的私有财物。

3. 知悉真实权

知悉真实权,是指客人享有知悉其购买、使用饭店的商品或者接受饭店的服务的真实情况的权利。客人有权根据饭店商品或者服务的不同情况,要求饭店提供商品的价格、产地、生产者、用途、性能、规格、等级、主要成分、生产日期、有效期限、检查合格证明、使用方法说明书、售后服务,或者饭店服务的内容、方式、规格、费用等有关情况。

4. 自主选择权

自主选择权,是指客人在饭店内消费时享有自主选择商品或者服务的权利。客人有权自主选择饭店的商品品种或者服务方式,自主决定购买或者不购买任何一种商品、接受或者不接受任何一项服务。客人在自主选择商品或者服务时,有权进行比较、鉴别和挑选。

5. 公平交易权

公平交易权,是指客人在饭店购买商品或者接受服务时,有权获得质量保障、价格合理、计量正确等公平交易条件,有权拒绝饭店的强制交易的行为。公平交易是市场经济下交易的基本法则,它要求交易双方自愿平等、等价有偿、公平与诚实信用。

6. 获得知识权

获得知识权,是指客人享有获得有关消费和消费者权益保护方面的知识。这些内容包括两个方面:

(1) 客人有获得有关消费方面的知识的权利。这方面的权利主要有：①有关商品和服务的基本知识。现代化的饭店提供的商品和服务项目越来越多,越来越复杂,有很多客人对饭店的产品不了解。客人如果不具备这方面的知识,不但难以满足自己的消费欲望,如果使用不当还会危及客人的生命安全。②有关消费市场的知识。市场经济下,众多的饭店为推销自己的产品和服务,往往向客人突出甚至夸大宣传自己的产品和服务。因此,法律赋予客人了解饭店信誉、商品与服务等方面知识的权利。③有关消费经济方面的知识。让客人了解有关消费经济方面的知识,这样可以促使客人理智地、科学地消费。

(2) 有关消费者权益保护方面的知识。包括客人与饭店发生纠纷时如何投诉及其解决的途径和程序方面的知识。

7. 维护尊严权

维护尊严权,是指客人在购买、使用商品和接受服务时,享有其人格尊严、民族风俗习惯得到尊重的权利。

我国《宪法》规定:"公民的人格尊严不受侵犯,禁止用任何方法对公民进行侮辱、诽谤和诬告陷害。"《宪法》还规定中华人民共和国各民族一律平等,禁止对任何民族的歧视,各民族都有保持或改革自己的风俗习惯的自由。我国《民法通则》规定:"公民的姓名权、肖像权、名誉权、荣誉权受到侵害的,有权要求停止侵害,恢复名誉,消除影响,赔礼道歉,并可以要求赔偿损失。"

8. 监督权

监督权,是指客人享有对饭店的商品和服务进行监督的权利。我国《消费者权益保护法》第十五条规定:"消费者享有商品和服务以及保护消费者权益工作进行监督的权利。消费者有权检举、控告侵害消费者权益的行为和国家机关及其工作人员在保护消费者权益工作中的违法失职行为,有权对保护消费者权益工作提出批评、建议。"

9. 获得赔偿权

获得赔偿权,是指客人因购买、使用饭店的商品或者接受服务时受到人身、财产损害的,享有依法获得赔偿的权利。

客人在饭店内人身受到伤害,一般有两种情况:一是客人生命健康受到伤害,如客人被饭店提供的商品或者服务致伤、致残或失去生命;二是客人的人身权、名誉权、人格权等受到侵犯。

(二) 客人的义务

1. 按照规定进行正确的登记

我国《旅馆业治安管理办法》第六条规定:"旅馆接待旅客住宿必须登记。登记时,应当查验旅客的身份证件,按规定的项目如实登记。"登记查验制度是识别和控制不法分子的重要手段。《中国旅游饭店行业规范》第七条规定:"饭店在办理客人入住手续时,应当按照国家的有关规定,要求客人出示有效证件,并如实登记。"凡要求住饭店的客人都有义务出示本人有效的身份证件并正确地进行登记。

2. 爱护饭店的财物

客人在饭店期间应当爱护饭店的财物。如果客人将饭店财物损坏应当进行赔偿。《中华人民共和国民法通则》第一百一十七条规定:"损坏国家的、集体的财产或者他人财产的,应当恢复原状或者折价赔偿。受害人因此遭受其他重大损失的,侵害人并应当赔偿损失。"

3. 支付饭店各种合理的费用

客人应当支付因购买、使用饭店的商品或者接受饭店提供的服务而发生的各种合理费用。

4. 遵守有关法律、法规和规章制度

客人住宿期间应当遵守国家和地方有关的法律、法规和规章制度。

第四节 旅游饭店的星级评定制度

一、饭店星级评定制度概述

我国饭店的星级评定制度是实现饭店管理与国际标准接轨的重要举措。饭店星级的出现是国际饭店业发展到一定水平的必然产物。由于二战以后世界进入了相对和平时期，旅游业和饭店业得到迅速发展，很多国家都制定了适合本国情况的星级标准或等级标准。

改革开放前，我国旅游饭店没有统一的行业管理标准，总体管理水平低下落后。当时我国饭店的设计、建设和改造中存在着标准不明的问题。我国饭店业要发展，迫切需要一个饭店的等级标准。为了使我国饭店业的经营管理与国际水平靠拢，1986年国家旅游局决定把评定饭店星级列为工作重点。1987年国家旅游局做了大量的准备工作，认真研究并借鉴国际上15个国家，尤其是亚太地区的饭店星级标准，征求了香港有关方面专家的意见，取得世界旅游组织的支持并派来了专家、顾问，拟订了旅游涉外饭店星级标准的初稿。国家旅游局于1988年8月22日正式颁布了《中华人民共和国评定旅游涉外饭店星级的规定和标准》，同时下发了《关于对全国旅游涉外饭店按五星制评定星级的通知》。国家旅游局与广东省旅游局、广州市旅游局从1988年起开始在广州市进行饭店星级评定试点工作，1989年5月25日国家旅游局旅行社饭店管理司发布新闻，公布了首批一至四星级饭店22家。从此，我国的旅游饭店管理纳入了符合国际饭店等级标准的法制轨道。

1993年，国家旅游局在《中华人民共和国评定旅游涉外饭店星级的规定和标准》的基础上，参照采用国际官方旅行组织协会的《旅馆等级标准》，按照中国标准化与信息分类编码，重新修订了既符合国际惯例又符合中国国家标准的星级评定标准。1993年9月1日国家技术监督局正式批准并发布《中华人民共和国旅游涉外饭店星级的划分及评定》，1993年10月1日起实施该标准。经过几年的实践与修改，国家旅游局于1997年10月16日，经国家技术监督局批准并发布了修改过的《中华人民共和国旅游涉外饭店星级的划分及评定》，1998年5月1日起正式实施。随着全社会经济发展水平和对外开放程度的迅速提高，旅游饭店业所面临的外部环境和市场结构发生了较大变化，其自身按不同客源类型和消费层次所作市场定位和分工也趋于细化。为促进旅游饭店业的管理和服务更加规范化和专业化，使之既符合本国实际又与国际发展趋势保持一致，2010年国家质量监督检验检疫总局发布了经重新修改过的《旅游饭店星级的划分与评定》国家标准GB/T 14308—2010。该标准自2011年1月1日起实施。

《旅游饭店星级的划分与评定》适用于各种经济性质的旅游饭店，包括宾馆、饭店、度假村等的星级划分及评定。旅游饭店用星级和颜色表示旅游饭店的等级。星级划分为五个等级,即一星级、二星级、三星级、四星级、五星级(含白金五星级)。星级越高,表示旅游饭店的档次越高。预备星级作为星级的补充,其等级与星级相同。

星级饭店的等级标准以镀金五角星为符号,星越多等级越高。饭店星级的高低标志着饭店的设计、建筑、装饰、设施设备、服务项目、服务水平和所住店客人的满意程度。凡是在中华人民共和国境内,正式开业一年后的旅游饭店,都可申请参加星级评定,经星级评定机构评定批复后,可以享有五年有效的星级及其标志使用权。开业不足一年的饭店可以申请预备星级,有效期一年。

全国旅游饭店星级评定机构,负责全国旅游饭店的星级评定,并具体负责评定全国四星级、五星级(含白金五星级)旅游饭店。

各省、直辖市、自治区的地方星级评定机构,在国家旅游星级评定机构的领导下,负责本地区旅游饭店的星级评定工作,具体负责评定本地区一星级、二星级、三星级旅游饭店。一、二星级旅游饭店的评定结果报国家旅游饭店星级评定机构备案;三星级旅游饭店评定结果报国家旅游饭店星级评定机构确认,并负责向国家旅游饭店星级评定机构推荐四、五星(含白金五星)级旅游饭店。

实行饭店星级评定制度,是我国饭店业与国际接轨的重要里程碑,它标志着我国饭店业已经走向全面成熟,跨入了国际现代化管理的新阶段。饭店星级评定是国际饭店业通行的惯例,星级制度是国际旅游业中通用的语言。饭店星级标准的实施,使我国旅游饭店业成为率先与国际规范接轨的行业之一。中华人民共和国国家标准——《旅游饭店星级的划分与评定》是一个完整的系统工程,既符合国际标准,又适合中国国情,具有中国特色。

二、星级饭店评定的责任分工和星级申请

(一)星级评定的责任分工

旅游饭店星级评定工作由全国旅游饭店星级评定机构统筹负责,其责任是制定星级评定工作的实施办法和检查细则,授权并督导省级以下旅游饭店星级评定机构开展星级评定工作,组织实施五星级饭店的评定与复核工作,保有对各级旅游饭店星级评定机构所评饭店星级的否决权。

省、自治区、直辖市旅游饭店星级评定机构按照全国旅游饭店星级评定机构的授权和督导,组织本地区旅游饭店星级评定与复核工作,保有对本地区下级旅游饭店星级的否决权,并承担推荐五星级饭店的责任。同时,负责将本地区所评星级饭店的批复和评定检查资料上报全国旅游饭店星级评定机构备案。

其他城市或行政区域旅游饭店星级评定机构按照全国旅游饭店星级评定机构的授权和所在地区省级旅游饭店星级评定机构的督导,实施本地区旅游饭店星级评定与复核工作,保有对本地区下级旅游饭店星级评定机构所评定饭店星级的否决权,并承担推荐五星级饭店的责任。同时,负责将本地区所评星级饭店的批复和评定检查资料上报全国旅游饭店星级评定机构备案。

(二)星级的申请

申请星级的旅游饭店,应执行《旅游统计调查制度》,承诺履行向全国旅游饭店星级评定机构提供不涉及本饭店商业机密的经营管理数据的义务。

旅游饭店申请星级,应向相对评定权限的旅游饭店星级评定机构递交星级申请材料;

申请四星级以上的饭店,应按属地原则逐级递交申请材料。申请材料包括:饭店星级申请报告、自查自评情况说明及其他必要的文字和图片资料。

三、星级的评定规程

(一) 受理

接到饭店星级申请报告后,相应评定权限的旅游饭店星级评定机构应在核实申请材料的基础上,于14天内作出受理与否的答复。对申请四星级以上的饭店,其所在地旅游饭店星级评定机构在逐级递交或转交申请材料时,应提交推荐报告或转交报告。

(二) 检查

受理申请或接到推荐报告后,相应评定权限的旅游饭店星级评定机构应在一个月内以明查和暗访的方式安排评定检查。检查合格与否,检查员均应提交检查报告。对检查未予通过的饭店,相应星级评定机构应加强指导,待接到饭店整改完成并要求重新检查的报告后,于一个月内再次安排评定检查,对申请四星级以上的饭店,检查分为初检和终检。

1. 初检由相应评定权限的旅游饭店星级评定机构组织,委派检查员以暗访或明查的形式实施检查,并将检查结果及整改意见记录在案,供终检时对照使用;初检合格,方可安排终检。

2. 终检由相应评定权限的旅游饭店星级评定机构组织,委派检查员对照初检结果及整改意见进行全面检查;终检合格,方可提交评审。

(三) 评审

接到检查报告后一个月内,旅游饭店星级评定机构应根据检查员意见对申请星级的饭店进行评审。评审的主要内容有:审定申请资格,核实申请报告,认定本标准的达标情况,查验违规及事故、投诉的处理情况等。

(四) 批复

对于评审通过的饭店,旅游饭店星级评定机构应给予评定星级的批复,并授予相应星级的标志和证书。对于经评审认定达不到标准的饭店,旅游饭店星级评定机构不予批复。

第五节 旅游饭店行业规范

一、中国旅游饭店行业规范概述

为了倡导诚信准则,维护饭店客人的权益,保障旅游饭店的合法利益,维护旅游饭店业经营管理的正常秩序,促进中国旅游饭店业的健康发展,中国旅游饭店业协会依据国家有关法律、法规于2002年3月颁布《中国旅游饭店行业规范》,该规范于2002年5月1日正式实施,于2009年8月修订。

《中国旅游饭店行业规范》于2001年7月起草,在广泛调研的基础上,经过无数次的修改,征求了中国消费者协会、中国社会科学院法学研究所、全国人大法工委、国家物价局等有关部门和法律专家的意见,委托协会常务理事会征求了会员旅游饭店的意见,并多次召开座谈会,对规范进行反复修改,十易其稿,完成了我国旅游饭店业的第一个行业规范。

《中国旅游饭店行业规范》是《中华人民共和国民法通则》《中华人民共和国合同法》《中华人民共和国消费者权益保护法》等有关法律、法规以及国际有关饭店公约和规章在我国旅游饭店具体行为规范的细化，符合我国法律的精神。2010年7月1日实施的《中华人民共和国侵权责任法》的第二条规定："侵害民事权益，应当依照本法承担侵权责任。本法所称民事权益，包括生命权、健康权、姓名权、名誉权、荣誉权、肖像权、隐私权……"从而在法律上确立了隐私权受到保护。

二、旅游饭店行业规范的内容

《中国旅游饭店行业规范》规范了饭店的经营行为，保护了客人的合法权益，维护了饭店的正常经营秩序，尤其针对饭店同客人常发生的一些主要纠纷作了相应的规范。

（一）客人物品报失纠纷

在法律上，饭店有保护饭店客人财物安全的义务。凡是来到饭店住宿的客人往往携带一些物品入店。有些饭店忽视了有效保护好住店客人的财物安全的义务，造成客人财物的损坏或被窃。客人物品报失纠纷在饭店业相当普遍。很多饭店为处理这类纠纷颇费精力。客人报失的情况各种各样，有的是错误报失，有的是虚假报失，有的是真正失窃。在真正的失窃案中，又有多种情况，有的留有现场，有的没有留下任何痕迹。有的失窃案是饭店的过错所为（如服务员在清扫完客人的房间后未锁上房门，以致客人的物品被窃），有的失窃案是客人的过错（如客人外出或睡觉时自己未锁上房门而致物品被窃）。

针对饭店常发生的情况，《中国旅游饭店行业规范》规定："饭店应当采取措施，防止客人放置在客房内的财物灭失、毁损，由于饭店的原因造成客人财物灭失、毁损的，饭店应当承担责任，由于客人自己的行为造成的损害，饭店不承担责任。双方均有过错的，应当各自承担相应的责任。"此条规定明确了饭店所承担的责任。

由于贵重物品价值很高，客人的贵重物品报失纠纷是客人物品报失案中十分突出和棘手的问题。饭店在具体处理客人财物尤其是贵重物品纠纷时，对于究竟何种情况饭店应当赔偿，何种情况不承担赔偿责任，双方往往各执一词。尤其是一些没有留下任何痕迹的报失案，公安和司法部门也难以作出判断。往往是客人盯得紧一点，饭店就适当多赔偿一些。饭店如何防范客人在住店期间财物被窃；发生客人报失事件后，饭店如何承担责任，《中国旅游饭店行业规范》作了较详细的规定，从而避免或者减少这方面的纠纷发生。

（二）客人人身损害纠纷

客人在饭店内因受伤或死亡而引发的纠纷在饭店业较为普遍，其原因各异。有的客人受伤或死亡事件是由于饭店的设施、设备的缺陷所致；有的是外来犯罪分子作案所为；还有的是由于其他人员的侵害。

在法律上，一旦成为饭店的客人后，饭店有保护客人人身安全的义务。一些饭店对保护好客人的人身安全没有引起足够的重视，火灾、抢劫、凶杀等事件在饭店业时有发生。有的饭店客房的房门上没有装置防盗链、房门窥镜、火灾应急疏散图；客房内无住客须知、防火指南；客房卫生间内无防滑措施等，以致客人的人身遭受伤害。有的饭店在地面打蜡或拖地时未放置告示牌提醒客人，致使客人滑倒受伤等等。

很多情况是，只要客人在饭店内受伤或死亡，家属就要求饭店承担责任，而饭店往往认为是客人自身的原因所致拒绝承担责任。《中国旅游饭店行业规范》针对不同情况,都作了相应的规定。

(三) 客人洗涤衣物破损纠纷

客人洗涤衣物引发的纠纷在饭店较为常见。有的饭店在客人送洗衣物之前不仔细检查客人的衣物有无破损,而在客人收到衣物后对其破损一概予以否认。也有的可能是客人在送洗衣物之前已经破损,但客人自己也不知道,在洗涤后才发现问题,引起纠纷的发生。针对饭店常发生的情况,《中国旅游饭店行业规范》规定:客人送洗衣物,饭店应当要求客人在洗衣单上注明洗涤种类及要求,并应当检查衣物状况有无破损。客人如有特殊要求或者饭店员工发现衣物破损的,双方应当事先确认并在洗衣单上注明。客人事先没有提出特殊要求,饭店按照常规进行洗涤,造成衣物损坏的,饭店不承担责任。客人送洗衣物在洗涤后即时发现破损等问题,而饭店无法证明该衣物是在洗涤以前破损的,由饭店承担责任。

(四) 客人车辆毁损或灭失纠纷

保管好来店消费客人的车辆,是饭店服务的一部分,因为如没有停车服务有些客人是不会来饭店消费的。所以饭店应当保护好来店消费客人的车辆安全,防止车辆被窃和损坏。有些饭店没有有效地保护好客人的车辆安全以致纠纷发生。

近年来,饭店和客人之间因为停车场内的车辆毁损或灭失所发生的纠纷十分突出,有的是场内车辆或者其零部件被盗,有的是车辆受损。因为各饭店所发生的情况各异,在承担责任上,也应有所不同。而很多饭店一旦发生上述情况,无论饭店是否有过错,车辆是否停在指定的地方,是否双方之间事先有约定,客人都要求饭店进行赔偿。

对于饭店范围内的客人车辆灭失或毁损,在何种情况下饭店应当负责,何种情况可以免除或者减轻饭店的责任,根据饭店业的实际情况,《中国旅游饭店行业规范》规定:饭店应当保护停车场内客人的车辆安全。由于保管不善,造成车辆灭失或者毁损的,饭店承担相应责任,但因为客人自身的原因造成车辆灭失或者毁损的除外。双方均有过错的,应当各自承担相应的责任。

《中国旅游饭店行业规范》的施行可以更好地维护客人的合法权益,同时也能维护饭店的合法权益,避免或者减少客人与饭店纠纷的发生。对于发生纠纷的饭店可以以此规范为依据,界定饭店的责任。自律、规范是饭店的经营之本。

三、旅游饭店行业规范出台的意义

《中国旅游饭店行业规范》出台以后引起了社会各界前所未有的广泛关注。在中国旅游饭店业协会举行的记者招待会上公布了《中国旅游饭店行业规范》后,中央电视台当晚即作了报道。接着,从中央到各地方电视台,从中央级报刊到各省、市级报刊都给予了广泛的报道,充分显示了社会各界对《中国旅游饭店行业规范》的高度关注。在《中国旅游饭店行业规范》新闻发布会上,中国旅游饭店业协会会长、国家旅游局和中国消费者协会负责人等对规范的意义作了高度的评价,总体有以下几个方面。

(一)《中国旅游饭店行业规范》的出台标志着中国旅游饭店业向更加成熟的方向迈出了新的一步

中国旅游饭店业是目前国内市场化程度较高并与国际接轨较为顺畅的行业。但是由于种种原因,我国旅游饭店业尚无统一的行业规范,在一定的程度上影响了饭店的经营管理和发展。因此,《中国旅游饭店行业规范》成为中国旅游饭店业发展几十年来规范饭店经营行为的第一部规范,是指导和规范旅游饭店自律行为的准则,同时也是评价饭店经营行为是否符合行业规范、国际规则和法律、法规的依据。该规范的实施,标志着中国旅游饭店业逐步走向成熟。

(二) 实施规范是主动应对我国入世、全球经济一体化竞争和挑战的积极举措

随着我国入世和全球经济一体化,对于开放较早的我国旅游饭店业同样面临竞争和挑战。面对竞争与挑战,要在国际市场竞争中生存和发展,需要采用符合国际规则和惯例去评价。《中国旅游饭店行业规范》的实施摒弃了过去一家饭店一种规范、行业没有统一规范的弊端,采用了与国际规则接轨的办法,对中国旅游饭店业融入国际饭店业竞争具有积极的意义。

(三) 实施规范是完善旅游饭店业法规建设的重要步骤

随着旅游饭店的大量增加、社会公众到饭店消费的增多,饭店同客人的纠纷也随之增多。由于目前我国旅游饭店方面的法规还不够完善,我国对旅游饭店业的国际惯例宣传不够,饭店与客人发生纠纷后,往往各执一词,无据可依,客人的权益得不到保护,一定程度上也影响了饭店的经营。《中国旅游饭店行业规范》的出台明确了饭店的责任和义务。

(四) 实施规范为其他行业制定相应规范及饭店工作程序提供参考依据

《中国旅游饭店行业规范》不仅是中国旅游饭店业及旅游业的第一部行业规范,也是我国服务行业的第一部行业规范。在《中国旅游饭店行业规范》新闻发布会上,中国消费者协会的负责人指出,它将为其他服务行业制定行业规范起到良好的示范作用。由于《中国旅游饭店行业规范》出台后新闻媒体给了广泛、深入的报道,社会知晓度大大提高,一些全国性和地方性的行业在制定其规范时可以以《中国旅游饭店行业规范》为参考依据。

很多旅游饭店在《中国旅游饭店行业规范》发布后,以《中国旅游饭店行业规范》中的内容为标准,对饭店的一些工作程序和管理制度,进行了修正,使之与《中国旅游饭店行业规范》相符。

(五) 实施规范是引导饭店客人消费行为、保障其合法权益的有效手段

客人到饭店消费促进了饭店业的发展。为了保障客人的合法权益,根据国家有关法律、法规,《中国旅游饭店行业规范》将客人在旅游饭店消费的具体权利进行了细化界定,明确了饭店在接受客人、保护客人人身和财物安全方面的有关责任,使客人获得更多的知情权,让客人明明白白去饭店消费。

(六) 实施规范是推动我国旅游饭店业持续健康发展的航标

随着我国旅游市场的日趋成熟,根据国际行业惯例和我国旅游饭店的经营管理现状,《中国旅游饭店行业规范》对我国旅游饭店在经营中的权利和义务及相应的行为准则等进行了相应规定,为旅游饭店平等协商解决有关纠纷提供了有力的参考和依据,我国旅游饭店的交易成本将有所降低,企业整体运行效益和竞争实力将得以提升。

(七) 实施规范为我国旅游饭店行业管理提供依据

随着我国社会主义市场经济的不断完善,各级政府将法制化、规范化建设作为促进行业发展的必要手段。如果说旅游饭店星级评定标准作为技术标准,为推动我国旅游饭店经营管理水平与服务质量的提高起到了重大历史性作用,《中国旅游饭店行业规范》的出台,则将从规制的层面促进我国旅游饭店统一规范的形成,为行业管理部门提供了重要依据,丰富了管理手段。

附件：

《中国旅游饭店行业规范》

(中国旅游饭店业协会 2009 年 8 月修订版)

第一章　总　则

第一条　为了倡导履行诚信准则，保障客人和旅游饭店的合法权益，维护旅游饭店业经营管理的正常秩序，促进中国旅游饭店业的健康发展，中国旅游饭店业协会依据国家有关法律、法规，特制定《中国旅游饭店行业规范》(以下简称为《规范》)。

第二条　旅游饭店包括在中国境内开办的各种经济性质的饭店，含宾馆、酒店、度假村等(以下简称为"饭店")。

第三条　饭店应当遵守国家有关法律、法规和规章，遵守社会道德规范，诚信经营，维护中国旅游饭店行业的声誉。

第二章　预订、登记、入住

第四条　饭店应当与客人共同履行住宿合同，因不可抗力不能履行双方住宿合同的，任何一方均应当及时通知对方。双方另有约定的，按约定处理。

第五条　饭店由于出现超额预订而使预订客人不能入住的，饭店应当主动替客人安排本地同档次或高于本饭店档次的饭店入住，所产生的有关费用由饭店承担。

第六条　饭店应当同团队、会议、长住客人签订住房合同。合同内容应当包括客人入住和离店的时间、房间等级与价格、餐饮价格、付款方式、违约责任等款项。

第七条　饭店在办理客人入住手续时，应当按照国家的有关规定，要求客人出示有效证件，并如实登记。

第八条　以下情况饭店可以不予接待：

(一) 携带危害饭店安全的物品入店者；

(二) 从事违法活动者；

(三) 影响饭店形象者(如携带动物者)；

(四) 无支付能力或曾有过逃账记录者；

(五) 饭店客满；

(六) 法律、法规规定的其他情况。

第三章　饭店收费

第九条　饭店应当将房价表置于总服务台显著位置，供客人参考。饭店如给予客人房价折扣，应当书面约定。

第十条　饭店应在前厅显著位置明示客房价格和住宿时间结算方法，或者确认已将上述信息用适当方式告知客人。

第十一条　根据国家规定，饭店如果对客房、餐饮、洗衣、电话等服务项目加收服务费，应当在房价表或有关服务价目单上明码标价。

第四章　保护客人人身和财产安全

第十二条　为了保护客人的人身和财产安全,饭店客房房门应当装置防盗链、门镜、应急疏散图,卫生间内应当采取有效的防滑措施。客房内应当放置服务指南、住宿须知和防火指南。有条件的饭店应当安装客房电子门锁和公共区域安全监控系统。

第十三条　饭店应当确保健身、娱乐等场所设施、设备的完好和安全。

第十四条　对可能损害客人人身和财产安全的场所,饭店应当采取防护、警示措施。警示牌应当中外文对照。

第十五条　饭店应当采取措施,防止客人放置在客房内的财物灭失、毁损。由于饭店的原因造成客人财物灭失、毁损的,饭店应当承担责任,由于客人自己的行为造成损害的,饭店不承担责任。双方均有过错的,应当各自承担相应的责任。

第十六条　饭店应当保护客人的隐私权。除日常清扫卫生、维修保养设施设备或者发生火灾等紧急情况外,饭店员工未经客人许可不得随意进入客人下榻的房间。

第五章　保管客人贵重物品

第十七条　饭店应当在前厅处设置有双锁的客人贵重物品保险箱。贵重物品保险箱的位置应当安全、方便、隐蔽,能够保护客人的隐私。饭店应当按照规定的时限,免费提供住店客人贵重物品的保管服务。

第十八条　饭店应当对住店客人贵重物品的保管服务做出书面规定,并在客人办理入住登记时予以提示。违反第十七条和本条规定,造成客人贵重物品灭失的,饭店应当承担赔偿责任。

第十九条　客人寄存贵重物品时,饭店应当要求客人填写贵重物品寄存单,并办理有关手续。

第二十条　饭店客房内设置的保险箱仅为住店客人提供存放一般物品之用。对没有按规定将贵重物品存放在饭店前厅贵重物品保险箱内,而造成客房里客人的贵重物品灭失、毁损的,如果责任在饭店一方,可视为一般物品予以赔偿。

第二十一条　如无事先约定,在客人结账退房离开饭店以后,饭店可以将客人寄存在贵重物品保险箱内的物品取出,并按照有关规定处理。饭店应当将此条规定在客人贵重物品寄存单上明示。

第二十二条　客人如果遗失饭店贵重物品保险箱的钥匙,除赔偿锁匙成本费用外,饭店还可以要求客人承担维修保险箱的费用。

第六章　保管客人一般物品

第二十三条　饭店保管客人寄存在前厅行李寄存处的行李物品时,应当检查其包装是否完好、安全,询问有无违禁物品,并经双方当面确认后,给客人签发行李寄存牌。

第二十四条　客人在餐饮、康乐、前厅行李寄存处等场所寄存物品时,饭店应当当面询问客人寄存物品中有无贵重物品。客人寄存的物品中如有贵重物品的,应当向饭店声明,由饭店员工验收并交饭店贵重物品保管处免费保管;客人事先未声明或不同意核实而造成物品灭失、毁损的,如果责任在饭店一方,饭店按照一般物品予以赔偿;客人对寄存物品没有提出需要采取特殊保管措施的,因为物品自身的原因造成毁损或损耗的,饭店不承担赔偿责任；由于客人没有事先说明寄存物品的情况，造成饭店损失的，除饭店知道或者应当知道而没有采取补救措施的以外，饭店可以要求客人承担相应的赔偿责任。

第七章 洗衣服务

第二十五条 客人送洗衣物，饭店应当要求客人在洗衣单上注明洗涤种类及要求，并应当检查衣物状况有无破损。客人如有特殊要求或者饭店员工发现衣物破损的，双方应当事先确认并在洗衣单上注明。客人事先没有提出特殊要求，饭店按照常规进行洗涤，造成衣物损坏的，饭店不承担赔偿责任。客人送洗衣物在洗涤后即时发现破损等问题，而饭店无法证明该衣物是在洗涤以前破损的，饭店承担相应责任。

第二十六条 饭店应当在洗衣单上注明，要求客人将送洗衣物内的物品取出。对洗涤后客人衣物内物品的灭失，饭店不承担责任。

第八章 停车场管理

第二十七条 饭店应当保护停车场内饭店客人的车辆安全。由于保管不善，造成车辆灭失或者毁损的，饭店承担相应责任，但因为客人自身的原因造成车辆灭失或者毁损的除外。双方均有过错的，应当各自承担相应的责任。

第二十八条 饭店应当提示客人保管好放置在汽车内的物品。对汽车内放置的物品的灭失，饭店不承担责任。

第九章 其 他

第二十九条 饭店如果谢绝客人自带酒水和食品进入餐厅、酒吧、舞厅等场所享用，应当将谢绝的告示设置于经营场所的显著位置，或者确认已将上述信息用适当方式告知客人。

第三十条 饭店有义务提醒客人在客房内遵守国家有关规定，不得私留他人住宿或者擅自将客房转让给他人使用及改变使用用途。对违反规定造成饭店损失的，饭店可以要求入住该房间的客人承担相应的赔偿责任。

第三十一条 饭店可以口头提示或书面通知客人不得自行对客房进行改造、装饰。未经饭店同意进行改造、装饰而造成损失的，饭店可以要求客人承担相应的赔偿责任。

第三十二条 饭店有义务提示客人爱护饭店的财物。由于客人的原因造成损坏的，饭店可以要求客人承担赔偿责任。由于客人原因，饭店维修受损设施、设备期间导致客房不能出租、场所不能开放而发生的营业损失，饭店可视其情况要求客人承担责任。

第三十三条 对饮酒过量的客人，饭店应恰当、及时地劝阻，防止客人在饭店内醉酒。客人醉酒后在饭店内肇事造成损失的，饭店可以要求肇事者承担相应的赔偿责任。

第三十四条 客人结账离店后，如有物品遗留在客房内，饭店应当设法同客人取得联系，将物品归还或寄还给客人，或替客人保管，所产生的费用由客人承担。三个月后仍无人认领的，饭店可登记造册，按拾遗物品处理。

第三十五条 饭店应当提供与本饭店档次相符的产品与服务。饭店所提供的产品与服务如果存在瑕疵，饭店应当采取措施及时加以改进。由于饭店的原因而给客人造成损失的，饭店应当根据损失程度向客人赔礼道歉，或给予相应的赔偿。

第十章　处　理

第三十六条　中国旅游饭店业协会会员饭店违反本《规范》,造成不良后果和影响的,除按照有关规定进行处理外,中国旅游饭店业协会将对该会员饭店给予协会内部通报批评。

第三十七条　中国旅游饭店业协会会员饭店违反本《规范》,给客人的人身造成较大伤害,或者给客人的财产造成严重损失且情节严重的,除按规定进行赔偿外,中国旅游饭店业协会将对该会员饭店给予公开批评。

第三十八条　中国旅游饭店业协会会员饭店违反本《规范》,给客人人身造成重大伤害或者给客人的财产造成重大损失且情节特别严重的,除按规定进行赔偿外,经中国旅游饭店业协会常务理事会通过后,将对该会员饭店予以除名。

第十一章　附　则

第三十九条　饭店公共场所的安全疏散标志等,应当符合国家的规定。饭店的图形符号,应当符合中华人民共和国旅游行业标准 LB/T001—1995 旅游饭店公共信息图形符号。

第四十条　中国旅游饭店业协会会员饭店如果同客人发生纠纷,应当参照本《规范》的有关条款协商解决;协商不成的,双方按照国家有关法律、法规和规定处理。

第四十一条　本《规范》适用于中国旅游饭店业协会会员饭店。

第四十二条　本《规范》自 2002 年 5 月 1 日起施行。

第四十三条　本《规范》由中国旅游饭店业协会常务理事会通过并负责解释。

复习思考题

1. 设立旅游饭店要通过哪些部门审批?
2. 什么是国有经济饭店?
3. 饭店同其客人之间的权利和义务关系是怎样产生和终止的?
4. 饭店对客人有哪些义务?
5. 饭店为何要告知客人有关注意安全方面的事项?
6. 客人有哪些权利?
7. 为什么要出台《中国旅游饭店行业规范》?
8. 《中国旅游饭店行业规范》的主要宗旨是什么?
9. 《中国旅游饭店行业规范》对饭店和客人起到了什么作用?
10. 本章案例导入中的饭店是否要承担责任?为什么?

第四章 旅游交通运输管理法律制度

> **本章导读**
>
> 旅游交通运输是实现旅游者空间转移的必要手段和途径,旅游交通运输业是旅游业的三大组成部分之一。目前,国际上有关航空运输、铁路运输、公路运输、海上运输的国际公约比较齐全。我国的《民用航空法》《铁路法》《公路法》《海上交通安全管理法》《内河交通安全管理条例》《道路运输服务质量投诉管理规定》《旅游汽车、游船管理办法》等法律、法规的颁布与施行,架构了我国旅游交通法规体系。
>
> 旅游交通运输法律、法规的建立、健全,有利于维护旅游者与旅游经营者的合法权益,促进旅游业以及交通运输业的健康、持续发展,保障正常的社会经济秩序。

> **案例导入**
>
> **旅游者因飞机晚点拒绝登机造成损失谁负责**
>
> 春节期间,某公司19名员工组成家庭旅游团参加旅行社组织的泰港七日游。因天气原因,大连至曼谷的飞机推迟了起飞,这引起游客极大的不满,经导游劝说后同机其他游客登机待飞,而某公司的19名人员则拒绝登机,最终造成他们出国未成。事后这19名游客起诉该旅行社,要求旅行社返还全部费用,并支付违约金和案件受理的费用。
>
> 在该案中谁应当为此承担责任?

第一节 旅游交通运输管理法律制度概述

一、旅游交通运输的概念

旅游交通,是指旅游者利用某种交通工具,实现从一个地点到另一个地点的空间转移的过程。

旅游交通运输,是指利用一定的载运工具,通过一定的交通线路和交通设施,在约定的期限内,为旅游者提供空间位置转移的经营活动。旅游交通运输包括航空运输、铁路运输、公路交通运输和水路运输等。随着现代旅游业的发展,旅游交通运输业得到了快速的发展,它是整个国民经济交通运输业的重要组成部分,它具有其特殊性和相对的独立性。

二、旅游交通运输法律概述

(一) 旅游交通运输法律的概念

旅游交通运输法律是调整旅游交通运输中各种关系的法律规范的总称。旅游交通运输法律包括三个方面的含义。

1. 旅游交通运输法律是由一系列的法律规范构成的整体，而不是指某一部法律。构成旅游交通运输法律体系的有航空、铁路、公路、海上、内河等交通运输方面的规范。

2. 旅游交通运输中的法律关系主要分为两大类：一是旅游交通运输管理关系；二是旅游交通运输合同关系。这两类法律关系既有纵向的法律关系又有横向的法律关系。

3. 由于旅游交通运输的涉外性以及国际旅游联合交通运输的广泛存在，旅游交通运输法规体系中既包括国内旅游交通运输法律规范，又包括国际旅游交通运输法律规范。

(二) 我国旅游交通运输安全情况

1. 我国旅游交通运输安全情况

安全运输是旅游交通运输的基本要求，亦是旅游交通运输法规的重要内容与原则。旅游交通运输的目的，是使旅游者及其行李物品实现安全、准时、快捷、舒适、方便的空间转移，确保旅游者得以进行正常的旅行、游览活动。如果旅游交通安全得不到保障，意味着不能实现旅游交通的目的和意义，给旅游业和旅游者造成损失与危害。

然而，在我国每年都有一些重大的旅游交通事故事件的发生，如2012年1月4日，安徽黄山市凯鸿旅游公司的旅游车从浙江义乌市驶往四川泸州市叙永县，在沪昆高速公路贵州黔南州贵定县境内发生车祸，翻入路边垂直高度8.8米下水沟，造成18人死亡，39人受伤；2013年8月18日，西藏林芝工布江达县境内，一辆由拉萨前往林芝的旅游大巴坠入尼洋河中，造成3人死亡，13人失踪；2014年8月9日，西藏尼木县境内一辆旅游大巴车与皮卡货车相撞，大巴车冲出公路护栏坠入深约10多米的悬崖，造成44人遇难，11人受伤；2015年5月23日，湖南新干线旅游公司载有50余名游客的大巴，至新宁S218路段，发生车祸，致8人遇难，40余人受伤；2015年7月1日，一辆载有28人(其中韩国籍26人)的吉林延吉新世纪旅行社旅游大巴在行至集丹公路发生交通事故，造成11人遇难；2015年7月25内蒙古赤峰市克什克腾旗境内，一辆载有40余名游客的抚顺市旅游公司大巴发生交通事故，造成4人死亡；2016年6月27日，湖南宜凤高速宜章县境内，一辆载有57人从湖南耒阳去莽山森林公园参加漂流的旅游大巴，发生车祸起火燃烧，造成35人死亡，13人受伤；2016年10月4日，吉林市一赴长白山的旅游团所乘坐的大巴在途经吉林安图县永庆乡附近时发生车祸，造成大巴车上4人当场死亡，20人受伤……

为贯彻安全运输的原则，世界各国都制定和颁布了一系列旅游交通运输方面的法律、法规。旅游安全管理工作必须贯彻"安全第一、预防为主"的方针，实行"统一指导、分级管理、基层为主"的原则。我国的交通运输法律法规都设置专章或专款，规定交通运输的安全管理制度，如《道路旅客运输及客运站管理规定》《旅游汽车、游船管理办法》《旅游汽车驾驶员守则》等法规性文件，都把安全运输放到首位。

2. 确保旅游交通运输的安全措施

要真正做到严格遵守安全运输原则，应做好如下工作：

(1) 旅游交通管理人员和工作人员要牢固树立安全运输意识。通过开展交通运输安全年、安全月、安全日等活动,建立健全交通安全奖惩制度,使旅游交通运输企业及其职工真正树立"安全第一"的思想。

(2) 加强旅游交通运输企业职工的教育与培训工作。旅游交通管理部门应坚持运输企业职工的技术培训与业务考核制度,不断提高职工的技术水平,熟悉交通规则和机、车、船安全管理制度,认真执行驾驶操作规范,严格持证上岗以及岗位责任制度。

(3) 确保交通工具和设施的良好性能。交通工具与设施是旅游交通运输的基础,因此各类交通工具以及交通道路、围栏、隧道、涵洞等设施必须加强管理与保护,确保安全、正常、完好。

(4) 加强对旅客及其行李的安全检查工作。

(5) 加强旅游交通立法工作。

(三) 我国旅游交通运输的立法情况

我国有关旅游交通运输的法律法规主要分为航空运输、铁路运输、公路运输和水路运输等四个方面。航空运输方面的法律法规主要有《中华人民共和国民用航空法》《中国民用航空旅客、行李国内运输规则》《中国民用航空旅客、行李国际运输规则》《国内航空运输承运人赔偿责任限额的规定》等。铁路运输方面的法律法规主要有《中华人民共和国铁路法》《铁路旅客运输损害赔偿规定》《铁路旅客人身伤害及自带行李损失事故处理办法》等。公路运输方面的法律法规主要有《中华人民共和国公路法》《中华人民共和国交通安全管理法》《道路运输服务质量投诉管理规定》等。水路运输方面的法律法规主要有《中华人民共和国海上交通安全法》等等。

三、旅行社及旅游者与旅游交通运输的关系

旅行社作为依法设立从事旅游业务,组织旅游者进行旅行、游览活动的企业,主要为旅游者提供食、住、行、游、购、娱等旅游服务,其中交通运输便是非常重要的一部分。随着我国国民经济与旅游业的日益发展,旅行社与旅游交通运输的关系也变得日益复杂起来。在国内旅游组团合同范本中一般都规定:"交通客票费:乙方代甲方向民航、铁路、长途客运公司、水运等公共交通部门购买交通客票的费用",由此规定可见,在一般情况下,在交通运输服务方面,旅行社与旅游者是代理与被代理的关系,旅游者与交通部门之间才具有真正的旅游交通法律关系。国内的大多数旅行社都有自己专用的旅游车,并以此直接向旅游者提供旅游交通服务,这样,旅游交通的权利义务关系便在旅游者与旅行社之间产生,旅行社作为旅游交通服务的提供者,其在旅游交通法律关系中的权利与义务应比照国家公共交通运输部门,以保障旅游者的合法权益。

第二节 旅游交通运输企业与旅游者双方的义务

在旅游交通运输合同法律关系中,一方权利的实现依赖于对方诚实信用地履行自己的法律义务。所以旅游交通运输企业与旅游者双方之间都要严格履行双方的义务。

一、旅游运输企业的义务

(一) 保障旅游者人身和财产安全的义务

旅游运输企业应当在约定期间或者合理期间内将旅客、货物安全运输到约定地点。对在运输过程中因旅游运输企业的责任给旅客造成损失的,承担损害赔偿责任。

(二) 提供普遍服务的义务

从事公共运输的旅游运输企业不得拒绝旅游者、托运人通常、合理的运输要求。旅游者、托运人通常、合理的运输要求,是指按照一般的运输条件和能力,旅游运输企业能够承担运输任务的要求。

(三) 告知的义务

旅游运输企业应当向旅游者及时告知有关不能正常运输的重要事由和安全运输应当注意的事项。

(四) 按合同约定运输的义务

旅游运输企业应当按照客票载明的时间和班次运输旅客。旅游运输企业迟延运输的,应当根据旅游者的要求安排改乘其他班次或者退票。

(五) 救助义务

旅游运输企业在运输过程中应当尽力救助患有疾病等需要救助的旅游者。

二、旅游者的义务

(一) 支付票款和运费的义务

《中华人民共和国合同法》(简称《合同法》)规定:旅客、托运人或者收货人应当支付票款或者运输费用。

(二) 交验有效客票、行李票的义务

《合同法》规定:"旅客应当持有效客票承运。旅客无票承运、超程承运、越级承运或者持失效客票承运的,应当补交票款,旅游运输企业可以按照规定加收票款。旅客不交付票款的,旅游运输企业可以拒绝运输。"

(三) 安全乘车(机、船)的义务

遵守交通运输秩序,接受旅游运输企业和有关部门的安全检查。旅游者不得随身携带法律、法规规定的禁运物品,如毒品、黄色淫秽音像制品等;旅游者不得随身携带或者在行李中夹带危险品,如易燃、易爆、剧毒、易腐蚀、易污染和放射性物品;旅游者不得携带枪支、弹药、凶器乘坐交通运输工具;禁止将危险品作为行李托运。

旅游者及其行李物品,必要时接受旅游运输企业的疫情检查。染疫人或染疫嫌疑人应当接受相应的处置。旅客在运输中应当限量携带行李,超过限量携带行李的,应当按规定办理手续。

案例分析

基本情况:

2009年4月25日,世界各地的新闻媒体报道了墨西哥突然爆发猪流感(后经过确认是甲型H1N1流感)的消息,引起全世界的关注。随后,甲型H1N1流感迅速蔓延到美国、加

拿大、哥斯达黎加等国。卫生部于2009年5月11日通报了四川省确诊一例甲型H1N1流感的病例，这是我国内地首例甲型H1N1流感病例。患者包某某，男，30岁，在美国某大学学习。患者于5月7日由美国圣路易斯经圣保罗到日本东京，5月8日从东京乘NW029航班于5月9日凌晨1时30分抵达北京首都国际机场，于同日10时50分从北京起飞，乘3U8882航班于13时17分抵达成都。患者5月9日在北京至成都航程中自觉发热，伴有咽痛、咳嗽、鼻塞和极少量流涕等症状，在成都下机后自感不适，遂直接到四川省人民医院就诊。5月10日上午，四川省疾病预防控制中心两次复核检测，结果均为甲型H1N1流感病毒弱阳性。四川省卫生厅组织省内专家组进行会诊，按照《甲型H1N1流感诊疗方案（2009年试行版第一版）》，初步诊断患者为甲型H1N1流感疑似病例。5月10日晚，中国疾病预防控制中心和军事医学科学院接到疑似患者标本，连夜开展实验室检测。5月11日早晨，中国疾病预防控制中心和军事医学科学院对该疑似患者标本甲型H1N1流感病毒的核酸检测结果为阳性。通过基因序列同源性比较，与甲型H1N1流感病毒代表株（A/California/04/2009）同源性为100%，与季节性流感病毒H1H1代表株（A/Brisbane/59/2007）的同源性为79.4%，确认该标本的核酸检测结果为甲型H1N1流感病毒阳性。

本案分析：

中国出现首例甲型H1N1流感患者后，国家卫生部要求，各地卫生部门要全力以赴地做好防控工作。要按照《传染病防治法》《国境卫生检疫法》《突发事件应对法》《突发公共卫生事件应急条例》的规定和相关应急预案、工作方案和技术方案的要求，切实做到早发现、早报告、早诊断、早隔离、早治疗。

在发现染疫人或染疫疑似人员后，我国政府相关部门立即采取措施将患者和同飞机的其他乘客进行必要的隔离观察，无疑对防止疾病在我国的大规模流传起到了积极、有效的作用。

第三节 航空运输管理法律制度

一、航空运输管理法律概述

中国民用航空标志

经过新中国成立以来60多年的建设，特别是改革开放30年以来的持续快速发展，我国已经成为世界航空运输大国，民用航空业已经成为我国国民经济中的一项重要产业。1950年，乘坐飞机的旅客全国只有1万人次。到了2008年，中国乘坐飞机的旅客人数达到了1.92亿人次。1950年的中国民航只有7条国内航线，通航国内8个城市到2008年年底，中国民航拥有160个民用运输机场，定期航线总数达到1 532条，内地通航城市已有150个，国际通航城市达104个，中国民航全行业拥有运输飞机1 259架。截至2015年底，民航全行业运输飞机2 650架，比上年增加280架，共有机场210个，比上年增加8个。2015年，全行业完成旅客运输量43 618万人次，比上年增长11.3%。国内航线完成旅客运输量39 411万人次，比上年增长9.4%，其中港澳台航线完成1 020万人次；国际航线完成旅客运输量4 207万人次。2015

年,全国民航运输机场完成旅客吞吐量9.15亿人次。2015年,北京首都机场完成旅客吞吐量0.90亿人次,连续6年位居世界第二;上海浦东机场完成货邮吞吐量327.5万吨,连续8年位居世界第三。

民用航空业的发展水平,是一个国家整体经济发展水平的重要标志,是国家现代化程度的象征,也是大力发展旅游业的重要基础。

《中华人民共和国民用航空法》(以下简称《民用航空法》)第五条规定:"本法所称民用航空器,是指除用于执行军事、海关、警察飞行任务外的航空器。"民航业的快速发展,迫切要求我国加速民航法治建设,利用法律的手段来保障民航业的健康发展。近年来,我国制定和颁布了一大批有关民航的法律法规,初步形成了一套民航法律体系,不仅为市场经济条件下民航业的健康发展提供了坚实的法律基础,也为旅游业的快速发展提供了有力的保障。

二、民航法的特征

(一)民航法的国际性

民用航空不同于铁路、公路和水路等交通运输旅游,往往具有一定的国际性。航空活动的国际性主要是由航空技术自身的特性、航空运输的特点和航空活动自身发展的需要所决定的。《民用航空法》第一百八十四条规定:"中华人民共和国缔结或者参加的国际条约同本法有不同规定的,适用国际条约的规定;但是,中华人民共和国声明保留的条款除外。中华人民共和国法律和中华人民共和国缔结或者参加的国际条约没有规定的,可以适用国际惯例。"

航空运输中介——空气空间的无边界性决定了航空活动具有国际性。由于地理、种族以及政治上的原因,海运、铁路或公路运输中的中介是在人为地划分边界的不同国度里;而航空运输的中介是空气空间,空气空间是围绕地球的一个立体存在,并无有形的边界可言。航空运输的这种特殊性质,决定了民航法的国际性。比如在欧洲,中小国家林立,飞机半个小时就可以飞越几个国家。如果不用国际统一的法律规则,而使用各国千差万别的国内法,航空活动势必寸步难行,进而干扰、阻碍航空活动的发展。

在航空活动中,尤其是在国际航空活动中,如果没有统一的技术标准,安全的控制航线和有序的航空业将难以得到可靠的保障。所以国家航空活动对统一的航空技术标准有很大的需求,要求民航法规具有国际性,并制定统一的航空法律规范。

各国国内民航法是一种涉外性很强的法律,国内航空法与国际航空法有着十分密切的关系。我国《民用航空法》在制定时充分考虑到了其有关国际公约,使其有关规定符合国际有关公约和惯例的内容。我国的很多航空法律规范往往也直接来源于国际航空法。国际航空法发展史也表明,在航空法中,国际航空公约先于国内法,因为航空运输一问世就成立国际运输。

(二)民航法具有公法与私法的特点

民航法可以作为国际法的组成部分,因为它首先要解决的就是诸如主权、国籍、国家关系等公法的问题。如1944年的《国际民用航空公约》(芝加哥)、1963年为制止航空犯罪的《东京条约》、1970年的《海牙公约》和1971年的《蒙特利尔公约》等,这些都是公法。

在私法领域内,不论是财产权利、合同法还是侵权行为法,各个国家间的法律规则和法律传统存在着巨大的差异与冲突,要达到统一和相互协调特别困难。采取统一的原则和规则是国际航空运输必要的前提条件。1929年在华沙签订的《统一国际航空运输中某些规则的公约》,正是对航空损害赔偿实行统一责任规则的成功典范,迄今为止一直是国际航空法的基本组成部分。

(三) 民航法是平时法

民航法是平时法,是指民航法仅调整和平时期民用航空活动及其相关领域所产生的社会关系。如果一旦发生战争,或者国际处于紧急状态,民用航空要受战时法令或紧急状态下的非常法的约束。作为国际航空法宪章性文件的芝加哥《国际民用航空公约》第八十九条规定:"如遇战争,本公约的规定不妨碍受战争影响的任一缔约国的行动自由,无论其为交战国或中立国。如遇任何缔约国宣布其处于紧急状态,并就此通知理事会,上述原则同样适用。"再如该公约的第三条明确规定:本公约仅适用于民用航空器,而不适用于军事、海关和警察部门的航空器。

民航法是平时法,在战争或在国家宣布处于紧急状态的时候,它并不妨碍受战争影响的交战国和中立国的行动自由,交战国和中立国可以不受约束地采取一切必要的行动。

民航法的平时法特点,就是要求在和平时期,所有航空活动都必须遵守统一的空中规则,以维持空中交通的正常秩序,保障飞行安全。但是在国防需要的紧急情况下,军用航空器有优先通过权,以保障军用航空保卫国家领空不受侵犯的需要。民航法是平时法的特点,说明航空法的规定应适合和平时期发展民用航空的客观规律。

三、民用航空运输合同

(一) 民用航空运输合同的概念与分类

1. 民用航空运输合同的概念

民用航空运输合同,是航空承运人与旅游者之间依法就提供并完成以民用航空器运送服务所达成的协议。《中华人民共和国合同法》第二百八十八条规定:"运输合同是承运人将旅客或者货物从起运地点运输到约定地点,旅客、托运人或者收货人支付票款或者运输费用的合同。"该法第二百八十九条规定:"从事公共运输的承运人不得拒绝旅客、托运人通常、合理的运输要求。"

2. 民用航空运输合同的分类

民用航空运输合同可以分为国内旅客运输合同、国内旅游包机旅客运输合同、国内旅客行李运输合同、国内旅游包机旅客行李运输合同、国内货物运输合同、国内包机货物运输合同、国际定期航班旅客运输合同、国际包机旅客运输合同、国际包机旅客行李运输合同、国际货物运输合同、国际包机货物运输合同,等等。

(二) 民用航空运输合同的特征

1. 民用航空运输合同为双务合同

在航空运输合同中,双方当事人互负义务,承运人须将旅客或者货物按照约定,安全及时地从一地运送到另一目的地,旅客或托运人须向承运人支付运费及其他有关费用,双方的义务具有对价性。因此,航空运输合同是双务合同。

2. 民用航空运输合同为有偿合同

在民用航空运输活动中,承运人以提供劳动的方式满足旅游者及其他旅客的特殊需要。民航运输合同的客体是承运人的运送行为,即承运人提供并完成的劳动成果,是由旅游者及其他旅客与承运人的买卖而形成。因此,这类合同属于有偿合同。如果一方当事人不履行或违反合同义务,势必给另一方当事人造成财产上的损失,所以双方当事人均应履行各自的合同义务,并应在不履行或违反合同义务时,依法并根据给对方当事人造成的财产损失程度,承担相应的责任。

3. 民用航空运输合同为诺成合同

就旅游航空运输合同而言,客运合同自承运人向旅游者或其他旅客交付客票时成立。所以,航空运输合同为诺成合同。

4. 民用航空运输合同为格式合同

格式合同,又称标准合同、定型化合同,是当事人一方预先拟定合同条款,对方只能表示全部同意或者不同意的合同。因此,对于格式合同的非拟定条款的一方当事人而言,要订立格式合同,就必须全部接受合同条件,否则就不订立合同。

民用航空运输合同的基本内容全部由承运人事先依照法律、行业惯例,经营需要单方面确定,而承运人所开具的客票、行李票、货运单是订立合同和接受运输条件的凭证。从要约与承诺的主体看,承诺人永远是要约人,而旅游者或其他旅客永远是承诺人。从要约与承诺的内容看,承运人一般不会对合同基本内容作出变更,而旅游者或其他旅客也不能对合同基本内容作出任何改变。旅游者或其他旅客只有对合同表示接受或不予接受的权利,却没有对合同条件讨价还价的自由。

5. 民用航空运输合同是有名合同

根据法律是否对合同有确定的名称与调整规则,合同分为有名合同与无名合同。有名合同是立法上规定有确定名称与规则的合同,又称典型合同。航空运输合同即属于有名合同。

四、民用航空运输企业的责任与赔偿限额

(一) 民用航空运输企业的责任

根据《民用航空法》的规定,因发生在民用航空器上或者在旅游者或其他旅客上、下民用航空器过程中的事件,造成旅客人身伤亡的,民航承运人应当承担责任。但是,旅游者或旅客的人身伤亡完全是由于其本人的健康状况造成的,承运人不承担责任。

因发生在民用航空器上或者在旅游者或其他旅客上、下民用航空器过程中的事件,造成其随身携带物品毁灭、遗失或者损坏的,承运人应当承担责任。因发生在航空运输期间的事件,造成旅游者或其他旅客的托运行李毁灭、遗失或者损坏的,承运人应当承担责任。

旅游者或其他旅客随身携带物品或者托运行李的毁灭、遗失或者损坏完全是由于行李(包括托运行李和旅客随身携带的物品)本身的自然属性、质量或者缺陷造成的,承运人不承担责任。

因发生在航空运输期间的事件,造成货物毁灭、遗失或者损坏的,承运人应当承担责任。但是,承运人证明货物的毁灭、遗失或者损坏完全是由于下列原因之一造成的,不承担责任:

(1) 货物本身的自然属性、质量或者缺陷;
(2) 承运人或者其受雇人、代理人以外的人包装货物的,货物包装不良;

(3) 战争或者武装冲突；

(4) 政府有关部门实施的与货物入境、出境或者过境有关的行为。

航空运输期间，是指在机场内、民用航空器上或者机场外降落的任何地点，托运行李、货物处于承运人掌管之下的全部期间。航空运输期间，不包括机场外的任何陆路运输、海上运输、内河运输过程。但是，此种陆路运输、海上运输、内河运输是为了履行航空运输合同而装载、交付或者转运，在没有相反证据的情况下，所发生的损失视为在航空运输期间发生的损失。

旅游者或其他旅客、行李或者货物在航空运输中因延误造成的损失，承运人应当承担责任。但是，承运人证明本人或者其受雇人、代理人为了避免损失的发生，已经采取一切必要措施或者不可能采取此种措施的，不承担责任。

在旅游者或其他旅客、行李运输中，经承运人证明，损失是由索赔人的过错造成或者促成的，应当根据造成或者促成此种损失的过错的程度，相应免除或者减轻承运人的责任。旅游者或其他旅客以外的其他人就旅客死亡或者受伤提出赔偿请求时，经承运人证明，死亡或者受伤是旅游者或其他旅客本人的过错造成或者促成的，同样应当根据造成或者促成此种损失的过错的程度，相应免除或者减轻承运人的责任。

旅游者或其他旅客或者托运人在交运托运行李或者货物时，特别声明在目的地点交付时的利益，并在必要时支付附加费的，除承运人证明旅客或者托运人声明的金额高于托运行李或者货物在目的地点交付时的实际利益外，承运人应当在声明金额范围内承担责任。

因承运人原因使旅客的托运行李未能与旅客同机到达，造成旅客旅途生活的不便，在经停地或目的地应给予旅客适当的临时生活用品补偿费。

(二) 民用航空运输企业的赔偿责任限额

1. 赔偿责任限额概念

民用航空运输企业责任限制制度是指发生重大的航空事故时，作为责任人的承运人一般情况下，即航空公司可以根据法律的规定，将自己的赔偿责任限制在一定范围内进行赔偿的法律制度。根据这一制度，当航空运输过程中发生的旅客人身伤亡、行李物品灭失、损坏的损失数额没有超出法定责任限额时，承运人应当按照实际损失赔偿旅客或者托运人；当损失数额超过责任限额时，承运人仅在法定限额内承担赔偿责任，对法定限额以外的损失数额不予赔偿。但是，无论是在国内航空运输中还是在国际航空运输中赔偿责任限制，只要能够证明在航空运输中的损失，是由于承运人或者其受雇人、代理人的故意或者明知可能造成损失而轻率地作为或者不作为造成的，那么承运人无权援用赔偿责任限制制度，即承运人不仅无权援用法定的赔偿责任限额，同时也无权援用约定的赔偿责任限额。

2. 赔偿责任限额规定

(1) 根据《国内航空运输承运人赔偿责任限额规定》规定，国内航空运输的赔偿责任限额为：每名旅客的最高赔偿金额为人民币40万元，对每名旅客随身携带物品的赔偿责任限额为人民币3 000元，对旅客托运的行李和对运输的货物的赔偿责任，为每千克最高不超过100元。

(2) 根据《中华人民共和国民用航空法》，国际航空运输承运人的赔偿责任限额为：①对每名旅客的赔偿责任限额为16 600计算单位；但是，旅客可以同承运人书面约定高于本项规定的赔偿责任限额;②对托运行李或者货物的赔偿责任限额,每公斤为17计算单位;③对每名旅客随身携带的物品赔偿责任限额为322计算单位。

(3) 2005年7月31日起,《统一国际航空运输某些规则的公约》在我国正式生效。该公约规定:旅客伤亡时,航空公司的赔偿限额增加到10万特别提款权(约13.5万美元)。但是限额只是最高的赔偿额度,旅客的实际获赔还要依据旅客的实际受伤害程度来确定。另外,对于航班延误,航空公司只对部分延误赔偿,每名旅客赔偿限额为4 150特别提款权(约5 000美元);行李赔偿时,不再按照重量计算损失,每名旅客以1 000特别提款权为限。

案例

2002年5月7日9时24分,中国北方航空公司执行61236次航班的麦道A82型客机从北京飞往大连时,在大连机场东侧约20公里海面失事,机上旅客和乘务人员全部丧生。

空难发生后,北方航空公司负责人称,根据《国内航空运输旅客身体损害赔偿暂行规定》,旅客人身伤害赔偿最高金额为7万元,但考虑1993年以来的物价上涨指数变动因素,并以北京、上海、深圳等物价最高地区为参考基准,决定将赔偿金额上浮89.3%,并按90%进行实际计算,每个旅客的人身伤害赔偿额为13.3万元。对旅客托运行李和携带行李的赔偿额也作相应的上调,旅客事先声明行李价的按照声明价值额赔偿。另外,北航还将自愿承担:抚恤金2万元,丧葬费5 000元,家属交通补助2万元,遇难者下落不明或尸体无法提供的赔偿1万元。照此计算,每位遇难者的家属将领取18.2万元至19.4万元赔偿。另外,购买了航空意外保险的乘客也得到了保险公司的赔偿。

3. 赔偿责任主体和诉讼时效

(1) 由几个航空承运人办理的连续运输,除合同明文约定第一承运人应当对全程运输承担责任外,旅客或者其继承人只能对发生事故或者延误的运输区段的承运人提起诉讼。

(2) 托运行李或者货物的毁灭、灭失、损坏或者延误,旅客或者托运人有权对第一承运人提起诉讼;旅客或者收货人有权对最后承运人提起诉讼;旅客、托运人和收货人均可以对发生毁灭、灭失、损坏或者延误的运输区段的承运人提起诉讼。上述承运人应当对旅客、托运人或者收货人承担连带责任。

(3) 航空运输的诉讼时效期间为二年,自民用航空器到达目的地点、应当到达目的地点或者运输终止之日起计算。

五、民用航空安全检查

(一) 民用航空安全检查规则

为了规范民用航空安全检查工作,防止对民用航空活动的非法干扰,维护民用航空运输安全,依据《中华人民共和国民用航空法》《中华人民共和国民用航空安全保卫条例》等有关法律、行政法规,2016年8月31日《民用航空安全检查规则》经第19次交通运输部部务会议通过,自2017年1月1日起施行。该规则适用于在中国境内的民用运输机场进行的民用航空安全检查工作。民用航空安全检查机构(以下简称"民航安检机构")按照有关法律、行政法规和本规则,通过实施民用航空安全检查工作(以下简称"民航安检工作"),防止未经允许的危及民用航空安全的危险品、违禁品进入民用运输机场控制区。进入民用运输机场控制区的旅客及其行李物品、航空货物、航空邮件应当接受安全检查。拒绝接受安全检查的，不得进入民用运输机场控制区。国务院规定免检的除外。旅客、航空货物托运人、航空货运销售代理人、航空邮件托运人应当配合民航安检机构开展工作。

(二) 旅客及其行李物品的安全检查

旅客及其行李物品的安全检查包括证件检查、人身检查、随身行李物品检查、托运行李检查等。安全检查方式包括设备检查、手工检查及民航局规定的其他安全检查方式。旅客不得携带或者在行李中夹带民航禁止运输物品，不得违规携带或者在行李中夹带民航限制运输物品。民航禁止运输物品、限制运输物品的具体内容由民航局制定并发布。乘坐国内航班的旅客应当出示有效乘机身份证件和有效乘机凭证。对旅客、有效乘机身份证件、有效乘机凭证信息一致的，民航安检机构加注验讫标识。有效乘机身份证件的种类包括：中国大陆地区居民的居民身份证、临时居民身份证、护照、军官证、文职干部证、义务兵证、士官证、文职人员证、职工证、武警警官证、武警士兵证、海员证、香港、澳门地区居民的港澳居民来往内地通行证，台湾地区居民的台湾居民来往大陆通行证；外籍旅客的护照、外交部签发的驻华外交人员证、外国人永久居留证；民航局规定的其他有效乘机身份证件。十六周岁以下的中国大陆地区居民的有效乘机身份证件，还包括出生医学证明、户口簿、学生证或户口所在地公安机关出具的身份证明。旅客应当依次通过人身安检设备接受人身检查。对通过人身安检设备检查报警的旅客，民航安全检查员应当对其采取重复通过人身安检设备或手工人身检查的方法进行复查，排除疑点后方可放行。对通过人身安检设备检查不报警的旅客可以随机抽查。旅客在接受人身检查前，应当将随身携带的可能影响检查效果的物品，包括金属物品、电子设备、外套等取下。手工人身检查一般由与旅客同性别的民航安全检查员实施；对女性旅客的手工人身检查，应当由女性民航安全检查员实施。残疾旅客应当接受与其他旅客同样标准的安全检查。接受安全检查前，残疾旅客应当向公共航空运输企业确认具备乘机条件。残疾旅客的助残设备、服务犬等应当接受安全检查。服务犬接受安全检查前，残疾旅客应当为其佩戴防咬人、防吠叫装置。对要求在非公开场所进行安全检查的旅客，如携带贵重物品、植入心脏起搏器的旅客和残疾旅客等，民航安检机构可以对其实施非公开检查。检查一般由两名以上与旅客同性别的民航安全检查员实施。

对有下列情形的，民航安检机构应当实施从严检查措施：

（1）经过人身检查复查后仍有疑点的；

（2）试图逃避安全检查的；

（3）旅客有其他可疑情形，正常检查无法排除疑点的。

从严检查措施由两名以上与旅客同性别的民航安全检查员在特别检查室实施。

旅客的随身行李物品应当经过民航行李安检设备检查。发现可疑物品时，民航安检机构应当实施开箱包检查等措施，排除疑点后方可放行。对没有疑点的随身行李物品可以实施开箱包抽查。实施开箱包检查时，旅客应当在场并确认箱包归属。旅客的托运行李应当经过民航行李安检设备检查。发现可疑物品时，民航安检机构应当实施开箱包检查等措施，排除疑点后方可放行。对没有疑点的托运行李可以实施开箱包抽查。实施开箱包检查时旅客应当在场并确认箱包归属，但是公共航空运输企业与旅客有特殊约定的除外。根据国家有关法律法规和民航危险品运输管理规定等相关要求，属于经公共航空运输企业批准方能作为随身行李物品或者托运行李运输的特殊物品,旅客凭公共航空运输企业同意承运证明,经安全检查确认安全后放行。对禁止旅客随身携带但可以托运的物品,民航安检机构应当告知旅客可作为行李托运、自行处置或者暂存处理。对于旅客提出需要暂存的物品,民用运输机场管理机构应当为其提供暂存服务。暂存物品的存放期限不超过30天。民用运输机场管理机构应当提供条件,保管或处理旅客在民航安检工作中暂存、自弃、遗留的物品。

对来自境外,且在境内民用运输机场过站或中转的旅客及其行李物品,民航安检机构应当实施安全检查。但与中国签订互认航空安保标准条款的除外。对来自境内,且在境内民用运输机场过站或中转的旅客及其行李物品,民航安检机构不再实施安全检查。但旅客及其行李物品离开候机隔离区或与未经安全检查的人员、物品相混或者接触的除外。经过安全检查的旅客进入候机隔离区以前,民航安检机构应当对候机隔离区实施清场,实施民用运输机场控制区 24 小时持续安保管制的机场除外。

(三)民航安检工作特殊情况处置

1. 已经安全检查的人员、行李、物品与未经安全检查的人员、行李、物品不得相混或接触。如发生相混或接触,民用运输机场管理机构应当采取以下措施:

(1)对民用运输机场控制区相关区域进行清场和检查;

(2)对相关出港旅客及其随身行李物品再次安全检查;

(3)如旅客已进入航空器,应当对航空器客舱进行航空器安保检查。

2. 有下列情形之一的,民航安检机构应当报告公安机关:

(1)使用伪造、变造的乘机身份证件或者乘机凭证的;

(2)冒用他人乘机身份证件或者乘机凭证的;

(3)随身携带或者托运属于国家法律法规规定的危险品、违禁品、管制物品的;

(4)随身携带或者托运危险品、违禁品、管制物品以外民航禁止运输、限制运输物品,经民航安检机构发现提示仍拒不改正,扰乱秩序的;

(5)在行李物品中隐匿携带本条第三项规定以外民航禁止运输、限制运输物品,扰乱秩序的;

(6)伪造、变造、冒用危险品航空运输条件鉴定报告或者使用伪造、变造的危险品航空运输条件鉴定报告的;

(7)伪报品名运输或者在航空货物中夹带危险品、违禁品、管制物品的;

(8)在航空邮件中隐匿、夹带运输危险品、违禁品、管制物品的;

(9)故意散播虚假非法干扰信息的;

(10)对民航安检工作现场及民航安检工作进行拍照、摄像,经民航安检机构警示拒不改正的;

(11)逃避安全检查或者殴打辱骂民航安全检查员或者其他妨碍民航安检工作正常开展,扰乱民航安检工作现场秩序的;

(12)清场、航空器安保检查、航空器安保搜查中发现可疑人员或者物品的;

(13)发现民用机场公安机关布控的犯罪嫌疑人的;

(14)其他危害民用航空安全或者违反治安管理行为的。

3. 有下列情形之一的,民航安检机构应当采取紧急处置措施,并立即报告公安机关:

(1) 发现爆炸物品、爆炸装置或者其他重大危险源的;
(2) 冲闯、堵塞民航安检通道或者民用运输机场控制区安检道口的;
(3) 在民航安检工作现场向民用运输机场控制区内传递物品的;
(4) 破坏、损毁、占用民航安检设备设施、场地的;
(5) 其他威胁民用航空安全,需要采取紧急处置措施行为的。

4. 有下列情形之一的,民航安检机构应当报告有关部门处理:
(1) 发现涉嫌走私人员或者物品的;
(2) 发现违规运输航空货物的;
(3) 发现不属于公安机关管理的危险品、违禁品、管制物品的。

第四节 铁路交通运输管理法律制度

一、铁路交通运输管理法律概述

图1 中国铁路标志

铁路,是我国国民经济的大动脉,在各种交通工具中占有特别重要的位置。新中国成立之初,全国仅有 2.2 万公里铁路,里程少,标准低,且近一半处于瘫痪状态。1949 年,我国铁路旅客每年发送量只有 1.02 亿人次。2008 年年底,全国铁路旅客发送量达 14.6 亿人次。截至 2015 年年底,全国铁路旅客发送量达到了 25.35 亿人,比上年增加 2.30 亿人,增长 10.0%。全国铁路营业里程达到 12.1 万公里,比上年增长 8.2%,其中高铁营业里程超过 1.9 万公里。

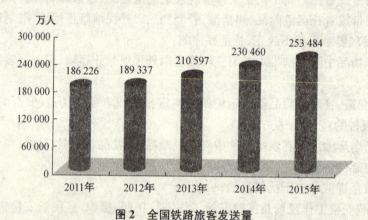

图2 全国铁路旅客发送量

铁路作为陆上运输的主力军,在长达一个多世纪的时间里居于垄断地位。为了保障铁路运输和铁路建设的顺利进行,适应社会主义现代化建设和人民生活的需要,1990 年 9 月 7 日,第七届全国人大常委会通过了《中华人民共和国铁路法》(以下简称《铁路法》),2009 年 8 月 27 日《铁路法》作了第一次修正,2015 年 4 月 24 日《铁路法》作了第二次修正。国务院铁路主管部门主管全国铁路工作,对国家铁路实行高度集中、统一指挥、协调、监督和帮助。国家铁路运输企业行使法律、行政法规授予的行政管理职能。

二、铁路运输企业的义务

（一）保障旅客的人身和货物安全

《铁路法》第四十二条规定："铁路运输企业必须加强对铁路的管理和保护，定期检查、维修铁路运输设施，保证铁路运输设施完好，保障旅客和货物运输安全。"作为铁路运输企业，保障旅客的人身安全和货物的安全是首要义务。这就需要由铁路运输企业的职工落实这项义务。比如检查是否有旅客将危险品带上列车，对其他旅客的人身安全构成威胁。

（二）做到列车正点到达

在安全的基础上，列车正点到达，不仅是旅客的需求，也是一个国家铁路管理水平的重要标志。对于旅游者来说，列车的正点到达，可以有利于出行及旅游计划的安排。

（三）佩戴执勤标志

按照《铁路法》的要求，实施运输安全检查的铁路职工应当佩戴执勤标志。

三、铁路运输企业的权利

（一）检查并禁止旅客携带危险品进站上车

铁路运输企业有权检查并禁止旅客携带危险品进站上车。铁路公安人员和国务院铁路主管部门规定的铁路职工，有权对旅客携带的物品进行运输安全检查。

（二）维护列车的治安秩序

对于在列车内寻衅滋事，扰乱公共秩序，危害旅客人身、财产安全的行为，铁路职工有权制止，铁路公安人员可以予以拘留。

（三）检疫传染病

在车站和旅客列车内，发生法律规定需要检疫的传染病时，由铁路卫生检疫机构进行检疫。按照《铁路法》的规定：在必要时，根据铁路卫生检疫机构的请求，地方卫生检疫机构应予协助，如发生重大疫情时。

四、违反《铁路法》的处罚

对违反《铁路法》规定，携带危险品进站上车或者以非危险品品名托运危险品，导致发生重大事故的，依照刑法有关规定追究刑事责任。企业事业单位、国家机关、社会团体犯本款罪的，处以罚金，对其主管人员和直接责任人员依法追究刑事责任。携带炸药、雷管或者非法携带枪支子弹、管制刀具进站上车的，依照刑法有关规定追究刑事责任。

五、铁路运输损害赔偿责任

（一）赔偿的时间范围

1994年8月13日国务院批准、1994年8月30日铁道部发布的《铁路旅客运输损害赔偿规定》（以下简称《赔偿规定》）第二条规定："本规定适用于铁路运输企业对在中华人民共和国境内的铁路旅客运输中发生的旅客人身伤亡及其自带行李损失的赔偿。前款所称铁路旅客运输中，是指自旅客经剪票进站至到达行程终点出站时止。"从该规定可以看出，旅客必须是持有列车车票并且经过车站人员剪票后，如果发生人身伤亡及物品的损失，才可以请求赔偿。旅客到达目的地出站后，其铁路企业的赔偿责任即告终止。

（二）赔偿的对象

根据《赔偿规定》第三条规定："旅客"，是指持有效乘车凭证乘车的人员以及按照国务院铁路主管部门有关规定免费乘车的儿童。经铁路运输企业同意，根据铁路货物运输合同，随车护送货物的人，也视为旅客。

（三）赔偿金额

铁路运输企业按照《赔偿规定》应当承担赔偿责任的，按照第五条规定，对每名旅客人身伤亡的赔偿责任限额为人民币4万元，自带行李损失的赔偿责任限额为人民币800元。铁路运输企业和旅客可以书面约定高于前款规定的赔偿责任限额。

（四）旅客意外伤害强制保险金额

根据规定，旅客由于意外伤害，可以获得意外伤害强制保险金。自1992年6月1日起，保险金额由原来的1 500元上升到2万元。也就是说，如果旅客在铁路运输过程中发生意外死亡事故，而事故又属于铁路运输企业应当承担的责任，死者的继承人既可以获得4万元的赔偿金，还可以获得2万元的保险费。

（五）对外国籍旅客、华侨和港澳台胞旅客的赔偿金

向外国籍旅客、华侨和港澳台胞旅客给付的赔偿金，铁路运输企业可以兑换成该外国或者地区的货币，其汇率按照赔偿金给付之日的中华人民共和国外汇指定银行的挂牌汇率确定。

（六）赔偿请求时效

旅客或者其继承人向铁路运输企业要求赔偿的请求，应当自事故发生之日起1年内提出。铁路运输企业应当自接到赔偿请求之日起30日内答复。

（七）铁路运输企业不承担赔偿责任的情况

因铁路行车事故及其他铁路运营事故造成人身伤亡的，铁路运输企业应当承担赔偿责任。当然，如果人身伤亡是因不可抗力或者由于受害人自身的原因造成的，铁路运输企业不承担赔偿责任。

六、旅客违反铁路运输合同的责任

1. 无票或持用失效车票，应自乘站起至发现时的最近前方停车站止，加倍补收所乘列车的票款。如急需乘车时，另行补收票款。

2. 持用伪造或涂改的车票乘车时，除加倍补收所乘列车已乘区间的票款外，并送交公安机关处理。

3. 持用票价低的车票，越席乘坐票价高的席座、卧铺或越级乘坐高等级列车时，如经车站和列车同意，只补收乘车区间车票票价差额。如未经同意，则加倍补收乘车区间车票票价差额。

4. 旅客使用减价票，没有减价凭证或不符合减价条件时，加倍补收全价票价与减价票价的差额。

5. 旅客未按票面指定日期、车次乘车，车票又未经剪口，应另行补收所乘列车乘车区间的票款。如经车站剪口，应换发代用票。但对错后乘车超过2小时按失效处理。

6. 持站台票送站的人员不准上车。如已经上车、来不及下车并及时声明时，应在最近前方停车站下车，补收所乘列车的票款。

7. 确因时间仓促来不及买票,经车站发给补票证或特殊情况经列车同意上车补票的旅客,补收旅客所乘列车下车站时止的票款。

8. 应买票而未买票的小孩,补收小孩票款;超过1.4米持用小孩票乘车时,应补收小孩票价与全价票价的差额。

复习思考题

1. 旅游交通运输企业与旅游者双方的义务各有哪些?
2. 民航法的特征有哪些?
3. 民用航空运输合同的特征有哪些?
4. 铁路运输企业的义务有哪些?
5. 铁路运输企业赔偿的对象有哪些?

第五章 旅游合同法律制度

本章导读

　　合同是市场交易最常见、最有效的形式，也是法治社会交易主体保护自身合法权益的最有效手段之一。一些旅游业发达国家，为了保护旅游者的合法权益，通过立法推行交易合同制，要求旅行社、饭店、交通、餐饮等为旅游者提供服务的旅游企业都要与旅游者签订相关的合同。旅游企业在经营、管理和运行过程中涉及各种类型的合同，有旅行社同旅游者的合同、饭店同旅行社的合同、饭店同旅游者的合同、旅游运输企业同乘客的合同等等。此外旅游企业在经营管理中还有采购合同、劳动合同、委托管理合同、承包经营合同、合资经营合同、合作经营合同、服务合同、采购合同、咨询合同等等。合同是当事人之间设立、变更、终止民事关系的协定。合同依法成立，即具有法律的约束力，在当事人之间形成特定的权利义务关系。依法订立和履行合同是旅游企业减少纠纷和损失的重要保障。

案例导入

大雾天气航班取消，旅游者损失谁负责

　　昆明的刘某等16人参加旅行社组织的云南四飞六日游，按日程计划应于13日由西双版纳乘飞机返昆明，但由于大雾和雷雨天气，航空公司取消当天航班。并且气象台预报近几天全部是雷雨天气，飞机何时起飞航空公司无法确定。于是旅行社积极采取补救措施，拟改乘大巴返昆明，但与旅游者协商未达成共识，游客坚持按原合同约定乘飞机赴昆明。旅行社只好告诉旅游者：由于航空公司航班停飞，在西双版纳滞留期间所花费的费用由旅游者自理。游客仍坚持乘飞机赴昆明。结果，游客在西双版纳滞留4天，17日才乘飞机由西双版纳到达昆明。返程后旅游者投诉该社，要求承担违约责任，赔偿滞留期间的食宿费及误工费。

　　这样的情况旅行社是否应当承担责任？为什么？

第一节　旅游合同的基本概念

一、合同的概念

　　《中华人民共和国合同法》（以下简称《合同法》）第二条规定："本法所称合同是平等主

体的自然人、法人、其他组织之间设立、变更、终止民事权利义务关系的协议。婚姻、收养、监护等有关身份关系的协议,适用其他法律的规定。"

依据上述规定,合同的概念包括以下的内容:

(1) 合同是平等的当事人之间的协议。协议的内容体现了民事权利义务关系,该民事权利义务关系在当事人之间进行变动(设立、变更、终止等),这就是合同的基本含义。

(2)《合同法》适用于平等主体的自然人、法人、其他组织之间的协议,在民事活动中,当事人的地位都是平等的。

二、合同的基本原则

旅游企业的合同有多种类型,但一般合同都具有以下基本原则:

(1) 平等原则,即合同当事人的法律地位平等,一方不得将自己的意志强加给另一方。

(2) 自愿原则,即当时人依法享有自愿订立合同的权利,任何单位和个人不得非法干预。

(3) 公平原则,即当事人应当遵循公平原则确定各方的权利和义务。

(4) 诚实信用原则,即当事人行使权利、履行义务应当遵循诚实信用原则。

(5) 守法原则,即当事人订立、履行合同,应当遵守法律、法规,尊重社会公德,不得扰乱社会经济秩序,损害社会公共利益。

三、合同的订立

合同的订立通常要经过两个阶段:即要约和承诺。合同的成立必须基于当事人双方的意思表示完全一致。合同的订立过程是当事人双方使其意思表示趋于一致的过程。这一过程在合同法上称为"要约"和"承诺"。

(一) 要约

要约,是指当事人一方向特定的另一方提出订立合同的建议或要求,是希望与他人订立合同的意思表示。发出建议的一方称为"要约人",另一方称为"受要约人"。

要约可以是书面的,也可以口头提出。要约应当具备以下条件:

(1) 要约应当是向特定的受要约人发出的;
(2) 要约应当是与另一方当事人订立合同的意思表示;
(3) 要约应当能够反映所要订立合同的主要内容。

(二) 承诺

承诺,是指受要约人在要约有效期内对要约人的要约表示完全同意的答复。承诺是一种法律行为,受要约人接受要约后,合同就具有法律效力。承诺应当具备以下条件:

(1) 承诺应当由受要约人作出并送达要约人;
(2) 承诺应当是在有效的期限内作出;
(3) 承诺应当是对要约内容的完全同意。

四、订立旅游合同的形式

(一) 口头形式

口头形式,是指当事人用口头语言为意思表示订立合同,而不用文字表达协议内容的合同形式。凡是当事人无约定而法律又未规定采用特定形式的合同,均可采用口头形式,如预定旅游饭店的客房或者用餐等。口头合同简单方便,但其缺点是在发生合同纠纷时难以取证,不容易分清责任。对于合同标的数额较大的合同,不宜采用这种形式。

(二) 书面形式

书面形式,是指以文字表现当事人所订合同的形式。《合同法》第十一条规定:"书面形式是指合同书、信件以及数据电文(包括电报、电传、传真、电子数据交换和电子邮件)等可以有形地表现所载内容的形式。"

书面形式的最大优点是一旦发生合同纠纷时有据可查,便于分清责任。因此,对于关系较复杂的合同和重要的合同最好采用书面形式。

五、常用旅游合同的种类

(一) 格式合同

《中华人民共和国合同法》第三十九条规定:"格式条款是当事人为了重复使用而预先拟定,并在订立合同时未与对方协商的条款。"格式合同,又称为标准合同或定型化合同,是指旅游企业事先确定了权利义务内容,经对方承诺认可后即发生法律效力的协议。格式合同是旅游企业与旅游者和其他法律关系主体进行交易的形式之一。格式合同的优点是,能够缩短交易过程,节省旅游企业与旅游者及其他法律关系主体的时间与精力。

在旅游合同中的车票、船票、飞机票、保险单等都是格式合同。格式合同具有下述法律特征:

(1) 格式合同的要约向公众发出并且规定了在某一特定时期订立该合同的全部条款;
(2) 格式合同的条款是单方事先制定的;
(3) 格式合同条款的定型化导致了对方当事人不能就合同条款进行协商;
(4) 格式合同一般采取书面形式;
(5) 格式合同(特别是提供商品和服务的格式合同)条款的制定方一般具有绝对的经济优势或垄断地位,而另一方为不特定的、分散的消费者。

(二) 双务合同

以合同双方当事人是否互负义务为划分标准,合同划分为双务合同与单务合同。双务合同,是双方当事人彼此间互负义务的合同。它区别于仅由一方当事人负担义务,而另一方当事人完全不负担义务的单务合同。

(三) 有偿合同

以合同双方当事人彼此间有无"对价"的给付为标准,合同划分为有偿合同与无偿合同。有偿合同,是双方当事人彼此向对方作出给付并互有对价的合同。它区别于仅有一方当事人作出给付不能形成对价,或虽有双方当事人作出给付但未能形成对价的无偿合同。

(四) 诺成合同

诺成合同又称"诺成契约"是指以缔约当事人意思表示一致为充分成立条件的合同,即一旦缔约当事人的意思表示达成一致即告成立的合同。根据合同的成立是否以交付标的物为要件,可将合同分为诺成合同与实践合同。

以合同成立的要件是否包含合同标的物给付为标准,合同划分为诺成合同与实践合同。诺成合同,是一旦双方当事人达成合意,随即产生债的合同。

诺成合同又称为不要物合同,是"实践合同"的对称,它不依赖物的交付。如:借贷合同、运输合同、仓储保管合同。诺成合同与实践合同区分之意义在于确定合同是否成立以及标的物风险转移时间。

诺成合同与实践合同的主要区别,在于二者成立的要件不同。诺成合同自当事人意思表示一致时即告成立,而实践合同则除当事人达成合意之外,尚需交付标的物或完成其他给付才能成立和生效。因此,在诺成合同中,交付标的物或完成其他给付是当事人的合同义务,违反该义务便产生违约责任;而在实践合同中,交付标的物或完成其他给付只是先合同义务,违反该义务不产生违约责任,可构成缔约过失责任。

(五)有名合同

有名合同是指法律上或者经济生活习惯上按其类型已确定了一定名称的合同,又称典型合同。我国《合同法》中规定的合同和民法学中研究的合同都是有名合同。无名合同是指有名合同以外的、尚未统一确定一定名称的合同。无名合同如经法律确认或在形成统一的交易习惯后,可以转化为有名合同。

我国《合同法》规定的有名合同有:买卖合同、供用电合同、赠与合同、借款合同、租赁合同、融资租赁合同、承揽合同、建设工程合同、运输合同、技术合同、保管合同、仓储合同、委托合同、行纪合同、居间合同等。

第二节 旅游合同的签订与主要条款

一、签约前的准备工作

(一)审查合同当事人的资格

为了避免和减少在执行合同过程中的纠纷,旅游企业在签约前要审查对方当事人的资格。合同当事人的资格,是指对方当事人以及经办人员必须具有法定的订立合同的权利。审查对方合同当事人资格的目的在于确认对方当事人是否具有合法的签约能力,这关系到旅游企业同对方签订的合同是否有效。

1. 法人资格审查

法人,是指具有民事权利能力和民事行为能力,依法独立享有民事权利和承担民事义务的组织。法人应具备以下四个条件:
(1)依法成立;(2)有必要的独立财产或者经费;(3)有自己的名称、组织机构和场所;(4)能够独立承担民事责任。

在签约之前应当审查对方当事人是否具有法人资格。确定对方是否具有法人资格,主要查看对方是否持有工商行政管理部门颁发的营业执照。

2. 法人能力审查

具有法人资格的组织并非都可以签订旅游合同。在签约之前还要审查对方的经营活动是否超出章程或营业执照批准的范围。法律规定,法人只能在自己的业务范围内进行经营活动,否则所签订的合同无效。

(二) 审查对方的资信和履约能力

审查对方的资信情况对于了解对方是否能够履行合同具有重要的意义。除此之外,还要了解对方的履约能力。履约能力,是指当事人的产品和信誉程度等方面的情况。

二、合同的主要条款

(一) 合同的组成部分

完整的合同一般由开头、正文、结尾和附录等部分组成。

开头,包括当事人的名称、地址、合同的名称、法人的法定代表人或合法代理人的姓名等项内容。

合同的正文是双方议定的合同内容,即合同的主要条款。

结尾,包括合同文本的份数、合同签订的时间地点、合同的有效期限、双方当事人的签名盖章等项内容。

附件,是指与合同有关的文书、图表及其他的资料。

(二) 合同的主要条款

合同的种类繁多,因此合同的条款也各有差异。但合同的成立必须具备基本的条款,缺少这些条款合同就不完整,它包括法定条款和基本条款。这是合同的核心部分,是合同中不能缺少的条款。它明确了合同当事人的基本权利和义务,是双方履行合同的基本依据。

一般合同的主要条款包括:

1. 标的

标的,是合同当事人双方的权利义务所共同指向的对象,它是合同法律关系的客体。签订合同时要注意,标的条款必须明确、具体,不能有含糊不清之处。

2. 数量和质量

数量和质量是确定合同标的具体特征的最主要因素,决定着当事人权利义务的大小。

数量条款一般由三个要素构成:

(1) 标的物的数量;

(2) 标的物的计量单位;

(3) 有些标的物的自然损耗、正负尾数、超欠幅度等。

签订质量条款时要注意:

(1) 产品的内在质量和外表质量,采用何种标准;

(2) 规定质量的检验方法;

(3) 提出质量异议的条件和时间;

(4) 违反质量条款的处理,如退货、减价、修理、更换等。

3. 价款或酬金

价款或酬金在法律术语中统称为"价金",是取得标的物或接受劳务的一方当事人所支付的代价。

4. 履行的期限、地点和方式

合同的履行期限、地点和方式是合同中具有重要意义的条款,它是指当事人按合同规定完成自己义务的时间、地点和方法。

履行方式有多种多样,包括履行程序、履行方法、履行手段;是一次履行还是分期履行;

是必须当事人履行还是允许其他人代为履行;是送货还是自己提货,送货或提货的具体地点;结算采取什么方式等。

5. 违约责任

违约责任,是指当事人因过错而违反合同应当承担的法律责任。规定违约责任条款,对保护当事人的合法权益、维护合同的严肃性、督促当事人履行合同义务,都具有重要的意义。

违约责任条款一般依据法律规定来确定,有违约金和赔偿金两种形式。签订合同时应注意,如果国家法规对合同的违约责任有明文规定的,当事人不能采取协议方式加以改变。

第三节 旅游企业常用合同

一、旅行社常用合同

根据旅游者旅游目的地划分可分为国内旅游合同和中国公民出境旅游合同等。

(一) 国内旅游合同

旅行社在经营过程中要签订各种合同,这些合同有国内旅游组团合同、散客合同、汽车合同等等。

1. 旅行社与游客的合同

此类合同又分为国内旅游组团合同和散客合同等。国内旅游组团合同目前国家已经有了示范文本,同时,很多省市都各自制定了许多地方性的示范合同。散客合同各旅行社往往根据具体的情况自行制定。

2016年11月7日实施的《中华人民共和国旅游法》第五十七条规定:旅行社组织和安排旅游活动,应当与旅游者订立合同。包价旅游合同应当采用书面形式,包括下列内容:

(1) 旅行社、旅游者的基本信息;
(2) 旅游行程安排;
(3) 旅游团成团的最低人数;
(4) 交通、住宿、餐饮等旅游服务安排和标准;
(5) 游览、娱乐等项目的具体内容和时间;
(6) 自由活动时间安排;
(7) 旅游费用及其交纳的期限和方式;
(8) 违约责任和解决纠纷的方式;
(9) 法律、法规规定和双方约定的其他事项。

旅行社应当在旅游行程开始前向旅游者提供旅游行程单。旅游行程单是包价旅游合同的组成部分。旅行社委托其他旅行社代理销售包价旅游产品并与旅游者订立包价旅游合同的,应当在包价旅游合同中载明委托社和代理社的基本信息。旅行社依照本法规定将包价旅游合同中的接待业务委托给地接社履行的,应当在包价旅游合同中载明地接社的基本信息。安排导游为旅游者提供服务的,应当在包价旅游合同中载明导游服务费用。订立

包价旅游合同时,旅行社应当向旅游者告知下列事项:
（1）旅游者不适合参加旅游活动的情形；
（2）旅游活动中的安全注意事项；
（3）旅行社依法可以减免责任的信息；
（4）旅游者应当注意的旅游目的地相关法律、法规和风俗习惯、宗教禁忌,依照中国法律不宜参加的活动等；
（5）法律、法规规定的其他应当告知的事项。

2. 组团社与地接社的合同

这种合同在旅行社的实际操作过程中大量使用,但一直没有规范文本。一般是旅行社自行制定,而且大多采用邮件或传真确认的方式,条款相对不足,签约时使用的章也是形形色色。因此,经常发生纠纷,解决起来比较复杂。

3. 旅行社与旅游汽车公司的合同

以往大多采用租车合同的方式,但发生车辆意外等纠纷时,法院很多时候以租赁合同认定,导致旅行社处于极为不利的地位。现在大多采用团队运输合同的方式,使汽车公司真正承担起承运人的责任。

4. 旅行社与饭店的合同

这是旅行社在经营中使用较多的一种合同,一般在上一年度就同相关的饭店签订来年的合同,其目的是根据本旅行社在下一年的预计接待量与一些饭店签订住房合同,为的是在饭店能够提供最低折扣价的基础上,保证本旅行社的客人用房。

5. 旅行社与其他合作单位的合同

（1）旅行社与景区、景点的合同。由于市场经济带来激烈的竞争,旅行社要获取利润,如果景区、景点能够在门票方面给予较大的折扣,也就减少了旅行社的支出。当然,景区、景点也需要旅行社带来大量的游客。

（2）旅行社与铁路运输等企业的合同。由于目前我国交通运输还不能完全适应旅行的需求,尤其到了旅游旺季,更是一票难求,旅行社如果能够保障得到充足的票源,无疑对其扩大业务大有帮助。

（二）中国公民出境旅游合同

组团旅行社经营出国旅游业务,应当和旅游者订立书面旅游合同。根据规定,旅游合同应当包括旅游起止时间、行程线路、价格、食宿、交通以及违约责任等内容。

为维护旅游者和出境旅游组团社的合法权益,规范出境旅游行为,促使经营者诚信经营,旅游者诚信消费,减少旅游合同纠纷,国家旅游局和国家工商行政管理总局根据《合同法》《消费者权益保护法》《旅行社管理条例》《中国公民出国旅游管理办法》等法律法规的有关规定,2006年起,以全国19个省、自治区、直辖市的旅游合同为基础,借鉴了国内外同类型的出境游合同条款,在北京、广东、四川等省、市进行了专题调研,历时一年,修改了几十稿,于2007年2月共同制定出台了《中国公民出境旅游合同（示范文本）》(以下简称"示范文本")。该示范文本共七章、二十四条和两个附件。

1. 中国公民出境旅游合同的适用范围

"示范文本"仅供我国境内（不含香港、澳门特区和台湾地区）经营出境旅游业务的组团旅行社（以下简称"组团社"）与出境旅游者约定全包价出境组团旅游相关业务事宜时使用。

2. 中国公民出境旅游合同的特点与重点

（1）通过名词解释明确了业内通行词语的概念

示范文本对组团社、旅游者、出境旅游服务、旅游费用、旅行社责任保险、离团、脱团、转团、不可抗力、意外事件、业务损失费和黄金周等 12 个词语定义进行了明确的阐述，廓清了众说不一的模糊概念，有利于指导旅行社的业务开展和旅游者的理性消费。其中，细化了"旅游费用"的外延，具体列明了"旅游费用包括"与"旅游费用不包括"的内容，避免了双方的争议。

（2）加大了对旅游者合法权益保护的力度

① 通过《旅游行程计划说明书》，要求组团社详细说明旅游行程中的吃、住、行、游、购、娱等服务内容，包括交通工具档次等级、住宿安排、景点游览内容、用餐次数和标准以及购物的停留时间等等，都需详细约定，同时规定对服务档次的描述不得使用不确定性用语。计划书还要载明团号并经双方签字或盖章确认后，作为合同的组成部分。

② 对旅游广告及宣传制品规定了诚实信用的原则，如宣传内容符合《合同法》要约规定的，对双方均有约束力，有助于防范组团社的虚假广告。

③ 具体落实了旅游者的知情权。如"示范文本"第七条第 2 款规定，组团社有义务在行前说明会上如实告知旅游的具体行程安排和各项服务标准；所到国家或地区的重要规定、风俗习惯；安全避险措施；境外如果收取小费其惯例及支付标准、外汇兑换事项，以及应急联络方式等。

④ 确保出现购物损失时能获得赔偿。如"示范文本"第七条第 6 款规定，组团社不得强迫或者变相强迫安排旅游者购物、参加自费项目。同时，旅游者在《计划书》安排的购物点所购物品系假冒伪劣商品时，组团社有积极协助旅游者进行索赔的义务，如果旅游者自购物之日起 90 日内无法从购物点获得赔偿时，组团社应当先行赔付。

⑤ 确立了组团社的减损义务和协力义务。"示范文本"第七条第 9 款规定，组团社应当积极处理行程中的投诉，出现纠纷时应履行减损义务。第 10 款规定由于第三方侵害等不可归责于组团社的原因导致旅游者人身、财产权益受到损害的，组团社应当履行协力义务。

⑥ 明确了转团拼团的必备条件。针对旅行社经营中拼团、转团情况较多，由此引发的纠纷和投诉也较多的问题，"示范文本"第十条规定了拼团转团的 4 项必备条件：一是必须取得旅游者的书面同意（在紧急情况无法征求意见时，组团社应在实施变更后，就变更的必要性、合理性提供说明和证据）；二是必须保证所承诺的服务内容和标准不变；三是受让旅行社必须是出境游组团社；四是出现服务质量等违约问题由出让组团社先行赔付。

⑦ 旅游者可在短时间内领回退款或得到赔偿。"示范文本"第十五条第 1 款规定组团社不成团的退费和违约金的支付均应当在取消通知到达日起 5 个工作日内实施。"示范文本"同时规定游客行前退团，组团社应当在游客办理退团日起 5 个工作日内退还剩余费用。

⑧ 增加了旅游者的选择条款。"示范文本"第二十条明确了个人意外保险的推荐和选择。第二十一条给出了成团人数的约定，旅游者可以在旅行社不成团时就是否同意延期出团或转团作出选择。

（3）加大了对旅行社合法权益保护的力度

① 赋予了组团社对旅游者报名接纳与否的权利。"示范文本"第六条第 1 款规定：组团社根据旅游者的身体健康状况及相关条件决定是否接纳旅游者报名参团。"示范文本"第

六条第5款规定:(组团社)"有权拒绝旅游者提出的超出合同约定的不合理要求",从而可以有效保证团队活动的顺利进行。

② 旅游者须履行减损义务。"示范文本"规定了在行程中发生纠纷时,旅游者必须履行减损义务,不得出现过激的抵制行为,否则致使损失进一步扩大的,必须就扩大的损失承担责任。这样可以防止旅游者维权过度行为的发生。

③ 组团社也可以获得旅游者的赔偿。旅游者因故意或者过失,给组团社造成损失的,或不听从组团社及其领队的劝谕而影响团队行程造成损失的,应当承担相应的赔偿责任。

④ 给出了黄金周的特别约定。按照"示范文本"的设定,双方可以在黄金周价格上涨的情况下重新约定解约的担责比例。由于黄金周价格上涨和机位紧张,为了确保团队的按时成行,应航空公司的要求,旅行社往往通过包机、包位或者预付机位定金等方式确保机位。由于团体价格优惠和定金罚则,组团社的以上付出均不能退回。如果旅游者此时行前退团,组团社遭受的损失比平常有较大幅度增加。因此,"示范文本"第二十二条的设定既符合旅行社的实际情况又维护了双方的合法权益。

⑤ 对旅游者参团的条件进行了约定。在合同附件《出境旅游报名表》中,规定年龄低于18周岁的旅游者不随家长出游的,须提交家长书面同意其出游的说明书。这是根据《民法通则》的规定,未满18周岁的为限制民事行为能力人,签署合同属于重大民事行为,须事先获得其法定监护人的许可。《出境旅游报名表》中还要求旅游者填写"身体状况",一是组团社有必要了解旅游者的身体状况,以便提供必要的特殊服务;二是如果旅游者在身体状况不适宜出游且不听劝阻硬要出游的,责任由当事旅游者承担。同时《出境旅游报名表》对同行人的分房要求和入住单间的要求进行约定,便于组团社的分房操作,从而减少这方面的纠纷。

(4) 约定了组团社和旅游者双方的权利与义务

"示范文本"依据《合同法》和《消费者权益保护法》的相关规定在第三章第六条、第七条、第八条和第九条分别明确约定了组团社和旅游者的权利与义务。组团社的权利共有5项,义务10项;旅游者的权利4项,义务8项。这种明确的约定,为判断一方是否违约奠定了基础。

(三) 旅行社同旅游者合同双方的权利与义务

根据《消费者权益保护法》第八条的规定:"消费者享有知悉其购买、使用的商品或者接受的服务的真实情况的权利。"旅游者决定随旅行社出游,首先要做的是选择旅行社,要对旅行社的资质进行核实,要看旅行社是否具有工商行政管理机关颁发的营业执照及旅游行政部门颁发的旅行社业务经营许可证。如果要出境旅游,还要选择具有经营出境游权的旅行社。截至2016年一季度,全国大小旅行社共有28 055家,而特许经营出境游的旅行社只有66家。旅游者要找旅行社旅游,双方要签订旅游合同。在签订旅游合同时,旅游者有权知悉合同中所涉及的所有情况,包括旅行社所提供服务的档次、范围、参观游览的线路、景点、日程及双方的权利义务等,对团费所包含的服务内容心中有数。旅游者支付团费后,有权要求旅行社开具发票。

在旅游过程中,旅游者有权要求旅行社按照合同的约定提供交通、住宿、游览、导游等服务,有权拒绝参加计划行程以外的项目,是否购物、参加自费项目、支付小费等。

旅行社如果存在违约行为,旅游者有权要求赔偿。双方可现行就赔偿问题进行协商,协商不成的,旅游者有权向旅游质量监督管理所进行投诉。旅游者也有权直接向法院提起民事诉讼。

旅行社有义务向旅游者提供真实的服务信息,包括交通、线路、景点、购物、地接社等一切有关的信息。如果对旅行社所提供的日程、线路、景点、服务档次及价格等不满意,旅游者有权拒绝签约。

案例分析

基本情况：

某市商贸公司组织14人前往北京参观、旅游,期限为9月13日至20日。9月11日上午该公司与北京某旅行社联系,旅行社当即传真回复有关报价,每人旅游费为750元,另外提出返程票手续费每人30元,旅游团到京后,交齐所有费用。当日11时许,该公司传真至旅行社,提出在京的旅游行程安排和接待标准以及旅游费的报价,并注明"以上行程,报价请确认",在传真件上加盖了该公司的印章。14:30,旅行社传真回复,对行程安排、接待标准和旅游费的报价表示接受,但仍提出应付火车订票费每人30元,到京后即交齐团费。商贸公司当日未再回复旅行社。9月11日17:40,商贸公司组织的14人乘火车出发。

9月12日,商贸公司传真给旅行社,称:"返程订票费手续费稍高,不得已我方在京订票;团费由我方领队带去,先付50%,余款在离京上火车时给付;旅游团13日早晨到北京西站,请做好接待服务准备。"旅行社收到传真后,立即传真回复,因贵公司确认时间太晚,我社无法接待。

随后,商贸公司向旅游质监部门反映,要求进行协调,督促旅行社接待即将到京的旅游团。经旅游质监部门从中协调,旅行社基于行业管理部门的要求和维护旅游者的利益,同意有条件接待该旅游团,商贸公司接受旅行社所提出的条件,即住宿费每人每天增加10元,到京即付清全部团款,返程票自理,不再收取手续费。9月13日晨,该商贸公司一行14人到达北京西站,旅行社按时前往车站接团,并按照商贸公司要求安排了食宿和参观游览活动。

该商贸公司14人如期返回后,向旅游质监部门投诉,称旅行社突然中断双方业已达成的协议,为避免陷入无人接待的困境,我方又委托旅游汽车公司派车到车站接团,造成双重接站,损失租车费200元;为解决纠纷支付来往电话费150元;旅行社乘人之危,借机增加住宿费840元,我方迫于无奈表示同意。鉴于旅行社的违约行为,请求旅游质监部门责成旅行社赔偿临时租车费、电话费和加收住宿费共计1 190元。

本案分析：

商贸公司的投诉理由不能成立,其主张无事实和法律上的依据,故对其要求有关部门不应支持。

商贸公司与旅行社的旅游纠纷,争议的焦点是9月12日前,双方当事人之间是否存在合同关系,旅行社增加住宿费是否构成乘人之危?

首先,在9月12日前,双方的旅游合同并未成立。合同是当事人之间意见表示一致的结果,当事人依法就合同的主要条款达成一致,该合同方能成立,并对合同当事人发生法律效力。在本案中,9月11日前旅行社与商贸公司就车票手续费及团费结算方式并未达成一致,旅游接待合同不能成立,所以并不存在旅行社单方解除合同的问题。该商贸公司在合同主要条款未达成一致前,组织人员前往北京,由此产生的损失应由其自行承担。

其次,旅行社增加住宿费并不存在"乘人之危"的说法。所谓"乘人之危",是指一方当事人利用对方处于危难之机,违反社会公德,为牟取不正当利益迫使对方作出不真实的意见表示,严重损害对方利益的行为。而旅行社最终与商贸公司达成一致意见,同意接待该旅游团,每人每晚增加10元住宿费的协议是应商贸公司请求,协调纠纷的旅游质监部门在多次征求双方意见的情况下达成的,至此,双方当事人已就旅游合同条款形成一致意见,合同已依法生效,双方约定的条款应对合同当事人产生法律约束力。

本案中的商贸公司所称危机的产生并非旅行社所为,故旅行社对此部分的费用不负有责任,损失应由商贸公司自负。(本案例来源:上海旅游质监所)

二、旅游饭店常用合同

(一)客房租赁合同

按照《中华人民共和国合同法》规定:租赁合同是出租人将租赁物交付承租人使用、收益,承租人支付租金的合同。客房租赁合同就是租赁合同的一种,客房租赁合同还可分为旅行社订房合同、散客订房合同、团队订房合同等。这些合同也称为"协议书"。《合同法》第二百一十五条规定:"租赁期限六个月以上的,应当采用书面形式。当事人未采用书面形式的,视为不定期租赁。"无论何种合同,一旦依法订立,对双方都具有约束力。

饭店"客满"不能成为违反合同的理由。只有发生不可预见的特殊原因(如地震、水灾等情况),饭店不具备接待对方的能力,才属于法定的免责条件,可以不接待对方。饭店方与对方(旅行社、有关公司、单位或客人)如果因为某种原因,不能履行合同,应尽快通知对方,减少对方的损失。否则,将对由此产生的损失负责。

(二)对话与非对话预定

旅游饭店、旅游餐厅等在日常经营中往往会遇到一些通过打电话,或来人口头要求预订客房、用餐等情况。旅游者口头要求预定或通过电话提出要求预定,是一种对话要约。只要双方一旦就住房、用餐的时间、价格等达成一致,就会对双方产生一定的约束力。旅游者如果采取非直接方式(如通过书信、电子邮件等)发出预定要约是一种非对话要约。旅游者向旅游企业发出非对话订房要约后,旅游企业同对方的合同关系并未成立。只有在旅游企业向旅游者发出回信或回电并且经双方确认后,才被认定为合同的成立,此时对双方具有约束力。

(三)关于超额预订问题

旅游饭店如要保证对已预订的客人按预订的时间进入房间,就应当避免超额预订。超额预订,是指旅游饭店接受客人入住人数大于饭店的实际接待能力,而使已预订房的客人无法按时进房的现象。导致饭店超额预订的原因很多,有的是已住店的客人延迟了退房时间。还有的是由于客人在预订房间后既未按约定时间到达,也不通知饭店,导致饭店的客房不能出租,造成损失。为减少损失,饭店往往就会超额预订。但是,一旦客量估计不准,必然会造成一部分已预订的客人住不到房间,从而构成饭店对预订客人的违约,并因此承担责任。《中国旅游饭店行业规范》第五条规定:"饭店由于出现超额预订而使预订客人不能入住的,饭店应当主动替客人安排本地同档次或高于本饭店档次的饭店入住,所产生的有关费用由饭店承担。"

有的饭店在超额预订时,对当日到店客人估计不足,事先向本地区同等级的饭店预订一定数量的客房作为补充。对于已安排入住其他饭店的客人,一旦该饭店有空房,在征得客人同意的情况下,派车免费将客人接回饭店,按重要客人礼遇予以接待。

附件:

饭店与旅行社订房合同
(2017年1月1日—2018年12月31日)

上海××饭店(以下简称甲方)与××旅行社(以下简称乙方)就2017年1月1日至2018年12月31日订房业务达成协议如下:

一、团队房价
1. 10人以上(含10人)
   旺季(5、9、10)　　　　　　　——USD/间天(净房价)
   平季(4、6、7、8、11)　　　　　——USD/间天(净房价)
   淡季(12、1、2、3)　　　　　　——USD/间天(净房价)
   全陪房:——USD/人天
2. 6～9人
   旺季(5、9、10)　　　　　　　——USD/间天(净房价)
   平季(4、6、7、8、11)　　　　　——USD/间天(净房价)
   淡季(12、1、2、3)　　　　　　——USD/间天(净房价)
   全陪房:——USD/人天
3. 5人以下
   标准间　　　　　　　　　　　——USD/间天(净房价)
   商务单人间　　　　　　　　　——USD/间天(净房价)

5人以下等全陪房价与客人同等

4. 团队16人以上(含16人),饭店为旅行社免1张床位,以此类推,但每团最多提供4张床位。
5. 加床价:——USD/床天

二、餐饮价格
1. 6人以上(含6人)

	中式	西式
早餐	USD/人餐	USD/人餐
午餐	USD/人餐(含饮料)	USD/人餐(含饮料)
晚餐	USD/人餐(含饮料)	USD/人餐(含饮料)

2. 5人以下等客人用餐自点,若需用餐,价格为:

	中式	西式
早餐	USD/人餐(含饮料)	USD/人餐(含饮料)
午餐	USD/人餐(含饮料)	USD/人餐(含饮料)
晚餐	USD/人餐(含饮料)	USD/人餐(含饮料)

三、预定和取消

1. 乙方在团队到达饭店15天前,向甲方提供团队客人名单、团名、用房数、团队的抵离日期等情况。

2. 乙方若有团队取消,7天前通知甲方,甲方不收费。若7天内取消,甲方收费如下:

5天前取消收1天总房费的20%;

2天前取消收1天总房费的50%;

当天取消收1天总房费的100%。

3. 取消预定客房日期以乙方发出的电函日期为准。

4. 对由于自然灾害或其他不可抗拒因素造成的损失,双方各负一半的损失费。

5. 如甲方不能提供已确认的住房,须负责为乙方联系同等级旅游饭店。

6. 乙方若取消预定的(早、中、晚)餐,或有变更,须在12小时通知甲方,否则甲方将按原预定的人数和标准收取100%的损失费。

四、付款方式

1. 乙方应在预订房间正式确认付给甲方总费用的50%作为预订金(保证金)。

2. 团队发生费用每月结账一次,甲方在每个团离店后5日将账单寄出,乙方在接到账单后如有疑问,3日内通知甲方,乙方在收到账单后20~40天内付清所有费用。

3. 汇率按　　计算(若汇率有大的变动,届时书面通知)。

五、本合同一式两份,双方各执一份。未尽事宜,双方友好协商解决。

本合同有效期自2017年1月1日至2018年12月31日止。

甲方:上海××旅游企业	乙方:
代表签字:	代表签字:
日期:	日期:
地址:	地址:
电话:	电话:
传真:	传真:
邮政编码:	邮政编码:
美元账号:	美元账号:
人民币账号:	人民币账号:

三、旅游交通运输合同

旅游交通运输合同,是指旅游运输企业按照约定的运输方式,在约定的期限内将旅客送达约定地点并由旅客支付价金的合同。它是运输合同的一种,旅游运输企业和旅游者在旅游交通运输中的这种合同关系就是旅游交通运输法律关系。

客票、行李票作为旅游交通运输合同法律关系的凭证,一般载明了旅游交通运输合同的主要内容,如价金、行程、日期、车班次等,民航客票还载明了旅客须知等内容。但双方各自在法律上的权利和义务却要依据有关旅游交通法律、法规来确定。

在旅游交通运输中,旅客和旅游运输企业之间一般不签订书面的合同书,而旅客从旅游运输企业那里买到的客票、行李票就是双方法律关系的凭证。如:《中华人民共和国民用航空法》规定,客票是航空旅客运输合同订立和运输条件的初步证据,行李票是行李托运和运输合同条件的初步证据。《中华人民共和国铁路法》规定,旅客车票、行李票、包裹票和货物运单是铁路运输合同或者合同的组成部分。

第四节 旅游合同的违约责任

一、违反合同责任的概念

违反合同,是指合同当事人没有按照合同约定履行义务的行为。违反合同的责任又称为"违约责任",是指合同当事人因违反合同义务所应承担的责任。它包括单方违约和双方违约、完全不履行和部分不履行、迟延履行和不适当履行。如果当事人违反合同应当依法承担民事法律后果,简称"违约责任"。违约之责与合同义务有密切联系,合同义务是违约责任产生的前提,违约责任则是合同义务不履行的结果。我国《民法通则》第一百零六条规定:"公民、法人违反合同或者不履行其他义务的,应当承担民事责任。"1999年10月1日起实施的《合同法》第一百一十二条规定:"当事人一方不履行合同义务或者履行合同义务不符合约定的,在履行义务或者采取补救措施后,对方还有其他损失的,应当赔偿损失。"

二、违反合同的行为与承担违约的责任

违反合同的行为主要有:不履行合同、不完全履行合同、迟延履行合同和毁约行为。承担民事责任的主要方式有:赔偿损失、支付违约金、继续履行、采取其他补救措施等。

三、不可抗力

(一) 不可抗力的概念

《合同法》第一百一十七条规定:"本法称不可抗力,是指不能预见、不能避免并不能克服的客观情况。"不可抗力通常分为自然现象和社会现象。自然现象有地震、水灾等;社会现象有政治骚乱、罢工等。

(二) 不可抗力的条件

不可抗力具有严格的构成条件。

1. 不能预见

不能预见,是指合同当事人在订立合同时,对不可抗力事件是否会发生是不可能预见的,即人们根本预料不到的情况。

2. 不能避免

不能避免,是指不管采取什么措施都不能阻止事情的发生。

3. 不能克服

不能克服,是指合同的当事人对于不可抗力所造成的损失是不能克服的,即人力不能战胜的情况。

(三) 不可抗力的法律后果

《合同法》第一百一十七条规定:"因不可抗力不能履行合同的,根据不可抗力的影响,部分或者全部免除责任。"由此可见,不可抗力是法定的违约责任的免除条件或免除事由之

一。因为，如果让当事人对自己主观上无法预见、客观上不能避免、不能克服的事件造成的损失承担法律责任，是不符合"公平"原则的。不可抗力作为免责事由是有时间限制的，即它只有发生在合同订立之后、履行完毕之前。如果不可抗力发生在合同订立之前或者履行之后，都不能构成不可抗力事件。此外，如果当事人延迟履行义务后发生不可抗力的，也不能成为免责事由。

（四）遭遇不可抗力一方当事人的义务

《合同法》第一百一十八条规定："当事人一方因不可抗力不能履行合同的，应当及时通知对方，以减轻可能给对方造成的损失，并应当在合同期限内提供证明。"由此可见，遭遇不可抗力一方当事人具有下列义务：

1. 及时通知义务

不可抗力发生后，遭遇不可抗力的一方应当及时通知对方，向对方通报自己不能履行或者不能完全履行或者延期履行合同的情况和理由，以期得到对方的协助，共同采取措施，防止和减少损失。遭遇不可抗力的一方若不及时履行通知义务，则不能部分或者全部免除责任。

2. 提供证明义务

不可抗力发生后，遭遇不可抗力的一方当事人应当在合理期限内提供有关机构的证明，以证明不可抗力事件发生及影响当事人履行合同的具体情况。根据《合同法》的规定，证明应当采用书面形式，而且应当在合理的限期内提供。

应当指出的是，当一方当事人遭遇不可抗力时，必须及时通知对方，并在合理的期限内提供证明，这是法定的义务。如果当事人没有履行这些义务，则不能部分或全部免除违约责任。

案例分析

基本情况：

昆明的刘某等16人参加旅行社组织的云南四飞六日游，按日程计划应于13日由西双版纳乘飞机返昆明，但由于大雾和雷雨天气，航空公司取消当天航班。并且气象台预报近几天全部是雷雨天气，飞机何时起飞航空公司无法确定。于是旅行社积极采取补救措施，拟改乘大巴返昆明，但与旅游者协商未达成共识，游客坚持按原合同约定乘飞机赴昆明。旅行社只好告诉旅游者：由于航空公司航班停飞，在西双版纳滞留期间所花费的费用由旅游者自理。游客仍坚持乘飞机赴昆明。结果，游客在西双版纳滞留4天，17日才乘飞机由西双版纳到达昆明。返程后旅游者投诉该社，要求承担违约责任，赔偿滞留期间的食宿费及误工费。（见本章案例导入）

本案分析：

《合同法》第一百一十七条第一款规定："因不可抗力不能履行合同的，根据不可抗力的影响，部分或者全部免除责任，但法律另有规定的除外。"航空公司因雷雨天气取消了航班，应属不可抗力因素造成的。《合同法》第一百一十八条规定："当事人一方因不可抗力不能履行合同的，应当及时通知对方，以减轻可能给对方造成的损失，并应当在合理期限内提供证明。"第一百一十九条第一款规定："当事人一方违约后，对方应当采取适当措施防止损失的扩大；没有采取适当措施致使损失扩大的，不得就扩大的损失要求赔偿。"旅行社为了保证下一步的行程按照合同约定的计划顺利进行，积极采取补救措施即改乘大巴返昆明，而游客却坚决不同意旅行社采取的补救措施,要求按原合同约定乘飞机返昆明,以致滞留西双版纳4天。本案中的旅行社已尽告知义务,而游客没有采取适当措施致使损失扩大,由此造成的经济损失应由游客自己承担。

有关部门依据《中华人民共和国合同法》第一百一十七条、第一百一十八条、第二百一十九条第一款之规定,做出处理如下:

(1) 旅行社不承担违约赔偿责任;
(2) 游客滞留期间所发生的费用应自己承担;
(3) 机票退票费由旅行社承担。

(本案例来源:上海旅游质监所)

四、定金的法律特征及与订金、押金、预收款、违约金的区别

定金具有证明旅游合同成立、保障旅游合同履行、在旅游合同履行后充当预付款等作用。在一些旅游企业往往将定金与订金、押金、预收款和违约金相互混淆,在此作一分析。

(一) 定金的法律特征

1. 定金是合同的一种担保形式

按照规定,给付定金的一方不履行合同时,无权请求返还定金,接受定金的一方不履行合同时,应当双倍返还定金。双方当事人为了避免定金罚则的制裁,必须认真完成履行合同的义务,这就体现了定金的担保作用。当然,采取定金担保,违约后仍然要付违约金和赔偿金,不能以定金代替。

2. 定金是合同成立的一种证明

在订立合同时,当事人一方为了保证合同的履行,按价款或酬金的一定比例给付定金,这种给付定金的法律事实,也是合同成立的证明。

3. 定金具有预先支付的作用

当合同按期履行后,支付定金的一方有权收回定金,或者折抵价款。在后一种情况下,定金就能起到预先支付的作用。

(二) 定金与订金的区别

(1) 定金,是指合同当事人为了确保合同的履行,依据法律规定或者当事人双方的约定,由当事人一方在合同订立时或者订立后履行前,按照合同标的额的一定比例,预先给付对方当事人的钱款。《中华人民共和国担保法》(以下简称《担保法》)第八十九条规定:"当事人可以约定一方向对方给付定金作为债权的担保。债务人履行债务后,定金应当抵作价款或者收回。给付定金的一方不履行约定债务的,无权要求返还定金;收受定金的一方不履行约定的债务的,应当双倍返还定金。"

(2) "订金"则是一种订约金,含有约定购买、订购的意思,它不具有对合同履行进行担保的性质。合同的当事人若有一方不履行义务时,则不能发生"定金"的法律效力,因而不能适用定金罚则。

(三) 定金与押金的区别

定金与押金都属于金钱担保的范畴,都是合同一方当事人按照约定向对方当事人交付的钱款,在合同履行或者不履行后,都发生一定的法律后果,但二者有如下的区别:

(1) 定金除了具有履行担保功能,还具有违约救济功能,而押金不具备违约救济功能。

(2) 定金一般是按照合同标的额一定比例支付的,也就是说定金不能超过合同标的额,而押金通常是可以超过或者等于合同标的额的。

(3) 发生违约时,定金适用定金罚则,即给付定金的一方不履行约定的债务的,无权要求返还定金。收受定金的一方不履行合同约定的债务的,应当双倍返还定金。而押金没有这样的罚则。

(四) 定金与预收款的区别

预收款,是指在消费活动中,消费者在得到所需要某项商品或接受某项服务以前,先向经营者支付一笔钱款,然后,经营者在一定期限内向消费者提供商品或服务的情况。这一钱款对经营者来说是预收款,对消费者来说是预付款。

定金与预收款(预付款)都是属于预先给付钱款的范畴,都是合同当事人一方按照约定向对方当事人支付的钱款,且在合同履行后都发生抵作价款的功能。但是,在法律上,定金和预收款(预付款)是有区别的,其主要区别如下:

(1) 定金是合同担保的一种方式,而预收款(预付款)无担保的性质。

(2)《担保法》第九十一条规定:"定金的数额由当事人约定,但不得超过主合同标的额的百分之二十。"由此可以看出,定金只是价款或服务费的一部分,是按照合同标的额的一定比例支付的,一般不能超过合同标的额。而预收款(预付款)可以是价款的部分,也可以是价款的大部分或更多,即所谓的"多退少补"。

(3) 当发生违约时,预收款(预付款)只要如数退还并承担该事项的利息即可,而定金则或者加倍返还,或者是无权要求返还。所以定金和预收款(预付款)的法律后果是不一样的。

按照《合同法》和《消费者权益保护法》的规定,在一般情况下合同双方当事人在合同约定中没有明确是定金的,应视为预收款(预付款)。

(五) 定金与违约金

1. 定金与违约金的区别

如前所述,定金作为一项合同法律制度,既有履行担保功能,还具有违约救济的功能。

违约金,是指当事人在合同中约定的或者由法律所规定的,一方违约时应向对方支付一定数额的货币。

定金为双向担保,违约金是单向的。

违约金分为法定违约金与约定违约金。约定违约金应当在合同中订立,没有订立约定违约金的合同,当事人无权要求另一方偿付违约金;违约金的数额应与违约损失大体相当,如果违约金高于或低于违约损失时,当事人可以请求仲裁机构或者法院予以适当减少或增加。

《合同法》第一百一十四条规定:"当事人可以约定一方违约时应当根据违约情况向对方支付一定数额的违约金,也可以约定因违约产生的损失赔偿额的计算方法。约定的违约金低于造成的损失的,当事人可以请求人民法院或者仲裁机构予以增加;约定的违约金过分高于造成的损失的,当事人可以请求人民法院或者仲裁机构予以适当减少。当事人就迟延履行约定违约金的,违约方支付违约金后,还应当履行债务。"从《合同法》的规定可以看出,违约金的性质是属于承担违约责任的一种形式。它是一种以补偿性为主、惩罚性为辅的违约责任承担形式。违约金主要是补偿因违约造成的损失。对于约定的违约金低于或明显高于造成的损失的,人民法院或仲裁机构可以予以增加或减少,但没有要求必须相等。

2. 定金与违约金的选用

《合同法》第一百一十六条规定:"当事人既约定违约金,又约定定金的,一方违约时,对方可以选择适用违约金或者定金条款。"该规定表明,当合同当事人在合同约定中既约定有违约金又约定有定金时,一旦发生违约,就不能既适用违约金条款,同时又适用定金条款,而是只能适用其中的一项条款。

五、合同违约赔偿损失规则

(一)等额赔偿规则

《合同法》第一百一十三条规定:"当事人一方不履行合同义务或者履行合同义务不符合约定,给对方造成损失的,损失赔偿额应当相当于因违约所造成的损失,包括合同履行后可以获得的利益。"

(二)赔偿限制规则

《合同法》第一百一十三条规定:"损失赔偿额应当相当于因违约所造成的损失,包括合同履行后可以获得的利益,但不得超过违反合同一方订立合同时预见到或者应当预见到的因违反合同可能造成的损失。"

该规则包括以下内容:

(1)法律要求预见的是合同的违约方;
(2)是在合同订立时就应当预见到的;
(3)预见的内容是由于其违约所可能造成的财产损失;
(4)是否预见到的判断的标准采取主客观相结合的方法,即一般人所能预见到的。

(三)经营欺诈惩罚赔偿规则

《消费者权益保护法》四十九条规定:"经营者提供商品或者服务有欺诈行为的,应当按照消费者的要求增加赔偿其受到的损失,增加赔偿的金额为消费者购买商品的价款或者接受服务的费用的一倍。"

2015年10月1日实施的《中华人民共和国食品安全法》规定:"违反本法规定,造成人身、财产或者其他损害的,依法承担赔偿责任。生产不符合食品安全标准的食品或者销售明知是不符合食品安全标准的食品,消费者除要求赔偿损失外,还可以向生产者或者销售者要求支付价款十倍的赔偿金。"

(四)减少损失规则

《合同法》第一百一十九条规定:"当事人一方违约后,对方应当采取适当措施防止损失的扩大;没有采取适当措施致使损失扩大的,不得就扩大的损失要求赔偿。"

(五)旅行社因不可抗力造成违约的赔偿规定

《中华人民共和国旅游法》第六十七条规定:因不可抗力或者旅行社、履行辅助人已尽合理注意义务仍不能避免的事件,影响旅游行程的,按照下列情形处理:

(1)合同不能继续履行的,旅行社和旅游者均可以解除合同。合同不能完全履行的,旅行社经向旅游者作出说明,可以在合理范围内变更合同;旅游者不同意变更的,可以解除合同。

(2) 合同解除的,组团社应当在扣除已向地接社或者履行辅助人支付且不可退还的费用后,将余款退还旅游者;合同变更的,因此增加的费用由旅游者承担,减少的费用退还旅游者。

(3) 危及旅游者人身、财产安全的,旅行社应当采取相应的安全措施,因此支出的费用,由旅行社与旅游者分担。

(4) 造成旅游者滞留的,旅行社应当采取相应的安置措施。因此增加的食宿费用,由旅游者承担;增加的返程费用,由旅行社与旅游者分担。

第五节 旅游企业劳动合同

一、劳动合同的法律特征

订立劳动合同是一种法律行为,旅游企业的员工与旅游企业签订了劳动合同,就产生了劳动法律关系。

劳动合同具有以下五个方面的法律特征:

(1) 劳动合同的主体是由劳动者和旅游企业双方构成。按照国家的规定,旅游企业的劳动合同的当事人一方应当是劳动者,另一方应当是旅游企业(包括各种经济类型的旅游企业)。两个单位之间订立的有关劳动问题的协议不是劳动合同。

(2) 劳动合同可以依法或者约定变更和解除。劳动合同中约定的劳动关系主体双方的权利和义务在社会发展过程中是不断发展变化的,因此决定了劳动合同的内容不仅可以依照法律、法规的规定或者当事人的协商进行变更,而且劳动合同也可以依照法律的规定或者当事人的协商,由一方或者双方解除。

(3) 劳动合同当事人在实现权利和义务过程中具有从属关系。劳动者和旅游企业在订立劳动合同时,双方的法律地位是平等的。但是,在劳动合同订立以后,劳动者则需要成为旅游企业的一名工作人员,而旅游企业的劳动是一个有组织、有秩序的活动,员工必须接受并服从旅游企业的组织与管理,遵守旅游企业的各项规章制度。这是劳动合同区别于采购合同、预订合同及其他合同的重要法律特征。

(4) 劳动合同的目的主要在于劳动过程的实现,而不是劳动成果的给付。劳动合同的目的在于确定劳动关系,通过确定劳动关系,实现劳动者就业,使劳动过程得以进行。当然,这之中也可包括劳动合同对劳动成果的给付。

(5) 劳动合同在一定的条件下涉及与劳动者有关的第三人的物质利益关系。在订立劳动合同时,不仅涉及劳动者本人的权利与义务,还会涉及劳动者的直接亲属在一定的条件下享有旅游企业给予的物质帮助的权利。如旅游企业职工发生工伤、死亡等情况,旅游企业不仅要负责职工本人的生活保障,对职工所供养的直系亲属也要给予一定的物质帮助。

二、签订劳动合同的原则

旅游企业同职工在签订劳动合同时,应当遵守以下原则:

(1) 应当遵守国家的法律、法规和政策的规定;

(2) 应当坚持平等自愿和协商一致的原则；
(3) 应当以书面形式明确规定双方的责任、义务和权利。

上述原则是劳动合同的有效条件。按照此原则签订的劳动合同，为有效的劳动合同。劳动合同一经签订，就受到国家法律的保护，旅游企业同职工都不得任意变更和解除。

三、劳动合同的必备条款

劳动合同的必备条款，是指依据《中华人民共和国劳动法》（以下简称《劳动法》）和《中华人民共和国劳动合同法》（以下简称《劳动合同法》）的规定，合同必须具备的条款，有七个方面的内容。

（一）合同的期限

劳动合同的期限，是指劳动合同的有效时间，是劳动关系存在的一种标志。劳动合同的期限可以分为固定期限、无固定期限和完成一定工作期限的劳动合同。固定期限的合同可以是短期，也可以是长期的。旅游企业在同职工签订固定期限的劳动合同时应当约定期限的年限。固定期限的劳动合同应变能力强，既能保持劳动关系的相对稳定，又有利于职工的合理流动，旅游企业一般采用此劳动合同。

（二）工作内容

工作内容，是指旅游企业安排职工从事什么工作，这是职工在劳动合同中确定的应当履行的劳动义务的主要内容。

（三）劳动保护和劳动条件

劳动保护和劳动条件，是指旅游企业应当在劳动合同中规定对职工所从事的劳动必须提供符合安全健康的劳动条件。

（四）劳动报酬

劳动报酬，是指旅游企业根据职工的工作岗位、技能等情况所支付给职工的工资、福利及保险等。旅游企业同职工签订的劳动报酬的标准不得低于国家规定的本地最低的报酬。

（五）劳动纪律

劳动纪律，是指职工在工作中必须遵守的纪律，包括国家的法律、法规和旅游企业制定的有关店纪店规。

（六）劳动合同终止的条件

劳动合同终止的条件，是指劳动合同终止的理由，这是劳动关系终止的客观要件。旅游企业在同职工签订的劳动合同中约定的终止条件，一般是在国家法规规定的劳动合同终止的条件以外协商确定的劳动合同终止的条件。

（七）违反劳动合同的责任

违犯劳动合同的责任，是指旅游企业和职工在履行合同的过程中，一方当事人故意或者过失违反劳动合同，致使劳动合同不能正常履行，从而给另一方造成经济损失，而应当承担的法律后果。

四、旅游企业的集体合同

集体合同，也称为劳动协约、团体协约、集体协约或联合工作合同，是企业与工会签订的以劳动条件为中心内容的书面集体协议。集体合同与劳动合同不同，它不规定劳动者个人的劳动条件,而规定劳动者的集体劳动条件。集体合同是集体协商双方代表根据法律、法规的规定,就劳动报酬、工作时间、劳动安全卫生、休息休假、福利保险等事宜在平等协商一致的基础上签订的书面协议。

（一）集体合同的内容

根据《劳动法》《劳动合同法》和《集体合同规定》,集体合同应当包括以下内容：

（1）劳动报酬；

（2）工作时间；

（3）休息休假；

（4）保险福利；

（5）劳动安全与卫生；

（6）集体合同的期限；

（7）变更、解除、终止集体合同的协商程序；

（8）双方履行集体合同的权利和义务；

（9）双方履行集体合同发生争议时协商处理的约定；

（10）违反集体合同的责任；

（11）双方认为应当约定的其他事宜。

（二）集体合同的格式

国家对于集体合同的格式目前还没有统一的规定,但其表现形式一般包含以下几个部分：

（1）集体合同的名称。应在集体合同文本的卷首标明该合同的名称。如"某某旅游企业集体合同"。在集体合同的名称下方标明"某年某月某日第几届职工代表大会审议通过"。

（2）总则。总则主要说明订立集体合同的目的,写明一些原则性的问题。总则也可以用序言的形式替代。

（3）正文。正文是当事人双方协商议定的集体合同的主要内容,这些内容反映当事人双方应承担的义务和享有的权利。主要包括员工聘用、劳动报酬、工作时间、保险福利、劳动安全卫生、员工培训、合同争议处理、合同的变更和终止等项内容。

（4）附则。主要说明集体合同的生效、监督检查、正本和副本的份数、正本和副本保管何处、集体合同的报核准单位等项内容。

（5）结尾。一份完整的集体合同结尾部分应当有双方当事人签名盖章,签订集体合同的年、月、日及签订的地点等。

案例分析

基本情况：

南京某饭店在招收新员工时,因为没有按照有关规定进行认真核实对方的身份,也没有进行认真培训,仓促上岗,致使新录用的员工在一次意外事故中造成左手残废,由此饭店付出了高额的赔偿金。

2017年春节即将来临,如同国内其他城市的饭店,该市的很多饭店都遇到了人员短缺的情况。为应付即将到来的春节旺季市场,某饭店在大堂外张贴了招工启事。在招工启事贴出的第二天,一位名叫王进明(化名)的男子来到饭店应聘。当饭店人事部门的人员要求他出示身份证件时,对方称身份证没有随身携带,只是从饭店路过时看到了招工启事才进来应聘,如果饭店正式录用后再回去拿。因当时饭店缺人,再加上王某看上去较单纯,不像是油头滑脑的人,人事部的人员经过商量当即决定予以录用,但要求王某在录用后尽快将身份证拿来给饭店核实其身份。在饭店的新员工登记表上,王某所填写的出生日期是2001年1月20日。

由于当时饭店非常忙,饭店没有对他进行任何岗前培训,就分配到了餐饮部工作。餐饮部经理将小王安排到了厨房工作。可就在一周后的一天,由于小王在绞肉时违反厨房的工作规程,再加上思想不集中,将左手伸进了绞肉机内。随着一惨叫,小王的左手立即血肉模糊。饭店迅速将小王送去医院。

经诊断,小王的左手腕粉碎性骨折,整个左手失去功能。经南京市劳动能力鉴定委员会鉴定为伤残五级,并建议配装假肢。事故发生后,饭店支付了小王所有的医疗费。但是小王认为自己因为这次事故导致了残废,影响了今后的工作和生活,仅仅支付医疗费用是不够的,饭店还应当支付假肢费及精神损害赔偿等项费用。由于饭店没有达到小王所要求赔偿的数额,这时小王突然提出他在被饭店录用时是未成年人,并将此事实报告给了市劳动局。市劳动局经过调查确认,小王的生日是2001年3月20日,饭店属于非法用工。劳动局对饭店的非法用工行为作了罚款的处罚。由于在赔偿金的数额上小王与饭店始终没有达成一致,于是小王将饭店告上了法庭,请求判令饭店一次性支付赔偿金42万元,假肢等项费用56万元,以及其他的费用共计101万多元。

在法庭上,饭店方认为:聘用王进明是由于他谎报年龄所造成的。如果当时他在填写新员工登记表时将自己的出生年月日没有谎报,饭店是绝对不会录用他的,而且离16周岁只相差一个多月,对于饭店的过错事发后市劳动部门也已经进行了处罚。目前饭店经营困难,而且王进明来饭店工作才几天,并且当时也是违反工作程序、思想不集中才造成此次事故的发生,饭店不应当支付如此高额的赔偿金。

法院在审理后认为,饭店在聘用王进明时,王进明尚不满16周岁,所以他和饭店的用工关系不符合劳动法的强制性规定,应于解除。对于非法用工,《工伤保险条例》规定,用人单位使用童工造成童工伤残、死亡的,由该单位向童工给予一次性赔偿。法庭判决解除王进明与饭店之间的非法用工关系,饭店一次性给付王进明各项赔偿金63万元。

本案分析:

该案给了饭店业在用工与培训和内部管理等方面很大的启示。很多饭店出现了类似该饭店的情况造成员工的人身伤害,往往以员工不遵守操作规程为由,拒绝对伤者进行赔偿或者只是道义上的补偿。这种观点是错误的,因为只要饭店没有充分证据证明员工受到的伤害是他的故意行为或者是不可抗力所造成的,饭店就应当承担责任。因为很多事故的发生归根到底是由于饭店对员工的培训不够,再加上管理不到位所致。

其次,在目前饭店行业招工难、人手紧张的情况下,很多饭店对新员工没有进行认真的审查,以至于留下了严重的隐患。如南京某饭店在录用新员工时,有关部门没有认真核对其身份,致使一名杀人外逃十多年的在逃犯,在饭店工作很长时间才被公安机关抓获。所以,饭店一定要把好用人关,以免留下后患。该饭店因为春节即将来临,人手较紧,在没有查验有关证件的情况下录用新员工。事后,因为饭店工作较忙,既未对新员工进行培训,又忘了再次要求王进明出示其有效证件,为该事件的高额赔偿留下了隐患。国家对录用童工以及发生事故造成童工伤残的,有明确的规定,《工伤保险条例》第六十三条规定:"用人单位不得使用童工,用人单位使用童工造成童工伤残、死亡的,由该单位向童工或者童工的直系亲属给予一次性赔偿,赔偿标准不得低于本条例规定的工伤保险待遇。"由此可以看出,国家对企业非法录用童工,造成其伤残的,其赔偿标准高于本企业职工的赔偿标准。

复习思考题

1. 合同的基本原则有哪些?
2. 合同的要约应具备哪几个条件?
3. 合同的承诺应具备哪几个条件?
4. 合同的主要条款有哪些?
5. 中国公民出境旅游合同的特点与重点是什么?
6. 合同中的定金的法律特征是什么?它与订金、押金、预收款、违约金有什么区别?
7. 合同违约赔偿损失规则有哪些?

第六章 旅游安全管理法律制度

本章导读

旅游安全工作历来是旅游行业的重点,预防事故、事件是旅游企业永恒的主题。1990年2月20日,在总结多年旅游安全管理工作经验的基础上,为加强旅游安全管理工作,保障旅游者人身、财物安全,国家旅游局以规章形式,制定发布了《旅游安全管理暂行办法》,并于1994年1月23日颁布了《旅游安全管理暂行办法实施细则》;为及时了解和妥善处理好重大旅游安全事故,1993年4月15日国家旅游局又发布了《重大旅游安全事故报告制度试行办法》;2005年8月9日发布了《旅游突发公共事件应急预案》;2006年4月25日,国家旅游局与外交部共同发布了《中国公民出境旅游突发事件应急预案》;2009年10月1日起正式实施了《旅游者安全保障办法》;2016年9月27日国家旅游局发布2016年12月1日起施行的《旅游安全管理办法》等等。

"安全是旅游的生命线"。旅游企业在经营管理活动中如果对各种潜在的危险因素缺乏充分的认识,或者虽有认识但没有采取有效的预防、控制措施,这种潜在的危险就会显现,造成诸如盗窃、凶杀、抢劫、火灾、中毒、爆炸等人身伤害和财产损失的安全事故、事件,这类深刻的教训,在国内外旅游企业并不鲜见。

案例导入

"没有安全就没有旅游",这是旅游业的共识。可是,近年来仅在我国旅游饭店就发生了如下的一些命案:1988年7月29日,日本旅游者小林康二在上海锦江饭店新南楼的370房间被杀;1991年7月27日,台湾人陈克祥和赖占清在四川重庆饭店被犯罪分子抢劫行凶杀害;1992年5月19日,日本游客河本小子和中村俊子在云南翠湖宾馆229房间被犯罪分子抢劫杀害;1993年5月25日,一名美国人在云南昆明锦华大酒店被杀;1993年6月7日,三名日本人在西安长安城堡大酒店被杀害;1998年8月23日,深圳某医药公司总经理王翰在上海银河宾馆被杀;2006年北京蜀国演义酒店因食物中毒造成131人患病;2007年1月25日,香港某上市公司主席郑慈太在深圳某酒店被劫杀;2014年1月11日,云南香格里拉因一酒店火灾引发古县城重大火灾;2016年4月22日,上海享达旅行社赴常熟的旅游大巴车祸造成7人死亡,6人重伤;2016年6月26日湖南一旅行社开往广东的大巴车发生车祸造成35人遇难;2016年11月8日,无锡灵山梵宫发生火灾损失严重;2016年7月23日,北京延庆八达岭野生动物园内两名自驾游女游客在猛兽区下车被老虎袭击,造成1死1伤;2016年11月12日无锡喜来登酒店婚礼舞台钢架倒塌7人被砸伤……

第一节 旅游安全管理法律制度概述

一、我国旅游安全管理立法基本情况

"没有安全就没有旅游",这一观点已是旅游管理部门和旅游企业的共识。鉴于旅游安全的重要性,世界各国都高度重视旅游安全管理的立法工作。1989年"各国议会旅游大会"通过的《海牙旅游宣言》明确指出,旅游者的安全和保护及对他们人格的尊重是发展旅游的先决条件。

我国政府和有关部门历来十分重视旅游安全管理工作,近年来颁布了一系列有关旅游安全管理的法律、法规和规章制度。如1993年4月15日国家旅游局发布的《重大旅游安全事故报告制度试行办法》和《重大旅游安全事故处理程序试行办法》,1993年8月30日国家旅游局和公安部联合发出的《关于加强旅游涉外饭店安全管理严防恶性案件发生的通知》,1993年10月22日公安部和国家旅游局发布的《关于加强宾馆、饭店等旅游设施消防安全工作的通知》,1994年1月22日国家旅游局颁布的《旅游安全管理暂行办法实施细则》,1994年国家技术监督局、建设部、国家旅游局、公安部、劳动部、国家工商行政管理局共同发布的《游艺机和游乐设施安全监督管理规定》,1995年2月6日公安部发出的《公安部关于实施〈公共娱乐场所消防安全管理规定〉有关问题的通知》,1997年公安部发出的《公安部关于加强旅馆业治安管理工作的通知》,2002年5月1日起施行的《机关、团体、企业、事业单位消防安全管理规定》,2009年10月1日起实施的《旅游者安全保障办法》,2016年12月1日起施行的国家旅游局第41号令《旅游安全管理办法》等等。至此,我国已基本形成了以部门规章为主体的旅游安全管理法规制度保障体系,旅游安全管理工作纳入了规范化和制度化的轨道,使旅游安全管理工作有法可依。

2016年12月18日中共中央国务院印发了《中共中央国务院关于推进安全生产领域改革发展的意见》,这是新中国成立以来第一个以党中央、国务院名义出台的安全生产工作的纲领性文件。通知要求:按照管行业必须管安全、管业务必须管安全、管生产经营必须管安全和谁主管谁负责的原则,明确各有关部门安全生产和职业健康工作职责,并落实到部门工作职责规定中;行业领域主管部门负有安全生产管理责任,要将安全生产工作作为行业领域管理的重要内容,从行业规划、产业政策、法规标准、行政许可等方面加强行业安全生产工作,指导督促企事业单位加强安全管理;企业对本单位安全生产和职业健康工作负全面责任,要严格履行安全生产法定责任,建立健全自我约束、持续改进的内生机制。企业实行全员安全生产责任制度,法定代表人和实际控制人同为安全生产第一责任人;建立企业全过程安全生产和职业健康管理制度,做到安全责任、管理、投入、培训和应急救援"五到位";严格落实企业安全教育培训制度,切实做到先培训、后上岗;推进安全文化建设,加强警示教育,强化全民安全意识和法治意识。文件提出的一系列改革举措和任务要求,为当前和今后一个时期我国旅游安全领域的改革发展与立法指明了方向和路径。

二、目前我国旅游安全管理的现状

（一）行业意识薄弱

我国的旅游业处于快速发展时期，具有广阔的发展前景，而且，随着一系列发展战略的提出和实行，我国的旅游业更是获得了前所未有的发展机遇，这种现象既增强发展旅游业的信心，又使得旅游业中普遍存在着行业意识薄弱的问题。虽然一些管理者意识到危机不可避免，但是却没有制订预防、避免危机的有效计划，另外，许多行业的管理部门缺乏必要的应急机制，没有居安思危的意识，使得企业不能有效地化解危机，进而造成巨大的经济损失。

（二）旅游设施陈旧落后

旅游设施是旅游中的重要组成部分，其安全性的高低直接关系到游客的人身安全和财产安全，而许多景区的旅游设施比较陈旧落后，存在着严重的安全隐患，给旅游业的发展带来负面影响。同时，一些景区存在着设计不合理、资金投入不足、没有定时检查和维修等现象，使得旅游设施不仅不能满足旺季游客的需求，而且可能会产生一些安全事故，进而给景区发展带来负面影响。

（三）安全管理不科学

旅游业具有很强的关联性，而且人的不安全行为、动物的不安全行为等，都会增加旅游的危险性，给游客和景区造成困扰。旅游业的正常运营需要旅游景区、消防、公安等主管部门的有效合作。但是，由于主管部门繁多、管理范围混乱等，致使安全管理不科学，降低了安全管理的效果。在旅游业内部，除大多数的旅游饭店外，仅有部分旅游企业、旅游管理部门设立了专门的旅游安全管理机构或者旅游安全管理人员，而很多旅游企业、旅游主管部门缺乏专门的安全管理机构或者安全管理人员。

三、《旅游安全管理办法》出台的背景及意义

当前我国安全生产形势发生了很大变化，对安全问题提出了很高的管理要求，强调以人为本。从微观来看，旅游市场环境发生了巨变，过去旅游以组团观光为主，现阶段旅游日益日常化、大众化、散客化并向国际化迈进，安全管理面临着更大挑战，同时旅游业本身也处于转型升级时期，全域旅游的发展更需要全域性管理思维，因此，《旅游安全管理办法》（以下简称为《办法》）的出台有利于提升旅游安全工作的管理水平和效率，也与我国旅游产业的发展现状相匹配。

20世纪90年代，国家旅游局相继发布了《旅游安全管理暂行办法》《旅游安全管理暂行办法实施细则》《重大旅游安全事故报告制度试行办法》《重大旅游安全事故处理程序试行办法》和《漂流旅游安全管理暂行办法》等一系列配套或相关规范性文件，形成了目前我国旅游安全管理的基本制度。这些制度在之前的旅游安全管理中发挥了重要作用。随着旅游产业的快速发展和国内外安全形势的动态变化，旅游行业急需制定新的管理办法。2007年我国颁布实施了《突发事件应对法》；2016年旅游法修订颁布实施，专设旅游安全一章；2014年，《安全生产法》修订颁布……这些法律法规对旅游安全提出了统领性要求，因此有必要制定旅游安全管理办法来加以细化。《办法》的出台将进一步推动我国旅游安全管理迈向制度化、规范化，有利于旅游事业的健康发展。

《办法》既宏观确定了旅游部门的安全管理责任,也详细规范了旅游部门在日常安全管理工作、预案制订、景区承载量管控以及旅游突发事件应急处置、调查、报告中的具体任务和职责。对于旅游经营者,《办法》明确了其应具备的安全生产条件,明确了旅游经营者在旅游安全检查、旅游风险监测评估、高风险项目和特殊群体的安全保障、旅游安全生产教育和培训、游客安全管理、突发事件应急处置和报告等任务职责,并对旅行社的源头安全管理责任、出境安全管理等提出了要求。《办法》对旅游部门和旅游经营者等两类主体既强调要重视日常预防性安全管理,也强调要重视旅游突发事件的应急处置和报告。

《办法》是在旅游法的基础上完成的一个具有系统性、针对性、前瞻性的旅游安全部门规章,将对推进当前旅游安全工作发挥基础性的法制调节作用。《办法》是贯彻实施旅游法和相关安全法律法规的需要,也是适应旅游安全管理职责的需要,更是保障旅游者人身财产安全的需要。《办法》共分为总则、经营安全、风险提示、安全管理、罚则和附则六章、45条,基本覆盖了旅游安全管理的各项工作。

第二节 旅游安全事故、事件的防范与处理

一、旅游安全风险提示制度

根据《旅游安全管理办法》的规定,国家建立旅游目的地安全风险提示制度。根据可能对旅游者造成的危害程度、紧急程度和发展态势,风险提示级别分为一级(特别严重)、二级(严重)、三级(较重)和四级(一般),分别用红色、橙色、黄色和蓝色标示。风险提示级别的划分标准,由国家旅游局会同外交、卫生、公安、国土、交通、气象、地震和海洋等有关部门制定或者确定。风险提示信息,包括风险类别、提示级别、可能影响的区域、起始时间、注意事项、应采取的措施和发布机关等内容。

一级、二级风险的结束时间能够与风险提示信息内容同时发布的,同时发布;无法同时发布的,待风险消失后通过原渠道补充发布。三级、四级风险提示可以不发布风险结束时间,待风险消失后自然结束。风险提示发布后,旅行社应当根据风险级别采取下列措施:

(1) 四级风险的,加强对旅游者的提示;

(2) 三级风险的,采取必要的安全防范措施;

(3) 二级风险的,停止组团或者带团前往风险区域;已在风险区域的,调整或者中止行程;

(4) 一级风险的,停止组团或者带团前往风险区域,组织已在风险区域的旅游者撤离。

其他旅游经营者应当根据风险提示的级别,加强对旅游者的风险提示,采取相应的安全防范措施,妥善安置旅游者,并根据政府或者有关部门的要求,暂停或者关闭易受风险危害的旅游项目或者场所。

风险提示发布后,旅游者应当关注相关风险,加强个人安全防范,并配合国家应对风险暂时限制旅游活动的措施,以及有关部门、机构或者旅游经营者采取的安全防范和应急处置措施。国家旅游局负责发布境外旅游目的地国家(地区),以及风险区域范围覆盖全国或者跨省级行政区域的风险提示。发布一级风险提示的,需经国务院批准;发布境外旅游目

的地国家（地区）风险提示的，需经外交部门同意。地方各级旅游主管部门应当及时转发上级旅游主管部门发布的风险提示，并负责发布前款规定之外涉及本辖区的风险提示。风险提示信息应当通过官方网站、手机短信及公众易查阅的媒体渠道对外发布。一级、二级风险提示应同时通报有关媒体。

二、旅游安全事故、事件的分类

旅游企业安全事故、事件中的人身受伤事故，分为轻伤事故和重伤事故。轻伤事故，是指一次事故中只发生轻伤的事故。轻伤，是指造成人员肢体伤残，或者某些器官功能性或器质性轻度损伤，表现为劳动能力轻度或暂时丧失的伤害。一般情况是受伤人员歇工在一个工作日以上，但够不上重伤者。重伤事故，是指一次事故中发生重伤（包括伴有轻伤），无死亡的事故。重伤，是指造成人员肢体残缺或视觉、听觉等器官受到严重损伤，一般能引起人体长期存在功能障碍，或者劳动能力有重大损失的伤害。

旅游安全事故中造成人员伤亡或者直接经济损失的，按照《生产安全事故报告和调查处理条例》分为以下等级：

（1）特别重大事故，是指一次事故造成30人以上死亡，或者100人以上重伤，或者1亿元以上直接经济损失的事故；

（2）重大事故，是指一次事故造成10人以上30人以下死亡，或者50人以上100人以下重伤，或者5 000万元以上1亿元以下直接经济损失的事故；

（3）较大事故，是指一次事故造成3人以上10人以下死亡，或者10人以上50人以下重伤，或者1 000万元以上5 000万元以下直接经济损失的事故；

（4）一般事故，是指造成3人以下死亡，或10人以下重伤，或者1 000万元以下直接经济损失的事故。

三、旅游安全事故、事件的防范

（一）树立安全防范意识

旅游企业的安全管理贯穿整个旅游工作中，涉及旅游企业的每个部门、各个工作岗位和每位员工。在旅游企业安全管理的实践中，要做好旅游企业的安全管理工作必须依靠全体员工的共同努力。这就需要对员工进行安全培训教育工作。首先，旅游企业要建立新员工的上岗安全培训制度。要求新员工掌握工作中本岗位基本的安全知识，如发生安全事件应当做到会正确处理。只有通过安全培训，并经考试合格后才能上岗工作。除了对新员工进行培训，旅游企业还应当根据旅游企业出现的新问题对相关岗位的员工进行定期和不定期的安全培训。安全管理的培训要结合旅游企业的实际情况，通过发生在一些旅游企业的案例对员工进行培训。

旅游企业还要加强对员工的职业道德和法纪法规的教育。从一些旅游企业发生的安全事件来看，很多都与旅游企业员工有关。旅游企业员工在日常工作和服务过程中，有机会接触到包括旅游者在内的各种财物。如果对他们教育不够，管理不严，加上自身修养不够，很容易出现问题。旅游企业应当不断对员工进行教育培训，使旅游企业的每位员工都成为合格的安全员。

旅游企业安全管理工作至关重要，是旅游企业经营管理的基础。从整个旅游行业的经营管理实践来看,要想在旅游活动中完全避免发生各种安全事故、事件还难以做到。但只要对安全工作高度的重视,尊重科学、措施得当,各种事故、事件是可以预防和大大减少的。目前,安全工作已经受到国家旅游管理机关和旅游企业的高度重视,但安全形势仍然十分严峻,一些重大恶性安全事故时有发生。旅游企业要做好安全工作绝非易事,只有加强培训工作,树立全员安全意识,使旅游企业人人都成为安全员,旅游企业的安全工作才能真正得到保障。

(二)健全安全管理制度

为了切实做好旅游企业的安全工作,确保旅游者在旅游期间的人身和财产安全,旅游企业应当采取切实有效的措施,加强安全管理,健全安全管理的各项制度,其内容有:

1. 根据本旅游企业的实际情况,制订一套旅游企业安全工作程序和管理规章制度。旅游企业的安全管理制度包括各种安全事故处理预案及处理程序。

2. 在对员工进行考核时,旅游企业应当将其安全工作作为重要内容。旅游企业在进行工作安排和业绩评估时,将员工的安全工作纳入其中,做到三同,即同布置、同检查、同评估。

3. 旅游企业应当对发生的安全事故、事件采取"四不放过"原则。即:不查出原因不放过、不采取措施不放过、不处理当事人不放过、广大员工没有受到教育不放过。

(三)建立应急预案和应急指挥系统

1. 旅游企业应急预案

根据《中华人民共和国突发事件应对法》第一章第三条的解释:突发事件,是指突然发生,造成或者可能造成严重社会危害,需要采取应急处置措施予以应对的自然灾害、事故灾难、公共卫生事件和社会安全事件。按照社会危害程度、影响范围等因素,自然灾害、事故灾难、公共卫生事件分为特别重大、重大、较大和一般四级。

作为国家总体的安全,为应付突发公共事件的发生,2006年1月8日国务院发布了《国家突发公共事件总体应急预案》(以下简称《总体预案》)。《总体预案》共6章,分别为总则、组织体系、运行机制、应急保障、监督管理和附则。《国家突发公共事件总体应急预案》规定了国务院应对特别重大突发公共事件的组织体系、工作机制等内容,是指导预防和处置各类突发公共事件的规范性文件。编制总体预案的目的是为了提高政府保障公共安全和处置突发公共事件的能力,最大限度地预防和减少突发公共事件及其造成的损害。《总体预案》将突发公共事件分为自然灾害、事故灾难、公共卫生事件、社会安全事件四类。按照各类突发公共事件的性质、严重程度、可控性和影响范围等因素,《总体预案》将其分为四级,即Ⅰ级(特别重大)、Ⅱ级(重大)、Ⅲ级(较大)和Ⅳ级(一般)。国家的《总体预案》在"责任与奖惩"一节中明确规定,"突发公共事件应急处置工作实行责任追究制""对突发公共事件应急管理工作中作出突出贡献的先进集体和个人要给予表彰和奖励""对迟报、谎报、瞒报和漏报突发公共事件重要情况或者应急管理工作中有其他失职、渎职行为的,依法对有关责任人给予行政处分;构成犯罪的,依法追究刑事责任"。国家的《总体预案》强化了行政问责机制,这样有利于有关部门在公共事件发生之后及时介入,将损失控制在最小范围内。

近年来,无论是国际还是国内各类突发性安全事故、事件不断发生,如何科学应对和及时、有效地加以处置,是目前旅游企业必须面对的一项重要课题。2007年8月30日第十届全国人民代表大会常务委员会第二十九次会议通过了《中华人民共和国突发事件应对法》,

该法出台的宗旨是为了预防和减少突发事件的发生，控制、减轻和消除突发事件引起的严重社会危害，规范突发事件应对活动，保护人民生命财产安全，维护国家安全、公共安全、环境安全和社会秩序。

旅游企业除了容易发生车祸、盗窃、抢劫、凶杀、爆炸、火灾、死亡等事故、事件，还会遇到如2008年5月12日汶川大地震那样的自然灾害。为了避免旅游企业发生重大安全事故、事件及遇到各种自然灾害和突发性社会安全事件，旅游企业必须制定一整套应付各种情况的应急预案。作为旅游企业，应当参照《国家突发公共事件总体应急预案》，根据旅游企业可能出现的各种突发性安全事故、事件，制定适合的各种应急预案。旅游企业制定各种应急预案，对于提高预防和处置突发事故、事件的能力，预防和减少各类突发安全事故、事件及其造成的损失，保障旅游者的生命财产安全和保持旅游业可持续发展，具有十分重要的意义。

2. 旅游企业应急指挥系统

为了更好地做好旅游安全工作，防止各种事故、事件的发生，或者一旦发生各类突发情况，能快速、有效、及时地进行处理，保护旅游者的生命财产安全，最大限度地避免和减少人员伤亡，减轻财产损失，旅游企业应当建立自己的应急指挥系统——旅游企业应急指挥领导小组，并制定符合本旅游企业情况的应急指挥方案。

旅游企业发生的各类事故、事件往往涉及社会上众多的部门，旅游企业应当在平时将这些部门的应急联络方式用书面的形式写下来，以便发生情况时能够及时联系，将损失和后果降至最低。如当地派出所、电力抢修、燃气抢修、自来水抢修、交通事故、卫生防疫（食品中毒）等，以便更好地提高工作效率，减少损失。

四、旅游者物品被盗、被骗事件处理

当旅游者在旅行、游览过程中发生物品被盗或被骗时，旅游企业有关领导或导游要立刻进行处理。如果旅游者的物品被盗并留有现场，应立即保护现场，同时向公安机关报告。失主如果是国内旅游者，应向公安派出所报告；失主如果是外国人，应向公安局外管处报告。

如在旅游者离开旅游企业或离团后追回被盗的物品，则要按旅游者留下的地址迅速与其取得联系，用挂号邮寄的方式把物品邮寄给旅游者，将挂号回执留存。

如果旅游者被盗的是护照，则要报告当地旅行社，由旅行社开具报失证明，让失者持证明向当地公安部门报失，再由公安部门出具报失证明，然后由失主本人持报失证明亲自到所在国驻该国使、领馆申办重领护照手续。领到新的护照后，失主本人应再到当地公安局办理签证手续。

台湾地区的旅游者如果丢失《台湾居民来往大陆通行证》，可向中国旅行社或出入境管理部门报失，经核实后，可发给一次有效的出入境通行证。旅游者信用卡、旅行支票等有价单据如果被盗，旅游接待单位要及时同有关银行取得联系，并通知有关兑换点。

五、旅游者食物中毒事故的处理

食物中毒，指食用了被有毒有害物质污染的食品或者食用了含有毒有害物质的食品后出现的急性、亚急性疾病。食品安全事故，指食物中毒、食源性疾病、食品污染等源于食品，

对人体健康有危害或者可能有危害的事故。

食物中毒以恶心、呕吐、腹痛、腹泻等急性肠胃炎症状为主。如发现旅游者同时出现上述症状,应立即报告本部门经理。部门经理在接到旅游者可能食物中毒的报告后,应立即通知医生前往诊断。

旅游企业应立即对中毒旅游者紧急救护,并将中毒旅游者送医院抢救治疗。旅游餐饮部门要对旅游者所用的所有食品取样备检,以确定中毒原因,并通知当地卫生防疫部门。

对于有证据证明可能导致食物中毒事故的,可以对该食品生产经营者采取下列临时措施:

(1) 封存造成食物中毒或者可能导致食物中毒的食品及其原料;
(2) 封存被污染的食品用工具及用具,并责令进行清洗消毒。

旅游餐饮部门要对可疑食品及有关餐具进行控制,以备查证和防止其他人中毒。旅游餐饮部门要对中毒事件进行初步调查,查明中毒原因、人数、身份等。当地卫生防疫部门到达后,要协助进行详细调查。

由于旅游企业提供的食品造成旅游者食物中毒,旅游企业应当负损害赔偿责任。

六、重大旅游安全事故的处理

(一) 重大旅游安全事故的概念

重大旅游安全事故,是指造成海外旅游者人身重伤、死亡的事故;涉外旅游住宿、交通、游览、餐饮、娱乐、购物场所的重大火灾;其他经济损失严重的事故。

(二) 重大旅游安全事故处理的原则

重大旅游安全事故的处理,原则上由本地区政府协调有关部门、事故责任方及其主管部门负责,必要时成立事故处理领导小组。

(三) 重大旅游安全事故的组织与报告

1. 重大旅游安全事故的组织

重大旅游安全事故发生后,旅游企业的总经理应立即赶赴现场,全力组织抢救工作,保护事故现场,同时报告当地公安部门。旅游企业如不属于事故责任方,应按照事故处理领导小组的部署做好有关工作。在公安部门人员进入事故现场前,如因现场抢救工作需要移动物证时,应做出标记,尽量保护事故现场的客观完整。旅游企业要立即组织医务人员对受伤人员进行抢救并及时送附近医院,保护好遇难者的遗体,组织核查伤亡人员的旅游团队名称、国籍、姓名、性别、年龄、护照号码以及在国内、外的保险情况。

2. 重大旅游安全事故的报告

伤亡人员中若有海外客人,责任方和旅游企业在对伤亡人员核查清楚后,及时报告当地外办,同时以电话、传真或其他有效方式直接向中国旅游紧急求援协调机构(设在国家旅游局内)报告。对事故现场的行李和物品,要认真清理和保护,并逐项登记造册。

(1) 事故发生后的首次报告内容:
① 事故发生的时间、地点;
② 事故发生的初步情况;
③ 事故接待单位及与事故有关的其他原因;
④ 报告人的姓名、单位和联系电话。

(2) 事故处理过程中的报告内容：
① 伤亡情况及伤亡人员姓名、性别、年龄、国籍、团名、护照号码；
② 事故处理的进展情况；
③ 对事故原因的分析；
④ 有关方面的反映和要求；
⑤ 其他需要请示或报告的事项。
(3) 事故处理结束后，旅游企业需认真总结事故发生和处理的全面情况，并作出书面报告，内容包括：
① 事故经过及处理；
② 事故原因及责任；
③ 事故教训及今后防范措施；
④ 善后处理过程及赔偿情况；
⑤ 有关方面家属的反映；
⑥ 事故遗留问题及其他。

伤亡人员若有海外旅游者，在伤亡人员确定无误后，由有关的组团旅行社负责通知有关海外旅行社，并向伤亡者家属发慰问函电。在伤亡事故的处理过程中，责任方及其主管部门要认真做好伤亡家属的接待、遇难者的遗体和遗物的处理以及其他善后工作，并负责联系有关部门为伤残者或伤亡者家属提供以下证明文件：为伤残人员提供由医疗部门出具的"伤残证明书"，为骨灰遣返者提供由法医出具的"死亡鉴定书"和丧葬部门出具的"火化证明书"，为遗体遣返者提供由法医出具的"死亡鉴定书"、医院出具的"尸体防腐证明书"、防疫部门检疫后出具的"棺柩出境许可证"。责任方及其主管部门要妥善处理好对伤亡人员的赔偿问题，旅游企业要协助责任方按照国家有关规定办理对伤亡人员及其家属的人身和财产损失的赔偿，协助保险公司办理入境旅游保险者的保险赔偿。

事故处理结束后，旅游企业要和责任方及其他有关方面一起，认真总结经验教训，进一步改进和加强安全管理措施，防止类似事故的再次发生。旅游企业要将事故全过程和处理经过整理成文字材料送有关部门并留存。

第三节　对旅游者死亡事件的处理

一、国内旅游者死亡事件的处理

旅游者死亡，是指旅游者在旅游期间发生的因病死亡、意外事件死亡、自杀、他杀或其他原因不明的死亡。除前一种属于正常死亡外，其他均为非正常死亡。

一旦发现旅游者死亡首先要保护好现场，并立即将情况报告上级。旅游者若未死亡，应立即送医院抢救，旅游企业要派有关人员同往，同时要求旅游者的亲属/同事/领队一同前往。对已死亡的旅游者（旅游者是否死亡要由医务人员诊断），旅游企业应立即封锁现场，向公安部门报告，并开展初步调查工作。尽快查清旅游者的姓名、性别、年龄、地址、所属单位、接待单位、身份、死亡日期、时间、地点、原因，医生诊断情况和目击者等情况，迅速同接待单位或死者的工作单位取得联系。

旅游者如属非正常死亡,要对现场的一切物品加以保护,严禁他人接近现场,不得挪动任何物品。一般情况下,由死者单位派人处理有关事宜,旅游企业派代表参加。处理交通事故死亡,须有交通监管部门的责任裁决书和事故死亡证明。

对旅游者死亡的事件,除向上级领导和公安部门汇报外,工作人员不得对外泄露。在一切事项处理完毕之后,由参加的人员把抢救、死亡及处理的全过程详细记录留存。

二、外国旅游者死亡事件的处理

外国旅游者死亡,是指具有外国国籍或无国籍的旅游者在中国境内因病死亡、意外事件死亡、自杀、他杀或其他原因不明的死亡。国外旅游者死亡的处理,同国内旅游者死亡的处理有所不同。

处理外国旅游者的死亡事件要按照国家的《外国人在华死亡后的处理程序》和《维也纳领事关系公约》及有关双边领事条约和国际惯例等国际、国内的规定办理。当旅游企业发生外国旅游者死亡事件,在初步查明死亡的地点、时间、原因、身份、国籍、房号等情况后,立即保护好现场。若人员尚未死亡,应立即送医院抢救。旅游企业派负责人与有关人员和医务人员同往,同时要求旅游者的亲属/同行/领队一同前往。对已死亡的外国旅游者(旅游者是否死亡要由医务人员诊断),旅游企业要派人员保护好现场,封锁现场区域,查清并详细记录其姓名、性别、年龄、国籍、常住地址、身份,死亡日期、时间、地点、原因,医生初步诊断情况,目击者,先期处理的情况等。迅速同外国领队、接待旅行社或接待单位取得联系。

如属非正常死亡,要对现场的一切物品加以保护,严禁任何人员接近现场,不得挪动任何物品。立即向公安部门报告,并协助开展前期调查工作,及时报告中国旅游紧急救援协调机构。

根据《维也纳领事关系公约》或有关双边领事条约的规定以及国际惯例,外国旅游者在我国死亡后应尽快通过我国政府有关部门(省、市外办),通知死亡者所属国驻华使、领馆。如果外国死亡者国籍所属国同我国签订有领事条约,而条约中含有关于缔约国国民死亡规定的,应按条约中的有关规定办理。

外国旅游者在医院经抢救无效死亡,要由参加抢救的医生向死者亲属、领队及死者的生前好友或代表详细报告抢救全过程。死者旅行团无领队,或者死者家属也未随同来华的,则由国内组团旅行社负责通知有关海外旅行社,并向死者家属发慰问函电。由参加抢救的医生写出"抢救经过报告"并出具"死亡诊断书",由主任医师签字盖章,并将副件交给死者亲属、旅行团领队、地方旅游接待单位。

旅游者如属正常死亡,需由县级以上医院出具"死亡证明书"。如死者生前曾住院治疗或经过抢救,应其家属要求,医院可提供诊断书或者病历摘要。一般情况下(正常死亡)不做尸体解剖,如果对方坚持要求解剖尸体,应由旅行团领队或者死者亲属提出书面申请,由接待单位到公证机关办理公证书后,方可进行。非正常死亡的,由公安机关的法医出具"死亡鉴定书"。

对外公布死因要慎重,如死因不明确,或有其他原因,待查清或内部意见统一后再向外公布和提供证明。

非正常死亡的外国旅游者,在得到公安机关的认可后,死亡者的遗物由其亲属或领队、公安部门和旅游接待部门代表共同清点,列出清单,由上述人员在清单上签字,一式两份,由中外双方保存。遗物由亲属或领队带回国。

如死者单身在华,遗物可直接交给来华的亲属,也可交驻华使馆铅封托运回国。如死者有重要遗嘱,应将遗嘱复制或拍照后交驻华使馆转交,以防止转交过程中发生篡改。

外国旅游者若在华死亡,一般应以在当地火化为宜。遗体火化前,应由领队或者死者亲属或代表写出"火化申请书",交我方保存。在火化前,可由全团或领队、亲属、代表向遗体告别。告别现场应拍照留存。对方如提出举行追悼仪式,可以由接待单位致简单悼词,送花圈。死者骨灰由领队、死者亲属或其代表带回国,并有书面材料留存。

在办理好上述手续后,凭"死亡诊断书"去市公安局外事处办理注销签证手续。死者家属如果要求将遗体运送回国,除办理上述手续外,还要做尸体防腐处理,并发给"装殓证明书"。由地方检疫机关发给死亡地点至出境口岸的检疫证明,即"外国人运带灵柩(骨灰)许可证",然后由出境口岸检疫机关发给中华人民共和国×××检疫站"尸体/灵柩出境许可证";由死者所持护照国驻华使馆办理遗体灵柩经由国家通行护照。

死者亲属需来华处理后事的,旅游企业要弄清具体人数、航班,并派人去迎接,同时提前准备房间。死者的医疗、抢救、火化、尸体运送等费用,一般由死者家属自理,有肇事方的,由肇事方承担。

旅游者如属于交通事故死亡,须有交通监管部门的责任裁决书和事故死亡证明。

第四节 旅游涉外案件、事件的处理

一、涉外案件、事件处理原则

(一)涉外案件的概念

涉外案件、事件,是指在我国境内发生的涉及外国、外国人(自然人或法人)的刑事、民事、经济、行政、治安等案件及死亡事件。

(二)处理涉外案件、事件的原则

处理涉外案件、事件必须维护我国主权和利益,维护我国国家、法人、公民及外国国家、法人、公民在我国的合法权益,严格依照我国法律、法规,做到事实清楚,证据确凿,适用法律正确,法律手续完备。处理涉外案件,应在对等互惠原则的基础上,严格履行我国所承担的国际条约义务。当国内法或者我国内部规定同我国所承担的国际条约义务发生冲突时,应当适用国际条约的有关规定(我国声明保留的条款除外)。有关部门不应当以国内法或者内部规定为由拒绝履行我国所承担的国际条约规定的义务。

凡与我国订有双边领事条约的,按条约的规定办理。未与我国签订双边领事条约,但参加《维也纳领事关系公约》的,按照《维也纳领事关系公约》的规定办理。未与我国签订领事条约,也未参加《维也纳领事关系公约》,但与我国有外交关系的,可按互惠和对等原则,根据有关规定和国际惯例办理。

二、涉外案件、事件的报告

如有下列情况之一,公安机关、国家安全机关、人民检察院、人民法院以及其他主管机关应当将有关案情、处理情况,以及对外口径、采取的措施在 48 小时内报上一级主管机关,同时通报同级人民政府外事办公室:

(1) 对外国人实行行政拘留、刑事拘留、司法拘留、拘留审查、逮捕、监视居住、取保候审、扣留护照、限期出境、驱逐出境的案件;

(2) 外国人在华死亡事件或案件;

(3) 涉及外国人在华民事和经济纠纷的案件;

(4) 其他认为应当通报的案件。

同级人民政府外事办公室在接到通报后应当立即报外交部。案件了结后,也应当尽快向外交部通报结果。

三、关于通知外国驻我国使、领馆的问题

(一) 通知对象

在外国驻华领事馆领事区内发生的涉外案件、事件,应通知有关国驻该地区的领事馆。在外国领事馆领事区外发生的涉外案件应通知有关外国驻华大使馆。与我国有外交关系,但未设使、领馆的国家,可通知其代管国家驻华使、领馆。无代管国家或代管国家不明的,可不通知。当事人本人要求不通知的,可不通知,但应当由其本人提出书面要求。

(二) 通知内容

通知的内容包括外国人的外文姓名、性别、入境时间、护照或证件号码,案件发生的时间、地点及有关情况,当事人违章违法犯罪的主要事实,已采取的法律措施及法律依据,各有关主管部门可根据需要制定固定的通知格式。

(三) 通知时限

如有双边领事条约明确规定期限的(四天或七天),应当在条约规定的期限内通知,如果无双边领事条约规定,也应当根据或者参照《维也纳领事关系公约》和国际惯例尽快通知,不应当超过七天。

(四) 通知机关

公安机关、国家安全机关对外国人依法作出行政拘留、刑事拘留、拘留审查、监视居住、取保候审的决定,或者对外国人执行逮捕的,由有关省、自治区、直辖市公安厅(局)、国家安全厅(局)通知有关外国驻华使、领馆。

人民法院对外国人依法作出司法拘留、监视居住、取保候审决定的,人民检察院依法对外国人作出监视居住、取保候审决定的,由有关省、自治区、直辖市高级人民法院、人民检察院通知有关外国驻华使、领馆。决定开庭的涉外案件,人民法院在一审开庭日期确定后,应即报告高级人民法院,由高级人民法院在开庭七日以前,将开庭审理日期通知有关外国驻华使、领馆。

外国人在华正常死亡,由旅游接待或者聘用单位通知有关外国驻华使、领馆。如死者在华无接待或者聘用单位,由有关省、自治区、直辖市公安厅(局)通知。

外国人在华非正常死亡,由有关省、自治区、直辖市公安厅(局)通知有关外国驻华使、

领馆。对在案件审理中死亡的外国人,分别由受理案件的省、自治区、直辖市公安厅(局)、国家安全厅(局)、人民检察院或者高级人民法院通知。

外国人在灾难性事故(包括陆上交通事故,空、海难事故)中死亡的,由当事部门通知有关外国驻华使、领馆,省、自治区、直辖市外事办公室予以协助。

四、涉外案件、事件的新闻报道

主管部门就重大涉外案件、事件发布新闻或者新闻单位对于上述案件进行报道,要从严掌握,应当事先报请省级主管机关审核,征求外事部门的意见。对危害国家安全的涉外案件、事件的新闻报道,由主管部门同外交部商定后确定。对于应通知外国驻华使、领馆的案件,应当在通知有关外国驻华使、领馆后,再公开报道。旅游企业不得未经许可对外界发布消息。

五、扣留外国旅游者护照的问题

根据《中华人民共和国外国人入境出境管理法》及其他有关规定,除国家公安机关、国家安全机关、司法机关以及法律明确授权的机关外,其他任何单位或者个人都无权扣留外国人护照,也不得以任何方式限制外国人的人身自由。公安机关、国家安全机关、司法机关以及法律明确授权的机关扣留外国人护照,必须按照规定的权限报批,履行必要的手续,发给本人扣留护照的证明,并把有关情况及时上报上级主管部门,通报同级人民政府外事办公室,有关外事办公室应当及时报告外交部。

六、对外国旅游者违反治安管理案件的处理

2013年1月1日实施的新《中华人民共和国治安管理处罚法》第四条规定:"在中华人民共和国领域内发生的违反治安管理行为,除法律有特别规定的以外,适用于本法。"

旅游企业对于外国旅游者违反治安管理案件的处理要严格按照我国的有关法律、法规和规定办事,应注意以下几点:

(1)对享有外交特权和豁免的外国旅游者违反治安管理的,要通过外交途径处理。对不享有外交特权和豁免的外国旅游者违反治安管理的,由公安机关按照《中华人民共和国治安管理处罚法》进行处理。

(2)对外国人违反治安管理的案件,应当依照法律规定和办案程序,认真做好查处工作。要注意以下三点:

① 要及时。旅游企业接到报告后,要及时派人赶赴现场,查清当事人的国籍、姓名(中、外文)、来华事由和身份,开展调查询问,搞清事实,分清责任,依法处理。

② 要取证。查处外国旅游者违反治安管理的案件尤其要注意取证。有条件的应当对案件现场拍照、录音录像,从获取物证到当事人和旁证人写的材料及谈话笔录,都要有根据,一丝不苟。要能客观准确地公布于众,要经得起检验。

③ 要依法。定性裁决处罚要准确,要有法律依据。

(3)对外国旅游者违反治安管理案件的查处由治安部门归口管理,外国旅游者管理部门配合。对外国旅游者违反治安管理的行为属于一般小事、情节轻微的,可由当地派出所或在现场的民警进行处理。决定给予处罚的,由县、市公安局、公安分局或者相当于县一级

的公安机关裁决;给予拘留处罚的,由地、市公安处、局审批,并报省、自治区、直辖市公安厅、局向公安部备案。

七、对外国旅游者违法的处理

根据属地优先权的原则,凡是在我国领域内犯罪的任何人,都适用我国的刑法。2015年8月29日第十二届全国人民代表大会常务委员会第十六次会议通过的《刑法修正案(九)》第六条第一款规定:"凡在中华人民共和国领域内犯罪的,除法律有特别规定的以外,都适用本法。凡在中华人民共和国船舶或者航空器内犯罪的,也适用本法。犯罪的行为或者结果有一项发生在中华人民共和国领域内的,就认为是在中华人民共和国领域内犯罪。"根据属地管辖权,凡是在中国领域内犯罪的,都适用我国刑法。

以下三种情况都认为是在我国领域内犯罪:

(1) 犯罪的行为和结果都发生在我国领域内的。例如,2014年5月18日我公安部门在上海破获了一起由哥伦比亚、墨西哥、智利、秘鲁等国25名犯罪分子组成的团伙。该团伙连续在我国旅游商场和其他场所作案,其中在上海世贸商城内盗窃了价值69万美元的钻石。2014年6月25日,上海市人民检察院和上海市公安局联合宣布,将25名南美籍犯罪嫌疑人批准逮捕。

(2) 犯罪行为发生在我国领域以外,而结果发生在我国领域以内的。

(3) 犯罪行为发生在我国领域内,而结果发生在领域之外的。例如,犯罪分子从我国邮往国外装有爆炸物的邮件,在国外发生了爆炸事件的结果。

案例

某年4月18日美国公民理查德·斯·安德里克住进了哈尔滨天鹅饭店1116房间。当晚,理查德·斯·安德里克由于饮酒过量,不慎把燃着的烟头掉在床上引起大火。火灾共造成直接经济损失25万余元人民币,10名中外客人死亡,7人受伤。

6月26日,经哈尔滨市人民监察院批准,哈尔滨市公安局依法逮捕了理查德·斯·安德里克。7月1日,哈尔滨市人民检察院就此案向哈尔滨市中级人民法院提起公诉,同时提起附带民事诉讼。哈尔滨市中级人民法院组成合议庭,于同年7月11日至8月13日对此案进行了五次公开审理。理查德·斯·安德里克的行为经司法部门勘验,证据确凿,触犯了《中华人民共和国刑法》第一百零六条第二款的规定,犯有失火罪。8月13日新华社发出消息:哈尔滨市中级人民法院依法判处在天鹅饭店4月19日失火案中犯有失火罪的理查德·斯·安德里克有期徒刑一年零六个月,并由其赔偿部分经济损失人民币15万元。

哈尔滨市中级人民法院判决后,理查德·斯·安德里克不服,向黑龙江省高级人民法院提出上诉。黑龙江省高级人民法院受理该案后,由该院刑事审判第一庭组成合议庭,对该案进行审理。经开庭审理,黑龙江省高级人民法院认为,原审法院认定的犯罪事实清楚,确定的刑罚正确,赔偿的数额适当,上诉人的上诉理由不予采纳。依照《中华人民共和国刑法》第一百三十六条的规定,于9月10日,裁定驳回上诉,维持原判。

附件一 《旅游突发公共事件应急预案》(简本)
附件二 《中国公民出境旅游突发事件应急预案》(简本)

附件一 《旅游突发公共事件应急预案》(简本)

1 总则
1.1 目的和依据
1.1.1 为了迅速、有效地处置旅游者在旅游过程中所遇到的各种突发公共事件,尽可能地为旅游者提供救援和帮助,保护旅游者的生命安全,维护中国旅游形象,制定本预案。
1.1.2 制定依据
(1)《中华人民共和国安全生产法》
(2)《中华人民共和国传染病防治法》
(3)《突发公共卫生事件应急条例》
(4)《旅行社管理条例》
(5)《导游人员管理条例》
(6)《中国公民出国旅游管理办法》
(7)《旅游安全管理暂行办法》
(8)《旅游安全管理暂行办法实施细则》
1.2 适用范围
1.2.1 本预案适用于国家及各地方处置旅游者因自然灾害、事故灾难、突发公共卫生事件和突发社会安全事件而发生的重大游客伤亡事件。
1.2.2 突发公共事件的范围
(1)自然灾害、事故灾难导致的重大游客伤亡事件,包括:水旱等气象灾害;山体滑坡和泥石流等地质灾害;民航、铁路、公路、水运等重大交通运输事故;其他各类重大安全事故等。
(2)突发公共卫生事件造成的重大游客伤亡事件,包括:突发性重大传染性疾病疫情、群体性不明原因疾病、重大食物中毒,以及其他严重影响公众健康的事件等。
(3)突发社会安全事件特指发生重大涉外旅游突发事件和大型旅游节庆活动事故。包括:发生港澳台和外国游客死亡事件,在大型旅游节庆活动中由于人群过度拥挤、火灾、建筑物倒塌等造成人员伤亡的突发事件。
1.3 基本原则
(1)以人为本,救援第一。在处理旅游突发公共事件中以保障旅游者生命安全为根本目的,尽一切可能为旅游者提供救援、救助。
(2)属地救护,就近处置。在本地区政府领导下,由本地区旅游行政管理部门负责相关的应急救援工作,运用一切力量,力争在最短时间内将危害和损失降到最低程度。
(3)及时报告,信息畅通。各级旅游行政管理部门在接到有关事件的救援报告时,要在第一时间内,立即向上级部门及相关单位报告,或边救援边报告,并及时处理和做好有关的善后工作。
2 组织领导和工作职责
2.1 组织机构
(1)国家旅游局设立旅游突发事件应急协调领导小组,下设领导小组办公室负责具体工作。

(2) 市级以上旅游行政管理部门设立旅游突发事件应急领导小组。领导小组下设办公室,具体负责本地区旅游突发事件的应急指挥和相关的协调处理工作。

2.2　工作职责

(1) 国家旅游局旅游突发事件应急协调领导小组,负责协调指导涉及全国性、跨省区发生的重大旅游突发事件的相关处置工作,以及涉及国务院有关部委参加的重大旅游突发事件的处置、调查工作;有权决定本预案的启动和终止;对各类信息进行汇总分析,并上报国务院。领导小组办公室主要负责有关突发事件应急信息的收集、核实、传递、通报,执行和实施领导小组的决策,承办日常工作。

(2) 各级领导小组及其办公室负责监督所属地区旅游经营单位落实有关旅游突发事件的预防措施;及时收集整理本地区有关危及旅游者安全的信息,适时向旅游企业和旅游者发出旅游警告或警示;本地区发生突发事件时,在本级政府领导下,积极协助相关部门为旅游者提供各种救援;及时向上级部门和有关单位报告有关救援信息;处理其他相关事项。

3　预警发布

3.1　建立健全旅游行业警告、警示通报机制。各级旅游行政管理部门应根据有关部门提供的重大突发事件的预告信息,以及本地区有关涉及旅游安全的实际情况,适时发布本地区相关旅游警告、警示,并及时将情况逐级上报。

3.2　国家旅游局根据有关部门提供的情况和地方旅游行政管理部门提供的资料,经报国务院批准,适时向全国发出相关的旅游警告或者禁止令。

4　救援机制

4.1　突发公共事件等级及响应

4.1.1　突发公共事件按旅游者伤亡程度分为重大(Ⅰ级)、较大(Ⅱ级)、一般(Ⅲ级)三级。

(1) 重大(Ⅰ级)指一次突发事件造成旅游者10人以上重伤或5人以上死亡的,或一次造成50人以上严重食物中毒或造成5人以上中毒死亡的。

(2) 较大(Ⅱ级)指一次突发事件造成旅游者5至9人重伤或1至4人死亡的,或一次造成20至49人严重食物中毒且有1至4人死亡的。

(3) 一般(Ⅲ级)指一次突发事件造成旅游者1至4人重伤,或一次造成1至19人严重食物中毒的。

4.1.2　分级响应

(1) 当发生重大(Ⅰ级)突发事件时,国家旅游局启动应急预案,事发所在地省级旅游行政管理部门启动相应应急预案,在省级人民政府领导下,进行具体响应。

(2) 发生较大(Ⅱ级)以下突发事件由省级旅游行政管理部门决定启动相应的旅游应急预案,在省级人民政府(或相应的地方政府)领导下,参与和协调相关部门和单位及时采取应急处置措施。

4.2　突发自然灾害和事故灾难事件的应急救援处置程序

4.2.1　当自然灾害和事故灾难影响到旅游团队的人身安全时,随团导游人员在与当地有关部门取得联系争取救援的同时,应立即向当地旅游行政管理部门报告情况。

4.2.2　当地旅游行政管理部门在接到旅游团队、旅游区(点)等发生突发自然灾害和事故灾难报告后,应积极协助有关部门为旅游团队提供紧急救援,并立即将情况报告上一级旅游行政管理部门。同时,及时向组团旅行社所在地旅游行政管理部门通报情况,配合处理有关事宜。

4.2.3 国家旅游局在接到相关报告后,应协调相关地区和部门做好应急救援工作。

4.3 突发公共卫生事件的应急救援处置程序

4.3.1 突发重大传染病疫情应急救援处置程序

(1)旅游团队在行程中发现疑似重大传染病疫情时,随团导游人员应立即向当地卫生防疫部门报告,服从卫生防疫部门作出的安排。同时向当地旅游行政管理部门报告,并提供团队的详细情况。

(2)旅游团队所在地旅游行政管理部门接到疫情报告后,要积极主动配合当地卫生防疫部门做好旅游团队住宿的旅游饭店的消毒防疫工作,以及游客的安抚、宣传工作。如果卫生防疫部门作出就地隔离观察的决定后,旅游团队所在地旅游行政管理部门要积极安排好旅游者的食宿等后勤保障工作;同时向上一级旅游行政管理部门报告情况,并及时将有关情况通报组团社所在地旅游行政管理部门。

(3)经卫生防疫部门正式确诊为传染病病例后,旅游团队所在地旅游行政管理部门要积极配合卫生防疫部门做好消毒防疫工作,并监督相关旅游经营单位按照国家有关规定采取消毒防疫措施;同时向团队需经过地区旅游行政管理部门通报有关情况,以便及时采取相应防疫措施。

(4)发生疫情所在地旅游行政管理部门接到疫情确诊报告后,要立即向上一级旅游行政管理部门报告。省级旅游行政管理部门接到报告后,应按照团队的行程路线,在本省范围内督促该团队所经过地区的旅游行政管理部门做好相关的消毒防疫工作。同时,应及时上报国家旅游局。国家旅游局应协调相关地区和部门做好应急救援工作。

4.3.2 重大食物中毒事件应急救援处置程序

(1)旅游团队在行程中发生重大食物中毒事件时,随团导游人员应立即与卫生医疗部门取得联系争取救助,同时向所在地旅游行政管理部门报告。

(2)事发地旅游行政管理部门接到报告后,应立即协助卫生、检验检疫等部门认真检查团队用餐场所,找出毒源,采取相应措施。

(3)事发地旅游行政管理部门在向上级旅游行政管理部门报告的同时,应向组团旅行社所在地旅游行政管理部门通报有关情况,并积极协助处理有关事宜。国家旅游局在接到相关报告后,应及时协调相关地区和部门做好应急救援工作。

4.4 突发社会安全事件的应急救援处置程序

4.4.1 当发生港澳台和外国旅游者伤亡事件时,除积极采取救援外,要注意核查伤亡人员的团队名称、国籍、性别、护照号码以及在国内外的保险情况,由省级旅游行政管理部门或通过有关渠道,及时通知港澳台地区的急救组织相关或有关国家的急救组织,请求配合处理有关救援事项。

4.4.2 在大型旅游节庆活动中发生突发事件时,由活动主办部门按照活动应急预案,统一指挥协调有关部门维持现场秩序,疏导人群,提供救援,当地旅游行政管理部门要积极配合,做好有关工作,并按有关规定及时上报事件有关情况。

4.5 国(境)外发生突发事件的应急救援处置程序

在组织中国公民出国(境)旅游中发生突发事件时,旅行社领队要及时向所属旅行社报告,同时报告我国驻所在国或地区使(领)馆或有关机构,并通过所在国家或地区的接待社或旅游机构等相关组织进行救援,要接受我国驻所在国或地区使(领)馆或有关机构的领导和帮助,力争将损失降到最低程度。

4.6 分级制定应急预案

各级旅游行政管理部门,根据本地区实际,在当地党委、政府的领导下,制定旅游突发公共事件救援预案,或与有关部门联合制定统一应急救援预案,建立联动机制,形成完整、健全的旅游救援体系,并进行必要的实际演练。要总结经验教训,不断修改完善本级应急救援预案,努力提高其科学性、实用性。

4.7 公布应急救援联络方式

各级旅游行政管理部门,应通过媒体向社会公布旅游救援电话,或共享有关部门的救援电话,并保证24小时畅通。

4.8 新闻发布

对旅游突发公共事件的新闻报道工作实行审核制。

5 信息报告

5.1 突发事件发生后,现场有关人员应立即向本单位和当地旅游行政管理部门报告。并区分事件等级逐级及时上报。

5.2 对于发生的食物中毒事故,省级旅游行政管理部门接到报告后除按规定上报外,同时应督促全省各地旅游行政管理部门会同当地卫生防疫部门做好旅游团队餐饮场所的检查,以避免类似事故的再次发生。

6 应急保障和演练

各级旅游行政管理部门要围绕旅游突发事件应急救援工作加强对工作人员的培训和演习,做到熟悉相关应急预案和程序,了解有关应急支援力量、医疗救治、工程抢险等相关知识,保持信息畅通,保证各级响应的相互衔接与协调。要主动做好公众旅游安全知识、救助知识的宣传教育,不断提高旅游全行业与广大旅游者预防和处置旅游突发事件的能力。

国家旅游局

二〇〇五年七月

附件二 《中国公民出境旅游突发事件应急预案》简本

1 总则

1.1 编制目的

建立健全国家处置中国公民出境旅游突发事件应急机制,规范出境旅游突发事件应急工作,维护国家利益,保障中国游客的生命财产安全及其合法权益。

1.2 编制依据

《中国公民出国旅游管理办法》等国家有关法律法规;《国家突发公共事件总体应急预案》和《国家涉外突发事件应急预案》以及《旅游突发公共事件应急预案》等有关部门应急预案。

1.3 适用范围

本预案适用于中国公民出境旅游过程中生命财产受到损害或严重威胁的重大和较大突发事件的应急处置工作。

1.4 工作原则

本预案遵循《国家突发公共事件总体应急预案》和《国家涉外突发事件应急预案》明确的基本原则。同时,结合旅游应急救助工作实际,坚持如下原则:

(1) 以人为本,救助第一。以保障出境旅游的中国公民生命财产安全为准则,履行政府公共服务职能,尽力提供事前、事中和事后的必要应急救助。

(2) 迅速反应,减少损失。事件发生后做到在第一时间、第一现场实施救助和报告。根据需要,迅速动员和协调国内外应急救援力量,力争在最短的时间内将危害和损失降到最低程度。

(3) 依法规范,协调配合。遵守国家法律法规和国际条约,参照事发国(地区)法律法规的相关规定。各部门要认真履行职责,主动配合协调,保证信息畅通,确保应急措施到位。

(4) 顾全大局,服从指挥。各相关部门和涉事单位要认真贯彻党中央、国务院有关处理突发事件的要求,认真履行职责,树立大局意识,服从应急指挥机构的统一领导,保证完成各项处置工作。

2 组织指挥体系和职责

中国公民出境旅游突发事件发生后,根据需要启动不同级别的应急响应机制。处理重大和较大突发事件,启用以下组织指挥系统。

2.1 部际联席会议

中国公民出境旅游重大和较大突发事件发生后,根据需要启动境外中国公民和机构安全保护工作部际联席会议,统一组织、协调、指挥应急处置工作。

2.2 应急领导小组

中国公民出境旅游重大和较大突发事件发生后,启动外交部和国家旅游局成立的应急领导小组,负责统一组织、协调、指挥应急处置工作。必要时,国务院其他有关部门和相关省级人民政府参与组织协调。

2.3 部门职责

外交部和国家旅游局按照各自职责,负责指导和协调现场救助、收集和发布有关信息、履行报告制度、组织和协调善后处理等应急工作。各有关部门和地方积极参与,提供相应的支持和保障。

3 预警机制

3.1 预警机制建立

建立和完善中国公民出境旅游安全预警信息收集、评估和发布制度。

3.2 预警信息收集

国家有关部门要加强相关信息的收集和分析,及时掌握和通报有关情况。

3.3 预警信息分级

提示——提示中国公民前往某国(地区)旅游应注意的事项。

劝告——劝告中国公民不要前往某国(地区)旅游。

警告——警告中国公民一定时期内在任何情况下都不要前往某国(地区)旅游。

3.4　预警信息评估

组织开展对预警建议的评估,并履行报批程序。

3.5　预警信息发布

经授权,国家旅游局或其他部门向社会发布旅游预警信息。

4　应急响应

根据事发地点、性质、规模和影响,中国公民出境旅游突发事件分为特别重大（Ⅰ级）、重大（Ⅱ级）、较大（Ⅲ级）和一般（Ⅳ级）四级响应。

4.1　Ⅰ级响应

国务院成立涉外突发事件应急总指挥部处置。

4.2　Ⅱ级响应

根据需要启动部际联席会议或由外交部和国家旅游局成立应急领导小组,负责统一组织、协调、指挥应急处置工作。

4.3　Ⅲ级响应

参照Ⅱ级响应。

4.4　Ⅳ级响应

启动国家旅游局《旅游突发公共事件应急预案》处置。

5　Ⅱ级和Ⅲ级响应处置程序

5.1　先期处置

(1) 事发后,当事人立即向事发地有关部门报警求助,并组织必要的自救。同时,迅速向我驻当地外交机构和国内组团单位报告。

(2) 我驻外外交机构接到事发报告后,采取必要措施,努力控制事态,并迅速将事发情况向外交部和国家旅游局报告。

5.2　处置措施

(1) 我境外有关部门协助开展医疗急救、财产保护、安置安抚和游客转移等工作。对救助及善后处理提出建议,随时向国内报告。

(2) 旅游机构及时了解核实涉事旅游团队及游客情况,及时准确向有关部门提供信息。

(3) 迅速通知涉事保险机构及国际救援机构提供紧急救援。督促国内组团单位履行合同承诺,采取措施保证及时救助。

(4) 组织协调国内组团单位负责人和当事游客家属尽快赴事发国（地区）参与和协助处理有关事宜。根据需要,派遣有关部门和地方政府组成的工作组。

(5) 与事发国（地区）有关部门交涉,寻求必要的合作与支持。

(6) 组织协调有关部门和地方政府协助做好应急处置相关工作。

5.3　后期处置

(1) 做好旅游团队回国后的善后工作。

(2) 提交事件处理报告。

6　信息报告和发布

6.1　信息报告

事发后,当事人在第一时间向我驻外和国内有关部门报告。接报部门在2小时内应向上级部门报告,同时通报有关单位和地区。应急处置过程中,及时续报有关情况。

6.2 信息发布

根据需要,外交部和国家旅游局设立热线电话;在政府网站及时发布有关信息;通过提供新闻稿、组织报道、接受记者采访、举行新闻发布会等形式发布信息。

7 应急保障和培训演练

7.1 相关保障

各有关部门和地方政府按照职责分工和突发事件处置需要,及时做好应对突发事件的各种保障工作。

7.2 培训演练

旅游机构要组织中国公民出境旅游的安全保护和保险意识的教育,开展对部门、企业和从业人员的应急业务培训和演练。要面向广大游客做好出境前的安全教育,加强安全防范意识,提供有关境外目的国(地区)的驻外外交机构和电话、旅游救援电话、报警电话等应急救援信息。

8 附则

8.1 解释与修订

本预案由外交部和国家旅游局负责解释,根据形势发展,及时修订。

8.2 发布与实施

本预案自发布之日起实施。

复习思考题

1. 旅游安全事故、事件是如何分类的?
2. 重大旅游安全事故发生后如何报告?
3. 如何处理外国旅游者违反治安管理的案件?
4. 哪些情况认为是在我国领域内犯罪?
5. 如何处理外国人在中国死亡的安全事件?

第七章 旅游企业的法律责任

本章导读

法律责任是因违法行为而必须承担的具有强制性的法律后果。实施了一定的违法行为是承担法律责任的必要前提。法律责任与其他社会责任相比,有其自身的特点:在法律上有明确、具体的要求和规定,由国家强制力保证其执行,由国家授权的机关依法制裁。

旅游企业的法律责任可分为民事责任、刑事责任和行政责任等。按民事责任产生的原因不同,可分为违约责任、一般侵权责任、特殊侵权责任、因违法行为而承担的补偿责任等。在旅游企业经营管理中,承担责任的主体可以是自然人也可以是法人。

案例导入

> 2003年9月,广东珠海市国际会议中心大酒店发生了一起引起国内外媒体广泛关注、国内民众强烈反响的重大案件。
>
> 2003年9月16日由日本莘辉株式会社组织的285人(均为男性)入境后,按照事先的安排,在珠海粤海酒店举行表彰会。由国际会议中心大酒店金色年华歌舞厅的"妈咪"明红传等安排将召集来的300多名"三陪小姐"带到粤海酒店三楼丽晶厅外等候。当晚9时左右,日本人的表彰仪式结束后,自助晚宴开始。该会社主持人宣布"三陪小姐"进场,300多名"三陪小姐"分两路在音乐的伴奏下,进入宴会现场。进场的"三陪小姐"分别坐到该社成员的餐位上,边吃边供日本人挑选。主持人宣布,嫖娼一次800元人民币,嫖宿一夜1 200元人民币,带小姐进客房时双方要分开走。宴会结束后,该社成员和卖淫小姐先后离开粤海酒店,乘车回到国际会议中心大酒店。当晚有185名卖淫小姐向该会社成员卖淫,一夜嫖资达30万。
>
> 事发后在国内外引起很大的反响。2003年12月16日,珠海市中级人民法院依据我国刑法有关规定,对珠海"9·16"组织卖淫案进行公开宣判,以组织卖淫罪判处叶翔(国际会议中心大酒店总经理助理)等无期徒刑,并处没收财产,剥夺政治权利终身;判处刘雪晶(国际会议中心大酒店市场营销部副经理)有期徒刑15年,处罚金3.5万元,其余的12人受到刑期不等的判决。按照责任追究的要求,包括市公安局、旅游局在内的15名当地官员也受到了处分。

第一节 旅游企业法律责任的概念

法律责任,是指人们对违法行为所应承担的带有强制性的责任。法律上所谓责任和义务是两个不同的概念,它们各有不同的本质。义务是法律规定当事人所应作为的行为,它与权利相对应。义务的履行即为权利的实现,义务的违反即发生责任。所以,法律责任是以义务的存在为前提,无义务即无责任。要有义务存在,才可能谈得上责任。只有义务人违反义务时才发生责任。

旅游企业法律责任是指旅游企业因违法行为而必须承担的具有强制性的法律后果。旅游企业在经营活动中作为法律关系的主体,如果不履行或不适当履行义务而给他方造成损害,就应该承担相应的法律责任。

第二节 旅游企业的民事责任

一、民事责任的概念

民事责任是民事法律责任的简称,是民事主体因违反民事义务或者侵犯他人的民事权利所应当承担的法律后果。根据《中华人民共和国民法通则》(以下简称《民法通则》)的规定,民事责任可分为违反合同的民事责任、侵权的民事责任、不履行其他义务的民事责任三种。

二、因违反合同产生的责任

我国《民法通则》第一百零六条第一款规定:"公民、法人违反合同或者不履行其他义务的,应当承担民事责任。"《中华人民共和国合同法》第一百一十二条规定:"当事人一方不履行合同义务或者履行合同义务不符合约定的,在履行义务或者采取补救措施后,对方还有其他损失的,应当赔偿损失。"

旅游企业违约行为可能是对旅游者的违约,即违反旅游服务合同,也可能是对其他企业的违约。违反合同的行为是对预先约定义务的违反,是对相对权利的侵犯。凡是旅游企业的违约行为给对方造成损失的,旅游企业都要承担一定的法律责任。(详见第五章《旅游合同法律制度》章节)

> 案例分析

基本情况:

江西某学校的25名教职工在暑期期间参加了某旅行社组织的四川旅游团。到了成都后,经旅行社安排,旅游团住进了某三星级旅游饭店。第二天晚上,用过晚餐后,有位旅游者出现了呕吐,并伴有腹泻、腹部绞痛难忍的情况,旅行社的导游和饭店的工作人员及时将其送入医院。但在随后的几小时中,旅游团的其他另外24位旅游者均出现不同程度的呕吐和腹泻现象,经医院检查确诊为急性肠炎。市卫生防疫部门对旅游团就餐饭店餐厅进行了检验。结果查明,造成旅游者集体呕吐和腹泻的原因确定为餐厅提供的食物不符合卫生标准,细菌严重超标。为此,旅游团的行程被迫延迟。事后,饭店承认旅游者食物中毒是由于其工作失误所致,同意并保证承担由此产生的旅游损失费用和治疗费等项费用。

当旅游团回到江西后,在同该饭店进行联系要求进行赔偿时,却遇到了一些麻烦。由于饭店在外地,交涉不方便,旅游者遂要求旅行社承担赔偿责任。其理由是:旅游饭店是旅行社安排的,而学校是同该旅行社签订合同的,旅行社应当承担由于就餐食物不洁造成的损失责任。

旅行社认为,自己不应当承担责任,因为造成旅游者集体食物中毒的事故是成都某饭店的责任,况且旅行社在这次事故中也蒙受了损失。

由于没有得到赔偿,学校将该旅行社投诉至旅游质量监督管理部门。

旅游质量监督管理部门经过调查确认:造成旅游者集体食物中毒的原因就是四川某饭店购进变质的肉食所致。

在旅游质量监督管理部门的协调和要求下,由旅行社先行向旅游者进行赔偿,再由该旅行社向四川的某三星级饭店追偿赔偿。

本案分析:

在本案中,旅游者既可以向饭店提出赔偿,也可以向旅行社提出赔偿。江西的学校与旅行社签订了合法、有效的旅游合同,合同明确规定了旅游团队的用餐标准和用餐质量要求,双方应严格遵守合同的约定。旅游者是因旅行社所安排的饭店的菜肴质量原因造成食物中毒,进而影响了旅游的行程,所以旅行社应当承担其违约责任,先行向旅游者进行赔付。当然,造成旅游者食物中毒的直接原因是饭店的原因,因此,旅行社可以向该饭店进行追偿责任。

三、因侵权产生的责任

行为人违反法定义务、违反保护他人的法律或者故意违背善良风俗,由于过错侵害他人人身、财产,造成损害的,应当承担侵权责任。依照法律规定,推定行为人有过错的,受害人不必证明行为人的过错;行为人能够证明自己没有过错的,不承担侵权责任。法律规定行为人应当承担无过错责任的,行为人即使无过错也应当承担侵权责任。但受害人能够证明行为人有过错的,行为人可依照规定承担侵权责任。

过错包括故意和过失。行为人有意造成他人损害,或者明知其行为会造成他人损害仍实施加害行为的,为故意。行为人由于疏忽或者懈怠,对损害的发生未尽合理注意义务的,为过失。

无论是故意还是过失,只要给对方造成侵权,就应当承担责任。(详见第八章《旅游侵权责任法律制度》章节)

四、因食物中毒产生的责任

旅游餐厅应当向旅游者提供符合卫生标准的饮食,否则,由此造成的旅游者身体损害,旅游餐厅应承担责任。如果旅游餐厅提供的食品,造成了旅游者食物中毒,虽然该食物并非旅游企业本身生产,而是从店外购买来售给旅游者的,旅游企业也应当承担责任。当然,旅游企业享有向食品生产部门追偿损失的权利。

食品,是指各种供人食用的成品和原料以及按照传统既是食品又是保健药品的物品,但是不包括以治疗为目的的物品。旅游餐厅向旅游者提供的食品,应当是无毒、无害,符合应有的营养要求并保证质量。食品的无害、无毒是指旅游者服食了旅游餐厅所提供的食品或饮料后不致造成急、慢性疾病。旅游餐厅向旅游者提供的饮食如果不符合卫生标准而使旅游者服用后造成身体损害,按照法律规定,旅游餐厅应承担损害赔偿责任。《民法通则》第一百二十二条规定:"因产品质量不合格造成他人财产、人身损害的,产品制造者、销售者应当依法承担民事责任。运输者、仓储者对此负有责任的,产品制造者、销售者有权要求赔偿损失。"旅游餐厅必须在购买、烹制和向旅游者提供食品时谨慎从事。否则,如果由于提供了不卫生的食品致使旅游者的健康遭受损害,旅游餐厅就应承担法律责任。

造成旅游者食物中毒的原因不同,旅游企业所承担的法律责任也不同。一般有下列几种原因:

(1) 由于旅游企业的故意或过失而造成旅游者的食物中毒或食源性疾病。故意是指旅游企业明知出售的食品有可能会造成旅游者食物中毒或引起食源性疾病,而仍然出售,以致造成危害结果的发生。过失是指旅游企业在出售有污染的食品时,应当预见到会造成旅游者的食物中毒或引起食源性疾病,因为疏忽而没有预见到,或者已经预见到而轻信能避免,以致旅游者发生食物中毒或引起食源性疾病。无论是故意还是过失,只要是由于旅游企业的原因而造成旅游者的食物中毒或引起食源性疾病,旅游企业将承担全部的法律责任。

(2) 由于旅游企业外部的原因而造成旅游者的食物中毒或食源性疾病。有的旅游企业出售的食物不是由本旅游企业制作的,而是从旅游企业外部的食品生产单位购进,然后再售给旅游者。由于此种原因而造成的旅游者人身损害,旅游企业应当先向旅游者赔偿损害,然后旅游企业再向原食品生产单位追偿损失。如果造成食品中毒或食源性疾病的原因不是由原食品生产单位引起,而是由于运输部门在运输过程中受到污染而引起,应由运输部门承担责任。如果是由于旅游企业保管不善而引起旅游者的食物中毒或食源性疾病,应由旅游企业承担法律责任。

(3) 由于旅游者本身的原因而造成的食物中毒或食源性疾病。旅游企业所提供的食品应当适宜一般的人服食,由于个别旅游者自身的原因,食用后引起过敏或中毒,旅游企业不承担法律责任。由于旅游者不注意饮食卫生而引起的疾病,旅游企业也不承担责任。

2015年10月1日起施行的《中华人民共和国食品安全法》第一百四十七条规定:"违反本法规定,造成人身、财产或者其他损害的,依法承担赔偿责任。"旅游者一旦遭受损害,有权要求进行损害赔偿,损害赔偿包括医药费、误工费、生活补助费、丧葬费、遗属抚恤等项费用。

旅游者因为食用了旅游企业提供的饮食而受到损害,受害人可以向县以上食品安全监督管理部门提出损害赔偿要求,请求给予处理。由县以上食品安全监督管理部门根据具体情况和有关法律规定,确定赔偿范围和数额,作出决定。当事人如果服从决定,就依照执行;如果不服,可以向人民法院起诉,通过民事诉讼程序解决。受害人或其代理人也可以直接向人民法院请求损害赔偿的诉讼。

受害人向县以上食品安全监督管理部门或者人民法院提出损害赔偿要求的法定期限为一年。如果受害人或者其代理人从知道或者应当知道被损害的情况之日起,过了一年以后才提出赔偿损害的请求,那么县以上食品安全监督管理部门或人民法院原则上就不再受理此案件。如果受害人或其代理人在当时当地的条件下无法或者难以判断损害是否发生,或者当时无法判断其中毒或食源性疾病是因为吃了旅游企业供应的某种食物的缘故,食品安全监督管理部门或人民法院经过调查证实情况属实,不受此期限的限制。

案例

2016年7月26日上午11时,某市卫生防疫站接到市第三人民医院的报案电话,称有5人食物中毒正在医院抢救,该站立即派人前往调查。据受害人反映:7月23日晚8时许,25名人员在市 MYM 饭店聚餐,从次日凌晨 2 时起至 25 日上午 8 时,先后有 19 人发生不同程度的腹痛、腹泻、恶心、呕吐、发热等症状。市卫生防疫站从 7 月 26 日下午开始对此案进行调查。在初步掌握了食物污染源的情况下,7 月 27 日,依据《中华人民共和国食品安全法》的规定,对 MYM 饭店作出停业改进的行政处罚。但 MYM 饭店拒不执行,继续非法营业七天。此后,市卫生防疫站先后向有关单位和个人作了详细调查,并对病人的血液和大便进行检查、化验,经流行病学、临床症状、细菌毒理学、血清学等方法的综合检查论证,确认这是一起由副溶血性弧菌(原名嗜盐菌)作用而发生的集体性食物中毒,是由食用 MYM 饭店的不洁食物后而引起的。因此,该店对此次食物中毒事件负有完全责任。根据《中华人民共和国食品安全法》的规定,8 月 6 日,市卫生防疫站作出对该店处以罚款的行政处罚决定。

第三节 旅游企业的刑事责任

一、刑事责任概念

刑事责任,是指犯罪主体由于其行为触犯刑法,构成犯罪而导致受刑罚处罚的责任。旅游企业在经营管理活动中,其行为违反国家的刑法,情节严重,造成重大影响或产生严重后果,构成犯罪的,依法承担刑事责任。

2015 年 11 月 1 日起施行的《中华人民共和国刑法》(以下简称《刑法》)第十四条规定:"明知自己的行为会发生危害社会的结果,并且希望或者放任这种结果发生,因而构成犯罪的,是故意犯罪。故意犯罪,应当负刑事责任。""应当预见自己的行为可能发生危害社会的结果,因为疏忽大意而没有预见,或者已经预见而轻信能够避免,以致发生这种结果的,是过失犯罪。"故意犯罪,应当负刑事责任。过失犯罪,法律有规定的才负刑事责任。

行为在客观上虽然造成了损害结果,但不是出于故意或者过失,而是由于不能抗拒或者不能预见的原因所引起的,不是犯罪。

《刑法》规定:"旅馆业、饮食服务业、文化娱乐业、出租汽车业等单位的人员,利用本单位的条件,组织、强迫、引诱、容留、介绍他人卖淫的,依照本法的第三百五十八条、第三百五十九条的规定定罪处罚。"根据刑法的规定,旅游企业的主要负责人犯此罪的,从重处罚。

《刑法》规定:"旅馆业、饮食服务业、文化娱乐业、出租汽车业等单位的人员,在公安机关查处卖淫、嫖娼活动时,为违法犯罪分子通风报信,情节严重的,依照本法第三百一十条的规定定罪处罚。"

案例 1

四川渠县人魏家德和王斌与 2016 年上半年承包了浙江省萧山市 MF 宾馆的美容院。为牟取暴利,他们串通该宾馆的主要负责人许某和宾馆保安部的经理丁某,做起了组织卖淫的勾当。在不到半年的时间内,魏某等人采用招募、诱骗、暴力殴打等手段控制 12 名卖淫女在该宾馆内大肆进行卖淫活动。仅魏某在短短的半年时间中就牟取暴利近 20 万元。

魏某用金钱开道,在宾馆内外组织起了一张"保护网"。公安机关的几次突击检查,他都因事先从保安部经理处得知消息而未"出事"。后因其中的一名卖淫女与魏某闹翻到公安机关报案,公安机关内外联手才得以捣毁这个卖淫窝。

2017年,杭州市中级人民法院对发生在萧山MF宾馆的特大组织卖淫案作出一审判决,两名主犯被判处死刑,其他有关人员也受到了不同程度的制裁。这是我国新刑法颁布以来浙江省首个因犯组织卖淫罪而被判处死刑的案例,也是新刑法实施以后,发生在旅游企业内的,因组织卖淫罪,主要案犯被判死刑的首个案例。

案例2

江苏省太仓市的某三星级迎宾馆从2016年1月至10月期间,以招聘"按摩女"为名,先后招聘15名女青年在宾馆的休闲中心从事卖淫活动。"按摩女"一经录用,就要交出身份证,由副总经理浦某统一保管。宾馆统一安排住房,还制定了"按摩女"管理制度。宾馆还定期对"按摩女"进行B超和妇科检查,还统一发放避孕工具和药品。案发后,总经理杨某、休闲中心经理王某被判死缓,副总经理浦某被判有期徒刑9年。

案例3

2003年9月,广东珠海市国际会议中心大酒店发生了一起引起国内外媒体广泛关注、国内民众强烈反响的重大案件。

2003年9月16日由日本莘辉株式会社组织的285人(均为男性)入境后,按照事先的安排,在珠海粤海酒店(属港资独资经营企业)举行表彰会。由国际会议中心大酒店金色年华歌舞厅的"妈咪"明红传等安排将召集来的300多名"三陪小姐"带到粤海酒店三楼丽晶厅外等候。当晚9时左右,日本人的表彰仪式结束后,自助晚宴开始。该会社主持人宣布"三陪小姐"进场,300多名"三陪小姐"分两路在音乐的伴奏下,进入宴会现场。进场的"三陪小姐"分别坐到该社成员的餐位上,边吃边供日本人挑选。主持人宣布,嫖娼一次800元人民币,嫖宿一夜1200元人民币,带小姐进客房时双方要分开走。宴会结束后,该社成员和卖淫小姐先后离开粤海酒店,乘车回到国际会议中心大酒店。当晚有185名卖淫小姐向该会社成员卖淫,一夜嫖资达30万。

事发后在国内外引起很大的反响。2003年12月16日,珠海市中级人民法院依据我国刑法有关规定,对珠海"9·16"组织卖淫案进行公开宣判,以组织卖淫罪判处叶翔(国际会议中心大酒店总经理助理)等无期徒刑,并处没收财产,剥夺政治权利终身;判处刘雪晶(国际会议中心大酒店市场营销部副经理)有期徒刑15年,处罚金3.5万元,其余的12人受到刑期不等的判决。按照责任追究的要求,包括市公安局、旅游局在内的15名当地官员也受到了处分。(见本章"案例导入")

根据《刑法》的规定,凡是在中国境内实施犯罪行为的、触犯中国法律的,根据属地原则,将依据中国法律对犯罪嫌疑人实施制裁。在此案中涉及的广边功等三名日本犯罪嫌疑人,因涉嫌组织卖淫罪,检察机关作出批准逮捕的决定。国际刑警组织中国国家中心局于2003年11月26日通过国际刑警组织对三人发出红色通缉令。

二、刑罚的主刑和附加刑

我国刑罚分为主刑和附加刑两大类。

(一)主刑

主刑,是指对犯罪分子适用的主要刑罚方法。主刑只能独立适用,不能附加适用。我国的主刑分为五种：

（1）管制。管制是对犯罪分子不实行关押，但是限制其一定的自由，交由公安机关管束和群众监督改造的刑罚。

（2）拘役。拘役是剥夺犯罪分子的短期自由，实行劳动改造的刑法。

（3）有期徒刑。有期徒刑是剥夺犯罪分子一定期限的自由，实行强迫劳动改造的刑罚。

（4）无期徒刑。无期徒刑是剥夺犯罪分子终身自由，实行强迫劳动改造的刑罚。

（5）死刑。死刑是剥夺犯罪分子生命的刑罚。

（二）附加刑

附加刑，是指既能附加于主刑适用也能独立适用的刑罚方法。在附加适用时，可以同时判处和执行不止一种的附加刑。我国的附加刑有三种，即罚金、剥夺政治权利、没收财产。

三、刑事犯罪与违反治安管理行为

刑事犯罪与违反治安管理行为都是违法行为。从形式上看两者有相同或相似之处，但实质上，其性质、情节轻重、对社会危害程度和处罚方法都是不同的。两者的主要区别是：

（1）行为的概念不同。违反治安管理行为，一般是指违反《中华人民共和国治安管理处罚法》（以下简称《治安管理处罚法》）所列条款的行为，属于情节轻微、尚不够刑事处罚的一般违法。刑事犯罪则是触犯刑法或有关法律，并应受到刑事处罚的犯罪行为。前者处罚的法律依据是《治安管理处罚法》，后者则是《刑法》。

（2）违法的情节和对社会的危害程度不同。违反治安管理的行为虽然也扰乱公共秩序、妨害公共安全、侵犯人身权利和民主权利、侵犯公私财物，但情节上轻微，对社会危害的程度还不够刑罚处罚。而刑事犯罪则是情节比较严重，对社会危害性较大，并已触犯刑律。

（3）行为的目的不同。比如"一般赌博财物"是违反治安管理行为；而"以营利为目的的聚众赌博或者以赌博为业"的，则是犯罪行为。

（4）行使处罚的机关、依据、称谓不同。违反治安管理的行为一般由公安机关依据治安法规作出处罚，这种处罚称为"处罚"，是属于国家行政机关的一种行政性处罚。而犯罪则依据刑法所列条款，由人民法院给予处罚，称为"裁决"。

（5）处罚的种类也不同。违反治安管理的处罚分为警告、罚款、拘留，而对犯罪的刑罚分为主刑、附加刑。主刑的种类有管制、拘役、有期徒刑、无期徒刑、死刑。附加刑的种类有罚金、剥夺政治权利、没收财产。

由此可见，违反治安管理行为与刑事犯罪行为虽然有区别，但两者并没有不可逾越的界限。

四、刑事追诉时效

刑法上的时效，是指刑事法律规定的国家对犯罪人行使刑事追诉权和刑罚执行权。时效完成是刑罚消灭的重要制度之一。

追诉时效，是指我国刑法规定的对犯罪分子追究刑事责任有效期限的制度。我国刑罚根据罪刑相适应原则，以犯罪的法定最高刑为标准，规定了四个档次的追诉时效。根据《刑法》第八十七条的规定，犯罪经过下列期限不再追诉：

(1) 法定最高刑不满 5 年有期徒刑的,经过 5 年;
(2) 法定最高刑为 5 年以上不满 10 年有期徒刑的,经过 10 年;
(3) 法定最高刑为 10 年以上有期徒刑的,经过 15 年;
(4) 法定最高刑为无期徒刑、死刑的,经过 20 年。如果 20 年以后认为必须追诉的,须报请最高人民检察院核准。

第四节 旅游企业的其他相关法律责任

一、旅游企业违规开办企业的责任

对有以下行为的旅游企业,有关部门将视情节轻重给予警告、通报批评、罚款、没收非法收入、停业整顿、吊销营业执照等。
(1) 开办旅游企业未经主管部门批准,向工商行政部门申请登记,领取营业执照的;
(2) 超越获准的营业范围的;
(3) 进行违法经营的;
(4) 违反国家价格管理规定的;
(5) 违反用工制度的;
(6) 违反外汇管理规定的;
(7) 服务质量低劣,造成不良影响的;
(8) 无理拒绝有关行政管理部门检查的;
(9) 违反其他行政管理法律、法规规定的情况的。

二、旅游企业违反食品安全的法律责任

(一)《食品安全法》的出台

1982 年 11 月 19 日开始试行的《中华人民共和国食品卫生法(试行)》,经过 12 年的试行后,经国家主席批准,于 1995 年 10 月 30 日由第八届全国人民代表大会常务委员会第十六次会议修订通过,自 1995 年 10 月 30 日开始实施。之后经过 14 年的施行,《中华人民共和国食品卫生法》于 2009 年 6 月 1 日正式废止,取而代之的是《中华人民共和国食品安全法》(以下简称《食品安全法》)。2015 年 4 月 24 日,第十二届全国人民代表大会常务委员会第十四次会议通过了修订后的《食品安全法》,新法自 2015 年 10 月 1 日起施行。《食品安全法》的第九章是法律责任,共二十七条,同旧版《食品安全法》相比,新《食品安全法》加大了处罚的力度。

(二)新《食品安全法》的特点

新《食品安全法》建立最严格的全过程的监管制度。新法对食品生产、流通、餐饮服务和食用农产品销售等环节,食品添加剂、食品相关产品的监管等进行了细化和完善。新法更加突出预防为主、风险防范,进一步完善了食品安全风险监测、风险评估制度,增设了责任约谈、风险分级管理等重点制度。新法从民事和刑事等方面强化了对食品安全违法行为的惩处力度。

在处罚方面,新法大幅提高了罚款额度。比如,对生产经营添加药品的食品等性质恶劣的违法行为,旧版食品安全法规定最高可以处罚货值金额10倍的罚款,新法规定最高可以处罚货值金额30倍的罚款。新法增设了首负责任制,要求接到消费者赔偿请求的生产经营者应当先行赔付,不得推诿,同时消费者在法定情形下可以要求10倍价款或者3倍损失的惩罚性赔偿金。

新《食品安全法》强化了企业的主体责任,要求健全落实企业食品安全管理制度。提出食品生产经营企业应当建立食品安全管理制度,配备专职或者兼职的食品安全管理人员,并加强对其培训和考核。要求企业主要负责人对本企业的食品安全工作全面负责,认真落实食品安全管理制度。新法强化生产经营过程的风险控制,提出要在食品生产经营过程中加强风险控制,要求食品生产企业建立并实施原辅料、关键环节、检验检测、运输等风险控制体系。同时,新法增设食品安全自查和报告制度,提出食品生产经营者要定期检查评价食品安全状况,条件发生变化,不再符合食品安全要求的,食品生产经营者应当采取整改措施,有发生食品安全事故潜在风险的,应当立即停止生产经营,并向食品药品监管部门报告。

(三)新《食品安全法》对违法行为的处罚

违反《食品安全法》第一百二十三条规定:有下列情形之一,尚不构成犯罪的,由县级以上人民政府食品药品监督管理部门没收违法所得和违法生产经营的食品,并可以没收用于违法生产经营的工具、设备、原料等物品;违法生产经营的食品货值金额不足一万元的,并处十万元以上十五万元以下罚款;货值金额一万元以上的,并处货值金额十五倍以上三十倍以下罚款;情节严重的,吊销许可证,并可以由公安机关对其直接负责的主管人员和其他直接责任人员处五日以上十五日以下拘留:

(1)用非食品原料生产食品、在食品中添加食品添加剂以外的化学物质和其他可能危害人体健康的物质,或者用回收食品作为原料生产食品,或者经营上述食品;

(2)生产经营营养成分不符合食品安全标准的专供婴幼儿和其他特定人群的主辅食品;

(3)生产经营添加药品的食品。

明知从事上述规定的违法行为,仍为其提供生产经营场所或者其他条件的,由县级以上人民政府食品药品监督管理部门责令停止违法行为,没收违法所得,并处十万元以上二十万元以下罚款;使消费者的合法权益受到损害的,应当与食品生产经营者承担连带责任。

违反《食品安全法》第一百二十四条规定:有下列情形之一,尚不构成犯罪的,由县级以上人民政府食品药品监督管理部门没收违法所得和违法生产经营的食品、食品添加剂,并可以没收用于违法生产经营的工具、设备、原料等物品;违法生产经营的食品、食品添加剂货值金额不足一万元的,并处五万元以上十万元以下罚款;货值金额一万元以上的,并处货值金额十倍以上二十倍以下罚款;情节严重的,吊销许可证:

(1)生产经营致病性微生物,农药残留、兽药残留、生物毒素、重金属等污染物质以及其他危害人体健康的物质含量超过食品安全标准限量的食品、食品添加剂;

(2)用超过保质期的食品原料、食品添加剂生产食品、食品添加剂,或者经营上述食品、食品添加剂;

(3) 生产经营超范围、超限量使用食品添加剂的食品;

(4) 生产经营腐败变质、油脂酸败、霉变生虫、污秽不洁、混有异物、掺假掺杂或者感官性状异常的食品、食品添加剂;

(5) 生产经营标注虚假生产日期、保质期或者超过保质期的食品、食品添加剂。

生产经营不符合法律、法规或者食品安全标准的食品、食品添加剂的,依照上述规定给予处罚。

违反《食品安全法》第一百二十六条规定:有下列情形之一的,由县级以上人民政府食品药品监督管理部门责令改正,给予警告;拒不改正的,处五千元以上五万元以下罚款;情节严重的,责令停产停业,直至吊销许可证:

(1) 食品生产经营企业未按规定建立食品安全管理制度,或者未按规定配备或者培训、考核食品安全管理人员;

(2) 食品、食品添加剂生产经营者进货时未查验许可证和相关证明文件,或者未按规定建立并遵守进货查验记录、出厂检验记录和销售记录制度;

(3) 食品生产经营企业未制定食品安全事故处置方案;

(4) 餐具、饮具和盛放直接入口食品的容器,使用前未经洗净、消毒或者清洗消毒不合格,或者餐饮服务设施、设备未按规定定期维护、清洗、校验;

(5) 食品生产经营者安排未取得健康证明或者患有国务院卫生行政部门规定的有碍食品安全疾病的人员从事接触直接入口食品的工作;

(6) 食品经营者未按规定要求销售食品;

(7) 保健食品生产企业未按规定向食品药品监督管理部门备案,或者未按备案的产品配方、生产工艺等技术要求组织生产;

(8) 食品生产经营者未定期对食品安全状况进行检查评价,或者生产经营条件发生变化,未按规定处理;

(9) 食品生产企业、餐饮服务提供者未按规定制定、实施生产经营过程控制要求。

餐具、饮具集中消毒服务单位违反本法规定用水,使用洗涤剂、消毒剂,或者出厂的餐具、饮具未按规定检验合格并随附消毒合格证明,或者未按规定在独立包装上标注相关内容的,由县级以上人民政府卫生行政部门依照上述规定给予处罚。

三、旅游企业违反《反恐怖主义法》的有关责任

(一) 违反《反恐怖主义法》有关规定的责任概念

恐怖主义已成为影响世界和平与发展的重要因素,是全人类的共同敌人。针对中国的暴力恐怖事件呈多发频发态势,对中国的国家安全和人民生命财产安全构成严重威胁。制定反恐怖主义法是完善国家法治建设、推进全面依法治国方略的要求,也是依法防范和打击恐怖主义的现实需要。2011年10月19日,十一届全国人大常委会第二十三次会议表决通过了《关于加强反恐怖工作有关问题的决定》。这是我国第一个专门针对反恐工作的法律文件,对恐怖活动、恐怖活动组织、恐怖活动人员作出界定,为反恐立法迈出第一步。

2014年各地发生多起恐怖事件,3月举行的全国两会上,多名代表、委员建议尽快制定反恐怖法。反恐立法是一个全面的法律体系问题,在防范、打击等整个过程中都要发挥反恐怖法的作用,而不单是打击严惩恐怖分子的问题。2014年4月,由国家反恐怖工作领导

机构牵头,公安部会同全国人大常委会法工委、国安部、国务院法制办等部门成立起草小组,组成专班,着手起草《中华人民共和国反恐怖主义法》(以下简称《反恐怖主义法》)。在起草过程中,多次深入一些地方调查研究,召开各种形式的研究论证会,听取各方面意见,并反复征求中央国家安全委员会办公室、各有关单位、地方和专家学者的意见,同时还研究借鉴国外的有关立法经验,形成了《中华人民共和国反恐怖主义法(草案)》。恐怖主义,是指通过暴力、破坏、恐吓等手段,制造社会恐慌、危害公共安全、侵犯人身财产,或者胁迫国家机关、国际组织,以实现其政治、意识形态等目的的主张和行为。组织、策划、准备实施、实施造成或者意图造成人员伤亡、重大财产损失、公共设施损坏、社会秩序混乱等严重社会危害的活动的行为均为恐怖主义。《反恐怖主义法》中的一些规定涉及旅游业。

(二) 违反《反恐怖主义法》有关规定的处罚

2016年1月1日起施行的《反恐怖主义法》第二十一条规定:住宿等业务经营者、服务提供者,应当对客户身份进行查验。对身份不明或者拒绝身份查验的,不得提供服务。

《反恐怖主义法》第八十二条规定:"明知他人有恐怖活动犯罪、极端主义犯罪行为,窝藏、包庇,情节轻微,尚不构成犯罪的,或者在司法机关向其调查有关情况、收集有关证据时,拒绝提供的,由公安机关处十日以上十五日以下拘留,可以并处一万元以下罚款。"

根据《反恐怖主义法》第八十六条规定:住宿等业务经营者、服务提供者未按规定对客户身份进行查验,或者对身份不明、拒绝身份查验的客户提供服务的,主管部门应当责令改正,由主管部门处十万元以上五十万元以下罚款,并对其直接负责的主管人员和其他直接责任人员处十万元以下罚款。

对于违反《反恐怖主义法》规定的单位,情节严重的,由主管部门责令停止从事相关业务、提供相关服务或者责令停产停业;造成严重后果的,吊销有关证照或者撤销登记。

案例1

2016年4月的一天上午6时许,一男一女两名客人抵达广州市××酒店,要求入住,其中女性客人提供了相应的证件,而男性客人在前台工作人员索要证件时称身份证遗留在上一家住宿的酒店,且以妻子身体不适为借口要求先开房休息,并保证后期将补回身份证件给前台,前台便为其办理了相应手续。但截止退房时,该男性客人仍未补办登记手续。当地派出所在查办案件中发现该旅客与一条涉恐线索有关。2016年4月26日广州警方依据《中华人民共和国反恐怖主义法》对该酒店作出10万元罚款处罚,并对酒店当天值班主管人员作1万元罚款处罚,当班服务员罚款500元,酒店内部停业1个月的处罚,并作出通报。这是广州市首例根据《中华人民共和国反恐怖主义法》规定对违法企业作出的处罚决定。

案例2

2014年11月,国家主席习近平在澳大利亚G20峰会上宣布,中国将是2016年G20峰会主办国。2015年2月,杭州成功获得2016年G20峰会举办权,这意味着2016年9月4日至5日将在浙江杭州举办中国二十国集团领导人第十一次峰会。为护航G20峰会,浙江相关城市的警方于2016年开展一系列的有关安全检查行动,绍兴柯桥警方在全区范围开展了"越剑2号"专项行动,加强对酒店等行业治安管理,并对酒店等场所的实名登记情况进行摸底检查。5月24日,当民警在柯桥名典商务酒店进行突击检查时发现其存在未按规定登记住宿旅客信息的状况,即依据《中华人民共和国治安管理处罚法》相关规定,对该酒店处以 200 元罚款并责令其改正的处罚。然而,5 月 29 日,当民警再一次例行检查时,发现依然存在同样的问题,并在随机抽查时发现有一住客孙某冒用了孟某的身份证件。经调查发现,由于当日值班经理王某未仔细核查相应信息,导致孙某成功办理入住。根据柯桥名典商务宾馆多次不按规定登记旅客信息,且不予整改的情况,2016 年 5 月 30 日,警方根据《中华人民共和国反恐怖法》第八十六条第二款的相关规定,对柯桥名典商务酒店处以 20 万元的行政处罚,对当班的值班经理王某处以 1 万元的处罚。这是柯桥警方依据《反恐怖主义法》对全区旅馆行业开出的首张巨额罚单。警方约谈了该酒店相关负责人,该负责人承认了错误,表示将加强内部整顿,加强员工培训,严格落实主体责任。

获悉,仅 2016 年上半年,因不按照规定登记住宿信息该区处罚了 385 家单位,吊销 4 家单位的特种行业许可证资质,查处 3 家非法经营旅馆。

案例 3

2016 年,浙江湖州市德清警方围绕 G20 峰会安保,开展了"春雷""清雷""护城河"等系列专项行动,着重对酒店等公共服务行业安全隐患进行排查整改。5 月 25 日上午,乾元派出所民警在对辖区内的德清乾元酒店进行旅客登记情况检查时,发现该酒店存在未按规定登记住宿旅客信息的情况。该酒店在 2015 年 12 月曾因同样违法事实被公安机关行政处罚过。随后,民警依据《中华人民共和国治安管理处罚法》的规定,依法对这家酒店处以 200 元罚款,并责令其改正。

2016 年 6 月 6 日上午,民警再次来到该酒店检查,发现问题依然存在。民警在检查该酒店住宿登记情况时发现 4 楼一房间内住着 4 名旅客,但前台服务人员只登记了其中 2 名旅客的身份信息。经询问,该 4 名旅客在办理入住手续时酒店前台的工作人员并没有按照规定要求 4 名客人同时出示有关证件。6 月 16 日,湖州德清公安局依据《中华人民共和国反恐怖主义法》对德清乾元酒店开出一张 10 万元的罚单。这是德清公安局依据《反恐怖主义法》对旅馆业开出的首张巨额罚单。此外,还按规定对直接责任人、酒店前台服务员给予相应的治安处罚。

案例 4

2016 年 8 月 10 日晚,南京秦淮警方在某连锁酒店,查到有一个房间存在一人登记两人住宿的情况。因酒店未能如实登记住宿旅客身份信息,被南京警方责令限期整改。然而,在限期整改两周后,该酒店再次被警方查到,有 4 个房间内存在一人登记、多人住宿和非实名登记住宿的情况。被处罚酒店店长交代,酒店的人手紧张,一些客人乘着酒店工作人员帮旅客拿行李的空当,躲避了实名登记。南京秦淮警方对这家酒店罚款 10 万元,并对店长罚款 2 千元、当事店员罚款 1 千元的处罚。

以上案例分析:

2016 年 1 月 1 日《反恐怖主义法》实施以前,《中华人民共和国治安管理处罚法》规定,如果旅馆不按规定登记旅客身份信息,仅对工作人员处以 200 元以上 500 元以下罚款;而实施之后的《反恐怖主义法》明确规定,如果旅馆不按规定对客户身份进行查验,主管部门责令改正仍拒不改正的,应处 10 万元以上 50 万元以下罚款,并对直接负责的主管人员和其他直接责任人员给予 10 万元以下罚款。以上这些案例提醒旅游饭店,对入住旅游饭店的旅客要落实"四实登记"(实名、实时、实数、实情)是经营者必须履行的法定责任。旅游饭店前台工作人员在上岗前及日常管理中需进行相关业务的培训,杜绝为了拉客营利,放松警惕。

四、旅游企业违反治安管理行为的法律责任

2006年3月1日,《中华人民共和国治安管理处罚法》(以下简称《治安管理处罚法》)正式实施,替代了原有的《治安管理处罚条例》。之前的《治安管理处罚条例》从制定、施行,已经有18年了。该条例在维护社会治安秩序、保障公共安全、保护公民合法权益等方面发挥了重要作用。随着我国经济和社会生活的不断发展,治安形势也发生了很大的变化,新情况、新问题不断出现,原有的《治安管理处罚条例》已不能适应社会治安管理的需要。十多年来中国社会日新月异的发展,也使《治安管理处罚条例》越来越与现实脱节。虽然1994年全国人大常委会第七次会议曾对《中华人民共和国治安管理处罚条例》的部分内容作了修改,但多年来,社会又发生了很大的变化。18年前开始实施的《治安管理处罚条例》,被提升到了法律层面。《治安管理处罚法》自2006年3月1日起施行。《治安管理处罚法》总结了治安管理处罚条例实施十多年的经验,对加强新形势下的社会治安管理、构建和谐社会将产生积极作用。《治安管理处罚法》又经历了6年多的实施,2012年10月26日十一届全国人大常委会第二十九次会议通过了新修改的《治安管理处罚法》并于2013年1月1日起施行。《治安管理处罚法》中有很多内容与旅游企业的安全管理息息相关。

(一)对违反治安管理行为的处罚

《治安管理处罚法》第三十九条规定:旅馆、饭店、影剧院、娱乐场、运动场、展览馆或者其他供社会公众活动的场所的经营管理人员,违反安全规定,致使该场所有发生安全事故危险,经公安机关责令改正,拒不改正的,处五日以下拘留。

《治安管理处罚法》第五十六条规定:旅馆业的工作人员对住宿的旅客不按规定登记姓名、身份证件种类和号码的,或者明知住宿的旅客将危险物质带入旅馆,不予制止的,处二百元以上五百元以下罚款。旅馆业的工作人员明知住宿的旅客是犯罪嫌疑人员或者被公安机关通缉的人员,不向公安机关报告的,处二百元以上五百元以下罚款;情节严重的,处五日以下拘留,可以并处五百元以下罚款。

《治安管理处罚法》第三十七条规定:有下列行为之一的,处五日以下拘留或者五百元以下罚款;情节严重的,处五日以上十日以下拘留,可以并处五百元以下罚款:(1)未经批准,安装、使用电网的,或者安装、使用电网不符合安全规定的;(2)在车辆、行人通行的地方施工,对沟井坎穴不设覆盖物、防围和警示标志的,或者故意损毁、移动覆盖物、防围和警示标志的;(3)盗窃损毁路面井盖、照明等公共设施的。

《治安管理处罚法》第四十条规定:有下列行为之一的,处十日以上十五日以下拘留,并处五百元以上一千元以下罚款;情节较轻的,处五日以上十日以下拘留,并处二百元以上五百元以下罚款:(1)组织、胁迫、诱骗不满十六周岁的人或者残疾人进行恐怖、残忍表演的;(2)以暴力、威胁或者其他手段强迫他人劳动的;(3)非法限制他人人身自由、非法侵入他人住宅或者非法搜查他人身体的。

(二)对卖淫、嫖娼和赌博行为的处罚

1. 对卖淫、嫖娼行为的处罚

《治安管理处罚法》第六十六条规定:卖淫、嫖娼的,处十日以上十五日以下拘留,可以

并处五千元以下罚款;情节较轻的,处五日以下拘留或者五百元以下罚款。在公共场所拉客招嫖的,处五日以下拘留或者五百元以下罚款。

《治安管理处罚法》第六十七条规定:引诱、容留、介绍他人卖淫的,处十日以上十五日以下拘留,可以并处五千元以下罚款;情节较轻的,处五日以下拘留或者五百元以下罚款。

2. 对赌博行为的认定与处罚

《治安管理处罚法》第七十条规定:以营利为目的,为赌博提供条件的,或者参与赌博赌资较大的,处五日以下拘留或者五百元以下罚款;情节严重的,处十日以上十五日以下拘留,并处五百元以上三千元以下罚款。

《治安管理处罚法》第七十四条规定:旅馆业、饮食服务业、文化娱乐业、出租汽车业等单位的人员,在公安机关查处吸毒、赌博、卖淫、嫖娼活动时,为违法犯罪行为人通风报信的,处十日以上十五日以下拘留。

3. 《治安管理处罚法》对侵犯旅游者合法权益的处罚

《治安管理处罚法》第四十六条:强买强卖商品,强迫他人提供服务或者强迫他人接受服务的,处五日以上十日以下拘留,并处二百元以上五百元以下罚款;情节较轻的,处五日以下拘留或者五百元以下罚款。

《治安管理处罚法》第五十八条规定:违反关于社会生活噪声污染防治的法律规定,制造噪声干扰他人正常生活的,处警告;警告后不改正的,处二百元以上五百元以下罚款。

对于受到的处罚,如果旅游企业工作人员或者旅游者不服行政拘留处罚决定,申请行政复议、提起行政诉讼的,可以向公安机关提出暂缓执行行政拘留的申请。公安机关认为暂缓执行行政拘留不致发生社会危险的,由被处罚人或者其近亲属提出符合《治安管理处罚法》第一百零八条规定条件的担保人,或者按每日行政拘留二百元的标准交纳保证金,行政拘留的处罚决定暂缓执行。

五、旅游企业违反消防法规的责任

(一)《中华人民共和国消防法》的特点

公安部于1994年初开始起草《中华人民共和国消防法》(以下简称《消防法》),数易其稿后于1995年12月向国务院报送了《消防法》送审稿。之后,国务院法制局经过论证、修改,形成了《消防法(草案)》。1997年10月国务院审议通过并报请全国人大审议,九届人大常委会第二次会议于1998年4月29日审议通过。2008年10月28日由十一届人大常委会第五次会议修订通过了新的《消防法》,修订后的《消防法》于2009年5月1日起施行。

《消防法》具有以下三个特点:

(1) 明确政府及全体社会成员的消防安全责任,充分体现了消防工作是全社会事业的基本特征;

(2) 突出"预防为主"的方针,对重要环节、重点方面的消防安全管理提出了更为明确、严密的要求;

(3) 对法律责任的规定更为明确、更为全面。

(二) 对旅游企业违反消防法规的处罚

按照《消防法》的规定,饭店、歌舞厅等公共场所,在使用或者开业前,应当向当地公安消防机构申报,经消防安全检查后,方可使用或者开业。

违反《消防法》等法规的规定,经消防监督机构通知采取改正措施而拒绝执行,情节严重的,对有关责任人员由公安机关依照《治安管理处罚法》给予处罚,或者由其主管机关给予行政处分。对造成火灾的,对有关责任人员依法追究刑事责任;情节较轻的,由公安机关依照《治安管理处罚法》给予处罚,或者由其主管机关给予行政处分。

根据《消防法》的规定,有下列行为之一的,责令限期改正;逾期不改正的,责令停止施工、停止使用或者停产停业,可以并处罚款。

(1) 建筑工程的消防设计未经公安消防机构审核或者经审核不合格,擅自使用的;

(2) 依法应当进行消防设计的建筑工程竣工时未经消防验收或者经验收不合格,擅自使用的;

(3) 公众聚集的场所未经消防公安检查或者经检查不合格,擅自使用或者开业的。

旅游企业有上述行为的,依照相关的规定处罚,并对其直接负责的主管人员和其他直接责任人员处警告或者罚款。

旅游企业违反《消防法》的规定,未履行消防安全职责的,责令限期改正;逾期不改正的,对其直接负责的主管人员和其他直接责任人员依法给予行政处分或者警告。

营业场所有下列行为之一的,责令限期改正;逾期不改正的责令停产停业,可以并处罚款,并对其直接负责的主管人员和其他直接责任人员处罚款。

(1) 对火灾隐患不及时消除的;

(2) 不按照国家有关规定配置消防设施和器材的;

(3) 不能保障疏散通道、安全出口畅通的。

旅游企业违反《消防法》规定,有下列情形之一,情节较轻的,给予经济处罚、行政纪律处分;情节较严重的,由公安机关依照《治安管理处罚法》的有关规定给予处罚;构成犯罪的,依法追究刑事责任。

(1) 擅自将消防设备、器材挪作他用或损坏的;

(2) 违反消防法规和制度的;

(3) 对存在火险隐患拒不整改的;

(4) 造成火灾事故的直接责任人;

(5) 贯彻消防法规不力,管理不严或因玩忽职守而引起火灾事故的饭店领导人。

我国《消防法》规定,旅游企业应当履行下列消防安全职责:

(1) 制定消防安全制度、消防安全操作规程;

(2) 实行防火安全责任制,确定本单位和所属各部门、岗位的消防安全责任人;

(3) 针对本单位的特点对职工进行消防宣传教育;

(4) 组织防火检查,及时消除火灾隐患;

(5) 按照国家有关规定配置消防设施和器材、设置消防安全标志,并定期组织检查、维修,确保消防设施和器材完好、有效;

(6) 保障疏散通道、安全出口畅通,并设置符合国家规定的消防安全疏散标志。

除此之外,旅游企业还应当履行下列消防安全职责:

(1) 建立防火档案,确定消防安全重点部位,设置防火标志,实行严格管理;

(2) 实行每日防火巡查,并建立巡查记录;

(3) 对职工进行消防安全培训;

(4) 制定灭火和应急疏散预案,定期组织消防演练。

(三) 旅游企业违反《消防法》构成犯罪的行为

2009年5月1日起实施的《消防法》第七十二条规定:"违反本法规定,构成犯罪的,依法追究刑事责任。"这里的"构成犯罪"即构成《中华人民共和国刑法》规定的犯罪。

1. 失火罪

失火罪,是指行为人过失引起火灾,造成致人重伤、死亡或使公私财产遭受重大损失的严重后果,危害公共安全的行为。

2. 企、事业单位重大责任事故罪

企、事业单位重大责任事故罪,是指企、事业单位的职工,由于不服管理、违反规章制度或者强令员工违章冒险工作,因而发生重大伤亡事故或者造成其他严重后果的行为。

3. 违反危险品管理肇事罪

违反危险品管理肇事罪,是指违反爆炸性、易燃性、放射性、毒害性、腐蚀性物品的管理规定,在生产、储存、运输、使用中发生重大事故,造成严重后果的行为。

4. 违反消防管理肇事罪

违反消防管理肇事罪,是指违反消防管理法规,经公安消防机构通知采取整改措施而拒绝执行,造成严重后果的行为。

5. 生产、销售劣质电器、压力容器、易燃易爆产品罪

生产、销售劣质电器、压力容器、易燃易爆产品罪,是指生产不符合保障人身、财产安全的国家标准、行业标准的电器、压力容器、易燃易爆产品或者其他不符合保障人身、财产安全的国家标准、行业标准的产品,或者销售明知是以上不符合保障人身、财产安全的国家标准、行业标准的产品,造成严重后果的行为。

复习思考题

1. 什么是法律责任?
2. 法律上的责任与义务有什么区别?
3. 造成旅游者食物中毒的原因有哪些?
4. 我国刑罚的主刑和附加刑各分为哪几种?
5. 刑事犯罪与违反治安管理行为有什么区别?
6. 对旅游企业违反《中华人民共和国食品安全法》的处罚有哪些?
7. 旅游企业违反《中华人民共和国消防法》构成犯罪的行为有哪几大类?

第八章 旅游侵权责任法律制度

本章导读

在旅游企业运行中,旅游侵权行为以及由此产生的纠纷大量存在,是旅游企业在处理时比较棘手的问题。所以,旅游饭店一般在大厅处设立大堂经理负责处理客人投诉;全国县级以上旅游行政管理部门专门设立旅游投诉管理机关受理旅游者的投诉;在国庆、春节等黄金周,国家旅游局等部门还专门设立机构负责处理全国重大旅游投诉。按照国家的规定,旅游行政管理部门依法保护旅游投诉者和被投诉者的合法权益。在旅游企业绝大多数的投诉中,基本上都是由于旅游企业对旅游者的侵权所引起的。

为了更好地区分侵权责任,以及由此所承担的法律责任,《中华人民共和国侵权责任法(草案)》在广泛征求各方面的意见和建议的基础上,进行了数十处的修改之后于2009年12月26日由中华人民共和国第十一届全国人民代表大会常务委员会第十二次会议通过,自2010年7月1日起施行。该法的实施使得旅游企业及旅游行政管理部门在处理有关旅游侵权责任方面,以及旅游者维权方面起到重要的作用。

案例导入

酒店弄丢客人电脑能否要求酒店赔偿

2016年8月11日,杭州某公司的余小姐到上海出差,准备入住上海某酒店。在酒店的前厅办理入住手续时,余小姐被告知由于酒店当天入住客人较多,客房已经满了,刚刚有客人退房,现在房间正在清扫,无法立即进入,需要等几十分钟。考虑到要外出办事,余小姐提出先办理入住手续,将行李存放在酒店,等外出办完事后再回饭店进客房。总台服务员同意了她的要求,办理了登记手续,制作了客房钥匙卡,并指引余小姐去大堂的行李寄存处存行李。在行李寄存处,余小姐将行李箱交给了酒店的员工,并按照要求在行李寄存卡上填写了相关的信息。酒店员工李某将行李卡的上半段系在了行李箱上,下半段(取行李的凭证)交给了余小姐。

当余小姐办完事回到酒店已是晚上10点多了。她来到行李寄存处,出示行李卡要求取回行李时却发现行李箱找不到了。

事后查明,由于酒店工作人员疏忽,当时将余小姐的行李箱收下后,放在总台边上。这时一批团队入店,工作人员去招呼其他客人,造成余小姐的行李箱被盗。

余小姐当即向酒店提出行李箱里有一台IBM笔记本电脑,还有一些衣物、化妆品、充电器和几本书等物品,估算物品总价值约1.4万余元。

酒店同意承担余小姐损失的费用,但是她提出由于电脑内存有她的一些个人和公司资料,电脑的丢失给她精神造成了损害,要求酒店赔偿精神损害10万元。

> 由于余小姐与酒店方未能就赔偿金额达成一致,余小姐向法院提起诉讼,要求该酒店赔偿除直接损失外,再加10万元的精神损害赔偿金。
> 余小姐的诉讼请求能够获得法律的认可吗?

第一节 旅游侵权责任概述

一、侵权责任的概念

(一)《中华人民共和国侵权责任法》的出台

2009年12月26日,备受关注的《中华人民共和国侵权责任法》(以下简称《侵权责任法》)经十一届全国人大常委会第十二次会议审议通过,于2010年7月1日起实施。万众瞩目的《侵权责任法》从2002年进入立法程序,历时7年之久正式实施。《侵权责任法》是继《中华人民共和国合同法》《中华人民共和国物权法》之后我国民法典的又一部重要支撑性法律,该法的实施必将全面影响到民事关系的方方面面。

这部核心在于保障私权、在我国法律体系中起支架作用的法律对包括生命权、健康权、隐私权等一系列公民的人身、财产权利提供全方位保护,其中许多内容是法律上第一次作出明确规定的。

(二)《侵权责任法》出台的意义

《侵权责任法》的立法宗旨是为保护民事主体的合法权益,明确侵权责任,预防并制裁侵权行为,促进社会和谐稳定。该立法宗旨综合反映了本法所应具备的社会功能,以及其最终所要实现的社会效果。

《侵权责任法》的基本功能,就是要强调如何保障民事主体的私权利,以及私权利受到侵害时如何进行救济。重视对个体民事权利的立法确认和司法保护,不仅是尊重"人"这一最高社会价值的时代需要,也是回应现实中公民法治期待的必然选择。

《侵权责任法》的最终通过,标志着我国民事法律体系得到最终完善,向最终完整民法典的目标进一步迈进,标志着中国法制化进程的加快,建设法治国家的目标得到进一步贯彻实施,标志着民事侵权专门法的最终诞生,有利于更好维护公民合法权益,是中国法制化进程中的一件大事。

(三)旅游企业侵权责任的概念

侵权行为一般是指行为人由于过错侵害他人的人身、财产,依法应承担民事责任的行为;行为人虽无过错,但法律特别规定应对受害人承担民事责任的其他侵害行为,也属于侵权行为。旅游企业如果违反法定义务或者由于过错侵害旅游者人身、财产,造成损害的,应当承担侵权责任,承担损害赔偿责任。损害赔偿,顾名思义是指对受到的损害进行赔偿,是损害的法律后果,实际上是一种侵权的民事责任。

侵权的民事责任,是指行为人因自己的过错,实施非法侵犯他人的财产或人身权利时所应承担的民事法律后果,简称"侵权责任"。行为人在造成他人权益损害时,应对受害人负赔偿的民事责任。

旅游企业的侵权行为是对法定义务的违反,是对绝对权利的侵犯。因为法律规定,旅游企业有保障旅游者人身、财产安全的义务。发生在旅游企业的侵权责任,有多种形式,有可能是主动的作为构成,也可能是被动的不作为构成。

主动的作为,是指旅游企业的直接行为导致客人受到侵害。如旅游餐饮提供的饮食不符合国家的卫生标准,造成旅游者的食物中毒。

被动的不作为,是指旅游企业应当采取安全措施,而由于疏忽大意未能意识到,或者虽能够意识到,但怀有侥幸的心理没有采取措施,致使旅游者受到侵害。如旅游饭店或餐厅在拖地地面湿滑的情况下,既没有采取防滑措施又没有提醒告示致使客人滑倒受伤。

侵权行为一旦发生,依照法律的规定,侵害人和受害人之间就产生债权债务关系。由侵权行为产生的债叫侵权行为之债。受害人有权要求加害人赔偿损失,加害人必须依法承担民事责任。

(四) 侵权行为与侵权责任

侵权行为是指侵权人违反法定义务侵害他人民事权益的行为。侵权行为有如下的特征:

(1) 侵权行为是侵害他人合法的人身、财产权利或者利益的行为。

(2) 侵权行为是由于过错实施的行为以及法律明确规定构成侵权行为的没有过错的行为。

(3) 侵权行为是违反法定义务的行为,侵害的是他人的绝对权。当然,符合法律规定的条件,侵害相对权也构成侵权行为。

(4) 侵权行为是造成他人损害的行为,这种损害包括财产损害、人身损害和精神损害。

(5) 侵权行为承担的是民事责任,而不是行政责任或者刑事责任。

侵权责任是指行为人侵害民事权利,依法应当承担的民事责任的行为,以及不存在过错而侵害他人的人身或者财产,依法应承担民事责任的行为。这里所说的民事权益包括:生命权、健康权、姓名权、名誉权、荣誉权、肖像权、隐私权、监护权、所有权、用益物权、担保物权、著作权、专利权、商标专用权、发现权、股权等人身、财产权益。同一行为既应当承担刑事责任或者行政责任,又应当承担侵权责任的,不影响侵权责任的承担。同一行为既应当承担侵权责任又应当承担刑事责任或者行政责任,侵权人的财产不足以支付的,应先承担侵权责任。

依据责任的构成要件和适用的情况不同,侵权责任分为两类:一是一般的民事侵权责任;二是特殊侵权的民事责任,又称"缺陷产品侵权责任"。

二、一般侵权责任

(一) 一般侵权责任的概念

一般侵权行为是指行为人的过错直接致人损害的行为。这是最常见的侵权行为,例如行为人故意损坏他人财产、故意损伤他人身体等。一般侵权责任的构成必须同时具备四个方面的要件。

(二) 一般侵权责任的要件

旅游者遭受人身伤害或财产损失要求旅游企业赔偿,如果是一般侵权,则要具备损害事实、行为违法、因果关系和旅游企业主观上有过错这四个要件。

1. 损害事实

旅游者遭受人身损害,要求旅游企业进行赔偿,必须有损害的事实。损害事实包括财产损害、人身伤害和精神伤害(如侵害旅游者的人身自由或人格尊严等)。

2. 侵害人行为具有违法性

如果旅游企业对旅游者造成了损害,旅游者要求赔偿,必须是旅游企业的违法行为所造成的。如果因合法行为造成旅游者的损害,则行为人不承担责任。

3. 不法侵害行为与损害事实之间有因果关系

因果关系,是指旅游者所受到的损害与旅游企业提供的商品或者服务之间存在着原因和结果的关系,即旅游企业提供商品或者服务是旅游者受到人身或者财产损害的原因。如果旅游者在使用旅游企业的产品或者接受服务时确实受到了人身或财产损害,但是,这种损害与旅游企业提供的产品或者服务的行为之间没有因果关系,旅游企业一般不承担责任。

4. 旅游企业主观上有过错

旅游者的人身、财产受到损害是因为旅游企业主观上有过错。过错,包括故意和过失两种形式。故意,是指行为人明知自己的行为会带来不良后果,而希望或者放任其发生的心理。过失,是指行为人应当预见而没有预见,或者已经预见到而轻信不会发生的心理。

以上四个条件是有机联系的整体,缺少任何一个要件都不能构成一般侵权责任。

如果行为人在主观上既无故意也无过失,即使造成一定损害结果,也无须承担民事责任。这就是民法理论上适用最广泛的"过错责任原则"。如果旅游企业对损害的结果有过错,但旅游者一方也有过错,则双方按过错程度的大小合理分担责任。

案例分析

基本情况:

某年7月3日,江苏南京某大学的教授丁某到河南某大学进行学术交流活动。当天下午丁教授下榻于大学附近的某旅游饭店。第二天早晨起床后丁教授发现客房的房门已经打开,经检查他的笔记本电脑被窃。丁教授立即提出要求该饭店进行赔偿。而该饭店指出,在丁某入住饭店时,前台的工作人员曾提出要求客人将贵重物品存放在饭店的贵重物品保险箱内,并且饭店的欢迎卡上有明显的告示,足以引起客人的注意。客人没有按照饭店的要求去做,而且在睡觉时忘记将门锁上,因此贵重物品被窃,是客人的过错,所以不应当承担责任。经公安机关勘查,该物品确实属于被盗。由于被盗的物品无法追回,客人上告法院。

客人提出赔偿的理由是:物品确实是在自己的房间被盗,并出示了有力的证据(经法庭确认,事实清楚)。

饭店不同意承担责任的理由是:在客房和住客登记表上均注明"贵重物品需存入安全寄存箱内",而客人并没有按照饭店的要求去做,而且在睡觉时没有锁好门,致使物品被窃。

本案分析:

在该案中双方均有一定的理由,但都有过错。饭店的过错在于,安全工作方面欠佳,如果饭店的巡逻提醒客人锁好房门或发挥好监控系统的作用,是可以阻止盗贼进入客房内作案的。客人的责任在于未遵守有关规定,而将贵重物品放在房间内,并且没有将房间门锁好,导致物品被盗,因而双方都有过错,根据双方责任大小合理分担损失。

过失责任,是指行为人对自己行为导致的损害后果,应当预见或者已经预见,但却疏忽大意或自信不会出现而不予防止的主观认识。无论是故意还是过失,只要给他人造成了损害,行为人就应依法承担侵权责任。

旅游企业的业务活动是通过法人的机构、法人的工作人员的职务活动来实现的。因此,法人的工作人员执行职务的行为,也就是法人的行为,他们行为中的过失也就是法人的过失。

2004年5月1日实施的《最高人民法院关于审理人身损害赔偿案件适用法律若干问题的解释》第八条规定:"法人或者其他组织的法定代表人、负责人以及工作人员,在执行职务中致人损害的,依照《中华人民共和国民法通则》(以下简称《民法通则》)第一百二十一条的规定,由该法人或者其他组织承担民事责任。上述人员实施与职务无关的行为致人损害的,应当由行为人承担赔偿责任。"

旅游企业的过失包括旅游企业及其工作人员(无论是正式职工还是临时工或实习生)在执行工作中的过失。旅游企业因过失而造成旅游者财物的毁损或灭失,或者造成旅游者人身伤害(无论工作人员是故意或过失),则旅游企业对受损害的旅游者负有法律上的赔偿责任。在法律上,旅游企业工作人员被视为旅游企业的代理人,他/她在工作中的一切行为,均被认为是旅游企业代理人的行为。如果旅游企业工作人员在工作中造成他人的人身伤害或者财物损失,那么旅游企业必须承担其工作人员所造成的损失责任。当然,旅游企业有权在内部向有过错的工作人员追偿。

对于旅游者之间相互斗殴致使一方受损,而旅游企业或其工作人员已经采取了一定的措施,由于力量有限,未能有效地防止旅游者受到损害,旅游企业一般不承担责任。如果旅游企业并没有采取任何措施,听之任之,旅游企业则应承担一定的责任。旅游企业以外的人员加害于旅游者并造成旅游者的伤害,也要看旅游企业或其工作人员是否已经采取了防范措施,来判断是否要承担责任。

案例分析

基本情况:

某厂职工刘某来到某饭店的舞厅跳舞。正当他随着悠扬的乐曲起舞时,舞厅临街窗户的一块玻璃忽然被人砸碎,其中一小块碎片击中了刘某的右眼。当保卫人员追出门时,肇事者已逃得不见踪影。刘某在医院治疗中共花费医疗费6 000余元。刘某家人多次与舞厅交涉,要求舞厅赔偿其医药费及误工损失费。然而,得到的答复是,该事件非本舞厅所致,因此不能承担赔偿责任。

刘某向饭店所属区法院提出起诉,要求这家饭店承担赔偿责任。

在法庭辩论中饭店方的委托代理人认为:舞厅的玻璃被外人砸碎,责任完全在肇事者;舞厅的门票中并不包含人身保险费用,饭店不应承担赔偿责任。舞厅本身不存在过错,就不能适用《民法通则》中的过错责任原则。

法院经过调查后裁定:在无法找到肇事者的情况下,刘某要求舞厅赔偿其经济损失是合理的。当然,舞厅在承担赔偿责任之后,依然享有向该案的肇事者追偿的权利。

本案分析：

法庭的判决是合理的。刘某到舞厅跳舞，购买了门票，这实际上应视为订立合同的行为；舞厅卖门票给他，双方即由此形成了契约关系，门票则成为双方当事人合同的书面形式。舞厅作为合同的一方当事人，本身有义务为合同的另一方当事人提供安全的跳舞环境，也有责任保护跳舞者在舞厅内不受到伤害。虽然这家舞厅不是造成刘某受伤的直接侵害人，但在客观上舞厅已存在违约的行为，因为舞厅没有有效地保护跳舞者在舞厅内免遭外来的侵害；由于肇事者的侵害行为以及舞厅的违约行为共同导致了刘某的人身健康受到侵害，而舞厅的行为不符合法定的免责条件，因此肇事者与舞厅均负有责任赔偿受害人刘某的经济损失。

三、特殊侵权责任

（一）特殊侵权责任的概念

特殊侵权责任是损害后果发生后，不按照一般侵权责任的四个要件，而是依照法律的直接规定所确定的侵权责任。特殊侵权也是指有缺陷的产品所造成的侵权责任。有缺陷的产品，是指存在危及人身和该产品以外的其他财产安全的不合理的危险的产品，它是《中华人民共和国产品质量法》（以下简称《产品质量法》）等法律中特有的概念。

（二）特殊侵权的法律特征

特殊侵权行为法律特征主要表现为以下几个方面：

（1）特殊侵权行为主要适用特殊的归责原则，即无过错责任或者公平责任。

（2）特殊侵权行为由法律直接规定。这里所称的"法律"包括《侵权责任法》《合同法》《产品质量法》等。

（3）特殊侵权行为在举证上适用举证责任倒置原则。即指由加害人就自己没有过错或者存在法定的抗辩事由承担举证责任，受害人对此无需举证。

（4）法律对特殊侵权行为的免责事由作出严格限制。一般免责事由通常包括不可抗力和受害人故意。此外，受害人的过错、第三人的过错、加害人没有过错或者履行了法定义务也可能基于特别规定成为免责事由。

（三）产品质量原因致人损害的特殊侵权要件

《侵权责任法》第四十一条规定："因产品存在缺陷造成他人损害的，生产者应当承担侵权责任。"该法第四十二条规定："因销售者的过错使产品存在缺陷，造成他人损害的，销售者应当承担侵权责任。销售者不能指明缺陷产品的生产者也不能指明缺陷产品的供货者的，销售者应当承担侵权责任。"

《民法通则》第一百二十二条规定："因产品质量不合格造成他人财产、人身损害的，产品制造者、销售者应当依法承担民事责任。运输者、仓储者对此负有责任的，产品制造者、销售者有权要求赔偿损失。"在《民法通则》和《产品质量法》的基础上，《侵权责任法》对这种侵权行为作了进一步的规定。该法第四十三条规定："因产品存在缺陷造成损害的，被侵权人可以向产品的生产者请求赔偿，也可以向产品的销售者请求赔偿。产品缺陷由生产者造成的，销售者赔偿后，有权向生产者追偿。因销售者的过错使产品存在缺陷的，生产者赔偿后，有权向销售者追偿。"产品缺陷造成损害的侵权行为，不要求行为人主观上具备过错，从责任上来讲，实行无过错责任原则。也就是说只要产品有缺陷，对旅游者具有不当危险，使其人身或财产受到损害,该产品的产销各个环节的人,包括制造者、销售者、运输者、保管者等,就应承担损害赔偿的民事责任。构成产品缺陷致人损害的侵权行为的要件包括以下几点:

1. 产品质量不合格

产品质量不合格即该产品存在缺陷。所谓产品,是指经过加工、制作,用于销售的产品。缺陷则是指产品存在不合理的危险,这种危险危及旅游者人身和财产安全,判断危险的标准有一般标准和法定标准。一般标准是一般的消费者有权期待的安全性,法定标准是国家标准以及行业对某些产品规定的保障人体健康和人身、财产安全的专门标准。

2. 不合格产品造成了旅游者人身伤害和财产损失事实

不合格产品造成了他人财产、人身损害。产品缺陷致人损害的事实包括人身伤害、财产损失和精神损害等。人身伤害包括致人死亡和致人伤残。财产损失不是缺陷产品自身的损失,而是指缺陷产品以外的其他财产损失,既包括直接损失也包括间接损失。这里所指的他人财产是指缺陷产品以外的财产,至于缺陷产品自身的损害,购买者可以根据合同法的规定要求销售者承担违约责任,而不是产品责任。精神损害,是指缺陷产品致人损害,给受害人所造成的精神痛苦和感情创伤。

3. 产品缺陷与受害人的损害事实间存在因果关系

损害事实应当是由该缺陷产品所致,否则生产者或销售者不承担责任。产品缺陷致人损害,产品制造者与销售者承担的是连带责任,即受害人可以向产品的生产者要求赔偿,也可以向产品的销售者要求赔偿。属于产品的销售者的责任的,产品的生产者赔偿后,产品的生产者有权向产品的销售者追偿。属于产品的生产者的责任的,产品的销售者赔偿后,产品的销售者有权向产品的生产者追偿。如果销售者不能指明缺陷产品的生产者也不能指明缺陷产品的供货者的,销售者应当承担赔偿责任。如果产品的运输者、仓储者对产品质量不合格负有责任的,产品生产者、销售者在向受害者赔偿后有权向运输者、仓储者要求赔偿。

(四)旅游企业建筑上的物件致人损害的特殊侵权要件

《侵权责任法》第八十七条规定:"从建筑物中抛掷物品或者从建筑物上坠落的物品造成他人损害,难以确定具体侵权人的,除能够证明自己不是侵权人的外,由可能加害的建筑物使用人给予补偿。"旅游企业建筑上的物件包括建筑物或者其设施以及建筑物上的搁置物、悬挂物等。《民法通则》第一百二十六条规定:"建筑物或者其他设施以及建筑物上的搁置物、悬挂物发生倒塌、脱落、坠落造成他人损害的,它的所有人或者管理人应当承担民事责任,但能够证明自己没有过错的除外。"该行为的构成要件包括以下几点:

1. 须有建筑物或建筑物上的搁置物、悬挂物致人损害的行为

建筑物包括与土地相连的各类人造设施,如旅游企业的建筑、设施、广告牌、电线杆等。搁置物、悬挂物是与建筑物相连的位于高处的附属物,如阳台上的花盆、悬挂于窗外的空调等。因这些物件的倒塌、脱落或坠落,造成他人损害的,适用建筑物致人损害的侵权行为。

2. 存在损害事实

建筑物及其附属物给他人造成了人身或财产损失。

3. 建筑物致害行为与损害事实之间有因果关系

即损害后果是由建筑物的倒塌、脱落或坠落造成的。

4. 建筑物的所有人或管理人有过错

建筑物致人损害的侵权行为同样适用过错推定责任,即一旦发生建筑物致人损害的后

果，便推定其所有人或管理人有过错，除非所有人或管理人自己举证证明自己无过错的，否则应承担民事责任。

> **案例 1**
>
> 某年 3 月江苏青年潘某住宿杭州 TH 饭店，30 日晚 7 时许，潘某欲乘电梯回房间休息，就在他左脚跨入电梯里的一刹那，电梯门突然关闭，电梯急速上升，致其当场死亡。4 月 3 日，死者父母向法院提起诉讼。通过法庭调解，直至 4 月 6 日凌晨 2 时，双方达成赔偿协议，杭州 TH 饭店和 XZ 电梯厂一次性赔偿人民币 12 万元。

> **案例 2**
>
> 某年 10 月 21 日，AH 电视台工作人员一行五人应邀参加"上海国际电视节"活动。根据电视节组委会的安排，该电视台的狄、吴二人住进某宾馆 6002 号房间。10 月 26 日，电视台人员经过一天的采访活动后回到宾馆，晚上 7 时许，由于消防栓喷淋头突然失控，房间顶部出现大量漏水情况，二人全身淋湿。与此同时，AH 电视台进口的一台录像机和一架进口高级照相机等物品不同程度被漏水浸湿受潮。为此，AH 电视台狄、吴二人与该宾馆交涉，要求赔偿其财产和精神遭受的损害，但宾馆仅同意赔偿部分损失。由于双方就赔偿数额不能达成一致意见，AH 电视台和狄、吴二人向法院起诉。
>
> 法院经审查认为，原告住宿被告处，被告理应提供相应的安全服务，由于被告房内的消防喷淋设施发生故障，致使原告的经济利益遭受损失，被告应当为此承担赔偿责任。赔偿的数额应以原告实际遭受的损失为限，原告的其他请求不能支持。

第二节 旅游者财物毁损或灭失的赔偿责任

根据我国《侵权责任法》和《民法通则》等法律的规定，对旅游者财物造成损害的，首先应当恢复原状，不能恢复原状的，应当折价赔偿。赔偿时，能以同种类和同质量的实物赔偿的，可以实物赔偿，不能以实物赔偿的，应折价以金钱赔偿。折价时，一般以损害发生时、发生地的通常价格为准，依照财产实际价值的损失来确定赔偿额。如果当事人双方对财产的实际价值有争议，应请有关人员进行鉴定，以鉴定所确定的损失额为准。

由于旅游者自己的疏忽大意而使财物毁损或灭失的，旅游企业不应当承担责任或减轻赔偿责任。如旅游者没有锁上门窗，或者没有按照旅游企业的告示将贵重物品交给旅游企业保管，造成财产的灭失，旅游企业可以减轻或免除责任。因地震、洪水等自然灾害而造成旅游者财物的损失，旅游企业的责任也可以减轻或免除。《侵权责任法》第二十九条规定："因不可抗力造成他人损害的，不承担责任。法律另有规定的，依照其规定。"《民法通则》第一百零七条规定："因不可抗力不能履行合同或者造成他人损害的，不承担民事责任，法律另有规定的除外。"

旅游者的财物毁损或灭失要求进行赔偿时，应当具备以下几个条件：

（1）同旅游企业有法律关系（即狭义上的旅游者），旅游企业有保护他的财物安全的法定义务；

（2）财物的毁损或灭失是在旅游企业实际控制的范围内；

(3) 财物的毁损或灭失是旅游企业的故意或者过失行为;
(4) 旅游者能够提供毁损或灭失财物的名称、数量及其价值等。

财产损害赔偿当事人需要准备以下的举证:
(1) 证明损害事实发生的原因、经过、时间、地点的书证(证人、证言)、物证;
(2) 被损害财产所有权的证明;
(3) 被损害财产的品名、规格、数量、质地、新旧程度、价值(贵重物品需有关部门的鉴定书);
(4) 被损害财产的毁损程度或灭失等证据;
(5) 需委托他人代理诉讼的,提交授权委托书。

第三节 旅游者人身损害的赔偿责任

《中华人民共和国旅游法》第五十条规定:"旅游经营者应当保证其提供的商品和服务符合保障人身、财产安全的要求。旅游经营者取得相关质量标准等级的,其设施和服务不得低于相应标准。"2010年7月1日实施的《侵权责任法》第三十七条明确规定:"宾馆、商场、银行、车站、娱乐场所等公共场所的管理人或者群众性活动的组织者,未尽到安全保障义务,造成他人损害的,应当承担侵权责任。因第三人的行为造成他人损害的,由第三人承担侵权责任;管理人或者组织者未尽到安全保障义务的,承担相应的补充责任。"这是继2004年5月1日实施的《最高人民法院关于审理人身损害赔偿案件适用法律若干问题的解释》后,直接针对旅游企业有关人身损害方面规定的最直接的法律规定。《最高人民法院关于审理人身损害赔偿案件适用法律若干问题的解释》第六条规定:"从事住宿、餐饮、娱乐等经营活动或者其他社会活动的自然人、法人、其他组织,未尽合理限度范围内的安全保障义务致使他人遭受人身损害,赔偿权利人请求其承担相应赔偿责任的,人民法院应予支持……安全保障义务人有过错的,应当在其能够防止或者制止损害的范围内承担相应的补充赔偿责任。"根据我国法律的规定,由于旅游企业的原因侵害了旅游者的人身安全,造成旅游者人身损害的,应当承担相应的赔偿责任。

根据《侵权责任法》第十六条的规定:侵害他人造成人身损害的,应当赔偿医疗费、护理费、交通费等为治疗和康复支出的合理费用,以及因误工减少的收入。造成残疾的,还应当赔偿残疾生活辅助具费和残疾赔偿金。造成死亡的,还应当赔偿丧葬费和死亡赔偿金。

人身损害可以分为一般伤害、造成残疾、造成死亡三种情况。

(1) 对于旅游企业在提供产品或者服务过程中,造成旅游者或者其他受害人人身一般损害的,旅游企业应当赔偿医疗费、治疗期间的护理费、因误工所减少的收入等项费用。

(2) 对于旅游企业在提供产品或者服务过程中,造成旅游者或者其他受害人残疾的,旅游企业赔偿的范围包括医疗费、治疗期间的护理费、因误工所减少的收入、残疾者生活补助费、残疾赔偿金、受害人扶养的人所必需的生活费、假肢费等项费用。

(3) 对于旅游企业在提供产品或者服务过程中,造成旅游者或者其他受害人死亡的,赔偿的范围包括丧葬费、死亡赔偿金以及死者生前扶养的人所必需的生活费等项费用。如果受害人死亡之前有抢救费、医疗费、护理费等费用的,旅游企业也应当一并赔偿。

因为第三人造成旅游者人身损害的,旅游企业在承担责任后,可以向第三人追偿。根据《中华人民共和国消费者权益保护法》第四十二条规定:"经营者提供商品或者服务,造成消费者或者其他受害人死亡的,应当支付丧葬费、死亡赔偿金以及由死者生前扶养的人所必需的生活费等费用;构成犯罪的,依法追究刑事责任。"

人身损害赔偿当事人需要准备以下的举证:

(1) 证明损害事实发生的经过、原因、时间、地点的书证(证人、证言)、物证;
(2) 到有关部门指定的医疗部门就诊的证明;
(3) 医疗部门的所有诊断证明、处方、病历及各项医疗费用单据,包括:挂号费、检查治疗费、医药费、住院费等;
(4) 医疗部门出具的陪护证明、转院证明、病休证明;
(5) 单位出具的垫付医疗费用证明、误工损失(受害人工资、奖金、误工天数、固定补贴)证明;
(6) 就医交通费用单据;
(7) 如要求伤残赔偿,需提供高级法院法医室或公安部门的伤残鉴定及赔偿数额依据;
(8) 需委托他人代理诉讼的,提交授权委托书。

第四节 侵权责任与违约责任的责任竞合

一、侵权责任与违约责任的相同性

在现实生活中一种违法行为常具有两种性质,同时符合违约责任和侵权责任的构成要件。具体表现为以下几种情况:

(1) 合同当事人的违约同时侵犯法律规定的强行性义务,如保护、照顾、通知、忠诚等附随义务或其他不作为义务。而在某些情况下,一方当事人违反法定义务的同时又违反了合同担保义务,如出售有瑕疵的产品致人伤害。

(2) 在某些情况下,侵权行为直接构成违约的原因,即所谓侵权性违约行为。如旅游企业以保管合同占有旅游者财产后造成财产的灭失或毁损。违约行为也可能造成侵权后果,即所谓的违约性侵权行为。如旅游汽车在运送旅游者的途中,若非不可抗力或旅游者自身的过错,而是因为旅游汽车的过错,如紧急刹车致使旅游者受伤或致残的,旅游汽车既违反了安全运送旅游者的合同义务又侵犯了旅游者的人身权。

(3) 不法行为人实施故意或重大过失侵犯他人权利并造成他人损害的侵权行为时,如果加害人和受害人之间事先存在合同关系的,那么,加害人对受害人的损害行为,不仅可以作为侵权行为还可以作为违反了事先约定的合同义务的违约行为对待。如上海 YH 宾馆发生的客人王翰在宾馆内被抢劫杀害案(见本节后的案例),它既是一种侵权行为又是一种违反事先存在的服务合同的行为。

(4) 一种违法行为虽然只符合一种责任要件,但是,法律从保护受害人的利益出发要求合同当事人根据侵权行为制度提出请求和提起诉讼,或将侵权行为责任纳入合同责任的适用范围。

二、侵权责任与违约责任的区别

(一) 归责原则不同

各国法律普遍规定违约责任适用严格责任或过错推定原则。也就是说不管合同当事人是否具有故意或过失，只要存在债务人不履行合同或履行不符合合同约定的事实，且不具有有效的抗辩事由，就必须承担违约责任。而侵权责任则一般规定为过错责任原则为基础，严格责任为补充。在我国的侵权之诉中，只有受害人具有重大过失时，侵权人的赔偿责任才可以减轻；而在合同之诉中，只要受害人有轻微的过失，违约方就可以减轻赔偿责任。

(二) 举证责任不同

在违约责任中，受害人无须证明加害人的故意或过失，只需证明合同有效存在和合同的不履行或履行不符合约定即可；而违约方应当证明自己没有过错，否则就要承担违约责任。在侵权责任中，受害人一般要证明行为人的故意或过失（特殊侵权责任除外）。因此，受害人在侵权责任中比在违约责任中承担着相对多的举证义务。

(三) 诉讼时效不同

我国《民法通则》规定，因侵权行为产生的赔偿请求权的期限一般为两年，但因身体受到伤害而产生的赔偿请求权的期限为一年；因违约而产生的赔偿请求权的诉讼时效为两年，但在出售质量不合格商品未声明、延期或拒付租金以及寄存财物毁损灭失的情况下，适用一年的诉讼时效。

(四) 责任构成和免责条件不同

在违约责任中，只要行为人实施了违约行为且不具有有效的抗辩事由就要承担违约责任。而在侵权责任中，无损害事实则无侵权责任，损害事实是侵权责任产生的前提条件之一。关于免责条件，在违约责任中，除了法定的免责条款外，当事人还可以在合同中约定不承担责任的情况，而且，即使不可抗力也可以约定其范围；在侵权责任中，只有法定免责条款，不可随意约定。

(五) 责任形式不同

违约责任主要采用违约金的形式，且可约定也可法定。也就是说，在违约行为发生后，违约金的支付并不以对方发生损害为条件。此外，当事人可以在合同中约定损害赔偿的计算方法。而侵权责任主要采用损害赔偿的形式，损害赔偿以实际发生的损害事实为前提，且不能约定计算方法。

(六) 责任范围不同

合同的损害赔偿主要是对财产损失的赔偿，不包括对人身伤害和精神损害的赔偿责任，而且，对于合同的赔偿来说，法律常常采用可预见性标准来限制赔偿的范围。但对于侵权责任来说，损害赔偿范围不仅包括财产损失还包括人身和精神损失的赔偿，不仅包括直接损失还包括间接损失。

(七) 诉讼管辖不同

根据我国的民事诉讼法规定，因合同引起的诉讼既可以由被告住所地法院管辖，也可由合同履行地法院管辖，合同当事人也可以在合同中约定管辖法院（但不得与法律规定冲突），而在侵权之诉中则不可以协议选择管辖法院。

三、侵权责任与违约责任的竞合

责任竞合,是指某一具体的民事不法行为,违反了侵权规范和合同规范,同时具备了违约责任的构成要件和侵权责任构成要件,导致了法律上同时产生违约责任和侵权责任的一种法律现象。

侵权责任和违约责任竞合产生的根本原因是两种责任的对立与同一。责任竞合现象是伴随合同法与侵权法的独立而产生的,它的存在体现了违法行为的复杂性和多重性,又反映了合同法和侵权法相互独立又相互渗透的状况。

《合同法》第一百二十二条规定:"因当事人一方的违约行为,侵害对方人身、财产权益的,受损害方有权选择依照本法要求其承担违约责任或者依照其他法律要求其承担侵权责任。"上述规定是指当事人一方的同一行为既是违约行为又是侵权行为时,受损害方不能既要求违约赔偿,又要求侵权赔偿,因为受损害方不能提出双重请求,只能二者择一。这样规定,对加害方也是公平的,不能对其同一行为承担双重责任,否则是不公平的。以下是一起典型的侵权责任与违约责任责任竞合的案例。

> **案例**
>
> 某年8月23日,刚刚被聘任为深圳市翰适医药有限公司总经理的王翰,赴沪参加中国医药(集团)上海公司药品交流大会,会议地点在金沙江大酒店,但当天酒店客满,王翰被安排入住YH宾馆。
>
> 当天下午2时45分,王翰刚刚在宾馆安顿下来,就给深圳的父母打了电话,告诉父母自己已经平安到达,请父母放心。晚上9时,王翰的男友给王翰房间打电话,但是连打数次,只听见电话那边铃声长响,却总是没有人接听。10时、11时,随着一次次给王翰拨打电话都无响应,王翰的男友和家人开始焦急不安。他们多次向总台讲明情况,请求宾馆服务员到王翰的房间看一下,但都被服务员以"我们没有这项服务"为由拒绝。
>
> 8月24日上午9时30分,在王翰母亲的要求下,宾馆服务员终于答应到王翰入住的1911房间看一下,她打开房门,赫然发现房间内凌乱不堪,女住客王翰已经死在房间内。
>
> 事后,经公安机关勘查,王翰系被他人采用扼压颈部及用锐器刺戳颈部等手段加害,其左侧颈动脉被刺破,造成大失血,并因机械性窒息而死亡。王翰随身携带的3万元人民币及价值7 140元欧米茄防水表等物被劫。
>
> 公安机关立刻查看宾馆的安全监视系统8月23日的全部录像资料,很快,案情就有了眉目。
>
> 录像资料显示:当天下午2时07分,一名身穿军用衬衫,手拿报纸,外来民工模样的男青年在宾馆大堂漫无目地四处走动。2时35分,王翰从宾馆1楼进入,经问讯后乘自动扶梯上宾馆2楼。此时男青年发现王翰,立即尾随她上了2楼。2时45分,王翰在2楼前台办理完登记手续后与行李员一起进入电梯,男青年也随即一同进入电梯,王翰按19楼,男青年则没有按任何楼层,到达19楼后,男青年与王翰及行李员一同走出电梯。2时47分,男青年从19楼乘电梯返回大堂。之后,男青年又六次乘电梯频繁往返于大堂和19楼之间,在大堂游荡,并有东张西望的可疑形迹,4时29分,男青年最后一次乘电梯上19楼。4时55分,男青年身穿王翰的女式意大利名牌白色外衣,手提王翰的礼品袋,从19楼乘电梯至1

楼,顺利走出宾馆,搭乘出租车离去。公安机关由此推定,这个七上七下电梯的男青年便是犯罪嫌疑人,王翰的死亡时间则是8月23日4时29分至4时55分之间。而这个时间距王翰尸体被发现,整整隔了17个小时!也就是说,王翰入住YH宾馆2小时即被害。

事发当天,公安机关便将此案定性为"案犯尾随被害人入室抢劫的特大案件",并发出协查通知,同时在公共场所张贴印有疑凶照片的启事,悬赏人民币5万元捉拿杀人嫌疑犯。

YH宾馆系四星级旅游饭店,有规范的管理制度和安全监控设施。在宾馆自行制定的《宾馆质量承诺细则》中,有"24小时的保安巡视,确保您的人身安全""若有不符合上述承诺内容,我们将立即改进并向您赔礼道歉,或奉送水果、费用打折、部分免费、直至赔偿"等内容。为此,王翰的父母王利毅、张丽霞以宾馆管理工作上存在过失,给犯罪分子的作案提供了有利的客观条件,致使王翰被杀害、财物被抢为由,于同年9月28日诉至上海市长宁区人民法院,请求判令上海YH宾馆赔偿王翰的被劫财物折价费、死后安葬费、生前抚育教育费等经济损失人民币798 860元(其中被抢劫财物28 300元,丧葬费用231 793元,差旅、住宿费95 967元,教育、抚养442 800元)和家属精神损失50万元,并要求宾馆承认错误,赔礼道歉。

长宁区法院一审后认为,王翰死亡和财物被劫系罪犯仝瑞宝的加害行为所致,YH宾馆并非共同加害人。被告在宾馆管理工作中的过失同王翰死亡和财物被劫并无法律上的因果关系,故YH宾馆不应承担赔偿责任。王翰生前入住被告宾馆,其与被告之间建立的是合同法律关系,应适用合同法律规定进行调整,而不应适用消费者权益保护法律规定进行调整。被告对其服务质量承诺未予兑现,应承担违约责任。遂判决上海YH宾馆给付王利毅、张丽霞赔偿费人民币1万元,其余诉讼请求不予支持。

判决后,原告王利毅、张丽霞及被告YH宾馆均提出上诉。王利毅、张丽霞诉称:①上海YH宾馆在管理过程中的过错与王翰之死有法律上的因果关系。YH宾馆的过错表现在其未对仝瑞宝进行访客登记,对仝瑞宝七次上下电梯这一反常行为未进行盘查,亦未予以充分注意,故其虽有完善的监控设备,却不能切实起到对房客的保护作用。②王翰的死亡是由仝瑞宝的犯罪行为及YH宾馆的不作为行为共同造成的。③YH宾馆在本案中的责任是多重的,其应承担侵权责任、违约责任及消费者权益保护法上的责任。本案涉及的侵权责任与合同责任是一种并列责任,不能因为两个角度都有责任而演变为没有责任。王翰作为客人住宿是一种消费行为,应当受到《消费者权益保护法》的保护,本案应当根据保护受害方的原则来处理。

上海YH宾馆上诉称,张丽霞和王利毅同时要求违约责任和侵权责任并举不妥当,根据《中华人民共和国合同法》的规定,责任竞合时,当事人只有单一的请求权。首先,本案不应适用于《消费者权益保护法》,原因是王翰住店不是生活消费,而是因公出差,即便是生活消费,也不符合《消费者权益保护法》中消费者义务单一性和经营者责任单向性两个特征。其次,YH宾馆在王翰住店过程中不存在违约行为:①《上海市特种行业和公共场所治安管理条例》将原来的访客登记改为访客管理,故YH宾馆虽未对仝瑞宝进行访客登记,不能构成对王翰的违约行为;②YH宾馆没有注意到仝瑞宝的可疑迹象,但此乃客观条件所限,不存在不履行注意义务的违约事实;③只有在YH宾馆注意到仝瑞宝的异常举动后不采取行动,才是不作为,但此情节事实显然不存在。第三,YH宾馆即便有违约过失,但此过失也不足以造成王翰死亡。刑事犯罪具有不可预测性,宾馆不具有将一切企图犯罪的人拒于宾馆之外的辨别力。因此,宾馆提醒客人从门上探视镜中看清来访客人再开门,并同时配有自动闭门器、安全链条等设备。王翰未看清来者即开门也为仝瑞宝犯罪提供了可能的条件。在庭审过程中,YH宾馆对王翰之死表示同情,愿意从人道主义角度出发,给予王翰家属补偿金人民币1万元。

上海市第一中级人民法院二审后认为,宾馆作为特殊服务性行业,应向住客提供安全的住宿环境。王翰付费入住上海YH宾馆,其与YH宾馆形成了以住宿、服务为内容的合同关系。在此类合同中,宾馆应提供与收费标准相一致的房间设施及服务,并应保证宾馆内设施及环境安全,恪尽最谨慎的注意义务,采取切实的安全防范措施,以使住客在宾馆内免遭非法侵害。否则即为违反合同义务,宾馆并应因此向住客承担违约责任。宾馆的注意程度、措施的采取程度应根据宾馆的等级、收费以及承诺等因素加以确定。在本案中,YH宾馆已将安全保障义务以书面形式予以公开承诺,因此该义务可视为双方明确约定,故YH宾馆更应切实履行与其星级服务相称的对住客的安全保护义务,密切监控,严格防范,维护一切住客人身、财产安全。YH宾馆未能履行对王翰的安全保护义务,其行为已构成违约。

《中华人民共和国合同法》第一百零七条采用的是严格责任的归责原则,如违约方不能证明自己具备法律所规定的免责事由(即不可抗力和受害人故意),即应承担违约责任。YH宾馆不能证明其违约行为系因不可抗力所致,而其关于王翰自身怠于防范致犯罪有机可乘的辩称意见虽有一定的合理性,但亦不能构成"受害人故意"的免责事由。王翰未能充分利用宾馆提供的安全设施,对事件的发生亦具有轻度的过失,因此YH宾馆对本案的违约赔偿数额可因此酌情降低。又据《中华人民共和国合同法》的规定,违约损害赔偿的数额应以违反合同一方订立合同时预见到或者应当预见到的因违反合同可能造成的损失为限。根据本案的事实,YH宾馆的违约赔偿范围应包括王翰丧事支出的合理差旅费及王翰个人合理的财产损失。原审法院根据违约损害赔偿的原则不支持张丽霞、王利毅关于精神损失费赔偿的请求并无不当。

王翰的死亡系仝瑞宝的行为所致,YH宾馆的不作为仅为仝瑞宝实施犯罪提供了条件,这种条件与王翰的死不构成因果关系。YH宾馆与仝瑞宝既无主观上的共同故意,又无客观上的行为牵连,两者不构成共同侵权行为。YH宾馆不应当承担侵权责任。同理,王翰的死并非YH宾馆提供的服务直接造成,故本案不适用《消费者权益保护法》。

本案诉讼中,上诉人王利毅、张丽霞未能明确其诉讼请求的法律依据。二审依据有利于权利人的原则确认本案损害赔偿的基础为违约责任。遂判决:驳回上诉,维持原判。

第五节 对旅游者精神损害的赔偿责任

一、精神损害赔偿的法律规定

2010年7月1日实施的《侵权责任法》第一次在立法上明确了精神损害赔偿,规定侵害他人人身权益,造成他人严重精神损害的,被侵权人可以请求精神损害赔偿。这是《侵权责任法》的一个亮点,表明我国在现行法律中首次明确规定了精神损害赔偿。

《侵权责任法》第二十二条规定:"侵害他人人身权益,造成他人严重精神损害的,被侵权人可以请求精神损害赔偿。"

二、精神损害赔偿的概念

精神损害,是指对民事主体精神活动的损害。精神损害对自然人来讲是造成生理和心理上精神活动的损害,以及自然人与法人或其他组织维护其精神利益的精神活动的破坏,其最终表现形式是精神痛苦和精神利益的丧失或减损。精神损害赔偿作为损害赔偿的一个组成部分,是精神损害所导致的法律后果。

人身损害案件中的"精神损害赔偿",是指对公民的生命权、健康权、身体权、姓名权、肖像权、名誉权、荣誉权、人格尊严权、人身自由权、隐私权等受到不法侵害,并造成伤害后果,致使受害人或者近亲属人格权受到非财产性的侵害行为所造成的精神损害给予适当经济补偿的一种民事法律制度。随着法治的健全,旅游者在接受旅游企业服务的过程中受到人身损害,要求进行精神损害赔偿的情况越来越多,提出赔偿金要求的也越来越多。对精神损害进行赔偿是法治的一大进步。

三、精神损害的归属

对于民事赔偿中的人身损害的费用比较好计算,如医疗费、交通费、护理费、营养费、生活补助费等,法律均明确规定了相应的标准(见2004年5月1日施行的《最高人民法院关于审理人身损害赔偿案件适用法律若干问题的解释》)。

名誉侵权案的精神赔偿案,一般的法院都会受理判决,只是判决赔偿多少的问题,因为民法明确保护公民的人格权。而对于其中的精神损害赔偿问题,法律规定的较为原则。

按我国传统民法理论,精神损害仅限于姓名权、肖像权、名誉权、荣誉权等人身权范围。但随着法律的发展,精神损害已经扩大到生命健康权、隐私权等领域(见最高人民法院于2001年3月发布的《最高人民法院关于确定民事侵权精神损害赔偿责任若干问题的解释》和2010年7月1日实施的《侵权责任法》)。

四、精神损害的赔偿问题

《侵权责任法》第二十二条规定:"侵害他人人身权益,造成他人严重精神损害的,被侵权人可以请求精神损害赔偿。"这就表明只有侵害他人人身权益,造成他人"严重"精神损害的,被侵权人才可以请求精神损害赔偿。

精神损害究竟该如何赔偿?赔多少?这的确很难有一个明确计算的方法。在将如此抽象的东西具体化、货币化的过程中,不可能有一个十分合情合理的标准。一般来讲,精神损害数额多综合被害人精神损害的程度、侵害人的过错程度、侵害行为的社会后果及影响、当地的经济条件等多种因素予以确定。这些因素可以归为二类。

(一) 法定因素

法定因素即侵害人的过程、程度、侵权行为具体情节、侵权造成的后果和社会影响、受害人精神损害程度(即痛苦程度)及持续状况。

(二) 酌定因素

酌定因素即根据立法精神,从司法实践中总结出来的,由法院灵活掌握、酌情适用的因素,即当事人主体类型、双方经济状况、侵权人认错态度和受害人的谅解程度、侵权人实际赔偿能力、社会状况的变化等因素。如鉴于被告人的履行能力,依据我国有关法律和司法解释,结合当地普通市民的一般生活标准,法官和审判组可以在有关规定的幅度范围内既原则又灵活地选择一个合情合理合法合适的精神赔偿数额。

对于国家的赔偿,法律规定得较为详细,2012年10月26日第十一届全国人民代表大会常务委员会第二十九次会议通过,自2013年1月1日起施行的《中华人民共和国赔偿法》中规定,对侵害公民生命健康权的,赔偿金按照下列规定计算:

(1) 造成身体伤害的,应当支付医疗费、护理费,以及赔偿因误工减少的收入。减少的收入每日的赔偿金按照国家上年度职工日平均工资计算,最高额为国家上年度职工年平均工资的五倍。

(2) 造成部分或者全部丧失劳动能力的,应当支付医疗费、护理费、残疾生活辅助具费、康复费等因残疾而增加的必要支出和继续治疗所必需的费用,以及残疾赔偿金。残疾赔偿金根据丧失劳动能力的程度,按照国家规定的伤残等级确定,最高不超过国家上年度职工年平均工资的二十倍。造成全部丧失劳动能力的,对其扶养的无劳动能力的人,还应当支付生活费。

(3) 造成死亡的,应当支付死亡赔偿金、丧葬费,总额为国家上年度职工年平均工资的二十倍。对死者生前扶养的无劳动能力的人,还应当支付生活费。

关于精神损害赔偿,《中华人民共和国赔偿法》规定:致人精神损害的,应当在侵权行为影响的范围内,为受害人消除影响,恢复名誉,赔礼道歉;造成严重后果的,应当支付相应的精神损害抚慰金。

但是,对于公民个人来说,由于受侵害的主体不同、地区不同、影响程度不同,存在着很大的差异。

> **案例**

某年7月8日上午10时许,上海某外语学院学生钱某带11岁侄子逛街时来到上海QCS日用品有限公司四川北路店,当钱某从正门出来准备离开时,出口处报警器突然鸣响。商店的保安赶来,阻止钱某离开,并让钱穿行了三次防盗门,但警报声仍然响起。然后保安以需要仔细检查、钱某应予配合为由,由女保安将其带到地下商场的办公室内,用手提电子探测器对钱某作全身检查。在确定钱某左髋部发出磁信号后,保安即责令钱脱裤检查,钱某先后两次含泪解开裤子拉链接受检查,结果证明钱某清白无辜。

随后,钱某向上海市虹口区人民法院起诉,要求商店赔礼道歉并赔偿精神等损失费50万元人民币。

同年10月28日,上海市虹口区人民法院对这起侵害名誉权案作出一审判决:被告上海QCS日用品有限公司四川北路店在《新民晚报》上刊登向原告钱某赔礼道歉的公告(内容须经法院审核),另外赔偿原告精神等损失费人民币25万元。被告上海QCS日用品有限公司承担连带责任。

QCS日用品有限公司是港方企业,经港方律师和上海律师共同研究,认为一审对此案判定不公,故提出上诉。

上诉状认为,一审判决QCS日用品有限公司向钱某支付中国创纪录的25万元人民币的精神损失费的理由不能成立。一审判决主要有以下四条理由:

①侵权情节恶劣;②钱某受害程度较深;③引起社会不良反响;④QCS日用品有限公司有实际支付能力。

QCS日用品有限公司认为,这四条理由不能成立,退一万步讲,即使一审判决认定的侵权事实成立,那么也就是一名女店员在履行自己保安人员的职责时,将一位再三引发防盗系统报警的女顾客带入办公室,在办公室没有任何人围观的情况下,用手提式探测器在不接触顾客身体的情况下作局部探查,查明了具体部位后,为了进一步检查而触摸了女顾客的身体。将顾客带到办公室而避免围观,不仅不是为了对顾客的名誉进行侵害,主观上完全是出于对顾客的名誉的最大保护(若该顾客的确有不轨行为的话)。钱某在当场与商店交涉未果的情况下,当天立即向区消费者协会及新闻媒体投诉,后又聘请律师提起诉讼,开学后正常上课,所谓"受侵害程度较深"有什么事实根据?究竟"深"在什么地方?

二审受理此案后认为,根据司法实践及本案的具体情况,25万元人民币的赔偿金额明显过高,本院应予以纠正,故改判为1万元赔偿金。

第六节 诉讼时效

一、诉讼时效的概念

诉讼时效,是指权利人于一定期间内不行使请求权,也就丧失该权利,法院对权利人的民事权益不再予以保护的法律制度。旅游者或旅游企业的民事权利受到侵害,在法定的时效期间内不行使权利,当时效期间届满时,债务人获得诉讼时效抗辩权。在法律规定的诉讼时效期间内,权利人提出请求的,人民法院就强制义务人履行所承担的义务。而在法定的诉讼时效期间届满之后,权利人行使请求权的,人民法院就不再予以保护。

二、一般诉讼时效

一般诉讼时效是指在一般情况下普遍适用的时效,这类时效不是针对某一特殊情况规定的,而是普遍适用的,如我国《民法通则》第一百三十五条规定:"向人民法院请求保护民事权利的诉讼时效期限为二年,法律另有规定的除外。"《产品质量法》第四十五条规定:"因产品存在缺陷造成损害要求赔偿的诉讼时效期间为二年,自当事人知道或者应当知道其权益受到损害时起计算。"这表明,我国民事诉讼的一般诉讼时效为两年。

三、特殊诉讼时效

特殊诉讼时效是指由国家法律、法规特别规定适用于某些特殊索赔纠纷的时效。

特殊诉讼时效,是指由民事基本法或特别法就某些民事法律关系规定的短于或长于普通诉讼时效期间的时效。特殊时效优于普通时效,也就是说,凡有特殊时效规定的,适用特殊时效,我国《民法通则》第一百四十一条规定:"法律对时效另有规定的,依照法律规定。"我国《民法通则》第一百三十六条规定:下列的诉讼时效期间为一年:

(1) 身体受到伤害要求赔偿的;
(2) 出售质量不合格的商品未声明的;

(3) 延付或拒付租金的；
(4) 寄存财物被丢失或被损坏的。

四、长期诉讼时效

长期诉讼时效是指诉讼时效在两年以上二十年以下的诉讼时效。《环境保护法》第六十六条规定："提起环境损害赔偿诉讼的时效期间为三年，从当事人知道或者应当知道其受到损害时起计算。"《合同法》第一百二十九条规定："因国际货物买卖合同和技术进出口合同争议提起诉讼或者申请仲裁的期限为四年，自当事人知道或者应当知道其权利受到侵害之日起计算。因其他合同争议提起诉讼或者申请仲裁的期限，依照有关法律的规定。"

五、最长诉讼时效

最长诉讼时效为二十年。我国《民法通则》第一百三十七条规定："从权利被侵害之日起超过二十年，人民法院不予保护。"根据这一规定，最长的诉讼时效的期间是从权利被侵害之日起计算，权利享有人不知道自己的权利被侵害，时效最长也是二十年，超过二十年，人民法院不予保护。

时效具有强制性，任何时效都由法律、法规强制规定，任何单位或个人对时效的延长、缩短、放弃等约定都是无效的。

复习思考题

1. 什么是侵权的民事责任？
2. 什么是一般侵权责任？它的构成要件有哪些？
3. 什么是特殊侵权责任？它的构成要件有哪些？
4. 旅游者的财物毁损或灭失要求进行赔偿时，应当具备哪些条件？
5. 旅游者的人身损害可以分为哪几种情况？
6. 旅游者要求精神损害赔偿，要考虑哪些因素？

第九章 旅游者入出境管理法律制度

> **本章导读**
>
> 旅游已经成为当今世界一种引人瞩目的全球化现象。国际旅游在全球化和一体化的进程中，扮演着越来越重要的角色。改革开放30多年来我国旅游事业发展迅猛，2016年上半年中国入境旅游达到了6 510万人次。随着我国公民生活水平的提高，近年来我国大量的旅游者走出国门，去世界各地旅游，2016年上半年我国出境旅游人数达到了6 190万人次。中国已经连续四年成为世界第一大出境旅游消费国。
>
> 大量境外旅游者进入中国旅游和大量中国旅游者的出境旅游，使得我国的旅游者入、出境管理法律制度逐步趋于完善。

案例导入

> 2016年4月30日下午6时许，北京首都机场出现一名非洲男子，他手中拎着两个很大的皮箱排在队伍中，不时抬头看一眼边防的民警。最后他选择了一个看起来较年轻的民警走了过去。在检查中，这名男子称他是来中国旅游的，买的是一些旅游纪念品。当这位民警检查他的护照的时候，发现护照有伪造嫌疑。经进一步鉴定，此本护照是一本假护照。
>
> 通过检查得知，原来这位非洲"旅游者"是一名国际"倒爷"，从他随身携带的大皮箱中，掏出来的全是手机、充电器、电子表等电子产品。这位说着一口流利中文的非洲"倒爷"最终交代，他经常往返于中国和非洲之间，倒卖这种电子产品。为了能够找到更优质便宜的电子产品，他这次在中国待的时间有点长，为了逃避中国边防检查的处罚，就花重金买了一本假护照。
>
> 按照规定边防民警对这位"旅游者"进行了扣留。该"旅游者"为什么会被扣留呢？

第一节 外国旅游者在中国的法律地位

一、外国旅游者的概念

外国人，是指在一国境内不具有该居住国国籍，而具有其他国家国籍的人。无国籍人也包括在这一范围，享有外国人的待遇。区别谁是本国旅游者，谁是外国旅游者，其根据就是国籍。具有某一国国籍的旅游者对该国有一定的权利和义务。国籍,是指一个人属于某一个国家成员的法律资格,也是区别一个人是本国人还是外国人的唯一标志。每一个国家都有权制定自己的国籍法。目前世界上国籍的取得主要有出生和入籍两种方式。

二、外国旅游者在中国的法律地位

(一) 外国旅游者在中国的法律地位内容概述

外国旅游者的法律地位主要涉及外国旅游者入境、出境以及居留期间的权利、义务等。外国旅游者在一国境内的法律地位,一般由该国的国内法规定,有的也通过双边或多边条约所规定的外国旅游者待遇标准加以规定。外国旅游者在中国的法律地位包括外国旅游者在我国居留及居留期间的权利和义务等方面的规定。按照国际法原则,所有在一国境内的外国旅游者都处于所在国的管辖之下,他们必须遵守所在国的法律。根据这一原则,在中国旅游的外国旅游者必须遵守和服从我国的法律、法令及有关规定。我国法律对于外国旅游者的合法权益和生命财产的安全也给予保护。中国政府保护在中国境内的外国旅游者的合法权益。外国旅游者的人身自由不受侵犯,非经人民检察院批准或者人民法院决定,并由公安机关或者国家安全机关执行,不受逮捕。外国旅游者在中国境内,必须遵守中国法律,不得危害中国国家安全、损害社会公共利益、破坏社会公共秩序。

(二) 外国旅游者在中国的民事法律地位

《中华人民共和国宪法》规定:"中华人民共和国保护在中国境内的外国人的合法权利和利益,在中国境内的外国人必须遵守中华人民共和国的法律。"这表明,我国承认外国旅游者在我国应有的法律地位。我国有关法律中也明确规定在某些方面赋予外国旅游者以国民待遇。近年来,我国制定了一系列的涉外法律,这些法律赋予外国旅游者在我国以广泛的权利,包括人身权、财产权、诉讼权等等。如果他们的民事权利遭受侵害,可以在我国法院提起民事诉讼。但是我国公民所享有的政治权利,外国旅游者是不享有的,他们也不负担政治上的义务。

(三) 外国旅游者在中国的刑事法律地位

《中华人民共和国刑法》(以下简称《刑法》)规定:"凡在中华人民共和国领域内犯罪的,除法律有特别规定的以外,都适用本法。犯罪的行为或者结果有一项发生在中华人民共和国领域内的,就认为是在中华人民共和国领域内犯罪。"

《刑法》第十一条规定:"享有外交特权和豁免权的外国人的刑事责任,通过外交途径解决。"

第二节 外国旅游者入境和出境管理

一、外国旅游者入境管理

(一) 护照

护照是各主权国家发给本国公民在出入国境和在外国旅行、居留时证明其国籍、身份以及出国之目的的证件。凡是出国的人均应持有有效护照,以便有关当局检验。

（二）签证

签证是主权国家官方机构发给本国和外国公民出入国境或者外国人在本国居留、居住的许可证明。签证均做在护照或其他身份证件上。

为了维护国家主权和安全，各国对外国人入境都制定了严格的签证管理制度，并根据互惠和对等的原则，对办理入境签证提出了不同的要求。

凡外国人要求入境应向中国外交代表机关、领事机关或外交部授权的其他驻外机关申请办理登记。根据外国人来中国的身份和所持护照的种类，分别发给外交签证、礼遇签证、公务签证、普通签证等。我国政府规定，根据外国人申请来中国的事由，在普通签证上标有相应的汉语拼音字母（D、Z、X、F、L、G、C）。凡持有"L"字母的签证者，系来中国旅游、探亲或因其他私人事务入境的人员。九人以上组团来中国旅游的，发给该类团体签证。在国外办理签证的机关是中国的外交代表机关、领事机关和外交部授权的其他驻外机关。在国内办理签证的机关是公安部或由公安部授权的地方公安机关和外交部授权的地方外事部门（港澳居民往来内地的，自2013年1月2日起使用新版的《港澳居民来往内地通行证》）。

（三）入境口岸

外国旅游者入境、过境和在中国境内旅游，必须经中国政府主管机关许可。外国旅游者入境、出境、过境，必须从对外国人开放或者指定的口岸通行，要接受边防检查机关的检查。

公安部授权的口岸签证机关设立在下列口岸：北京、上海、天津、大连、福州、厦门、西安、桂林、杭州、昆明、广州（白云机场）、深圳（罗湖、蛇口）、珠海（拱北）等。

外国人抵达口岸，必须向边防检查站缴验有效护照和中国的签证、证件，填写入出境卡，经边防检查站查验核准加盖验讫章后方可入境。

（四）入境管理

申请入境的外国人，应提供下列证明：

(1) 提供有效护照；

(2) 应聘受雇来华工作的外国人，出示受聘应雇证明；

(3) 申请来中国定居的外国人，应持有定居身份确认表。定居身份确认表，由申请人向定居处的公安机关申领。中国政府主管机关根据外国人申请入境的事由，审核合格者发给相应的签证。

（五）入境限制

在入出境方面，为了国家的安全和利益，我国法律规定了几种人不能入境。如各种严重传染病者、精神病患者、来中国进行间谍活动者、走私贩毒等刑事犯罪者、未持有效的入境证件者等。这是国家行使主权的表现，是国际法所承认的。国家有驱逐在境内违反我国法律的已判刑的和未判刑的外国人的权利。

对入境后可能危害中国国家安全和社会秩序的外国人不准入境。我国不准外国人入境的规定有：

(1) 被中国政府驱逐出境，未满不准入境年限的；

(2) 被认为入境后可能进行恐怖、暴力颠覆活动的；

(3) 其入境后可能进行走私、贩毒、卖淫活动的；

(4) 患有精神病、麻风病、艾滋病、性病、开放性肺结核等传染病的；

(5) 不能保障其在中国期间所需费用的；

(6) 被认为入境后可能进行危害我国安全和利益的其他活动的。

二、外国旅游者在中国居留管理

2013年7月1日起施行的《中华人民共和国外国人入境出境管理法》第三十九条规定:"外国人在中国境内旅馆住宿的,旅馆应当按照旅馆业治安管理的有关规定为其办理住宿登记,并向所在地公安机关报送外国人住宿登记信息。外国人在旅馆以外的其他住所居住或者住宿的,应当在入住后二十四小时内由本人或者留宿人,向居住地的公安机关办理登记。"

外国旅游者依照中国法律在中国投资或同中国的企事业单位合作开办企业及因其他原因需要在中国长期居留的,经我国政府主管机关批准,可以取得在中国长期居留或永久居留的资格。我国政府规定外国人居留证有效期可签发一至五年。

持居留证的外国人,在中国变更居留地点,必须依照规定办理迁移手续。未取得居留证的外国人和来中国留学的外国人,未经中国政府主管机关允许不得在中国就业。

对不遵守中国法律的外国人,中国政府主管机关可以缩短其在中国停留的期限或者取消其在中国居留的资格。

三、外国人在中国旅游管理

外国旅游者前往不对外国人开放的市、县旅行,须事先向所在市、县公安局申请旅行证,获准后方可前往。申请旅行证须履行下列手续:
(1) 交验护照或者居留证件;
(2) 提供与旅行事由有关的证明;
(3) 填写旅行申请表。

外国人旅行证的有效期最长为1年,但不得超过外国人所持签证或者居留证件的有效期限。外国人领取旅行证后,如要求延长旅行证有效期、增加不对外国人开放的旅行地点、增加偕行人数,必须向公安局申请延期或者变更。外国人未经允许,不得进入不对外开放的场所。

案例 **因为流连世博会 逾期居留受处罚**

美国旅客汉斯是一位忠实的世博会粉丝,4月15日他只身一人来到上海,游览一个月后又慕名来到北京。5月24日,汉斯准备从北京口岸乘坐飞机回国时,被边检机关告知其已逾期居留。原来,汉斯所办理的中国签证从4月1日开始生效,6月1日前入境有效,并允许在中国停留30天。粗心的汉斯错误地以为签证的有效期是从4月1日到6月1日,并在中国居留了近40天。根据规定,汉斯接受了边检机关的处罚。

四、外国旅游者出境管理

我国政府规定,外国旅游者出境要向边防检查站交验本人有效护照或其他有效证件,经检查无误后,方可出境。

有下列情况之一的外国旅游者,不准出境:
(1) 刑事案件的被告人和公安机关或者人民检察院、人民法院认定的犯罪嫌疑人;
(2) 人民法院通知有未了结民事案件不能离境的;
(3) 有其他违反中国法律的行为尚未处理,经有关主管机关认定需要追究的。

有下列情况之一的外国人,边境检查机关有权阻止出境并依法处理:
(1) 持用无效出境证件的;
(2) 持用他人出境证件的;
(3) 持用伪造或者涂改的出境证件的。

五、外交特权与豁免

外交特权是一国为了保证和便利驻在本国的外国外交代表、外交代表机关或外交人员执行职务而给予的特别权利。为执行职务便利,一国派往国外的外交代表享有特殊的权利和豁免。2015年11月1日起实施的《刑法》第六条规定:"凡在中华人民共和国领域内犯罪的,除法律有特别规定的以外,都适用于本法。"2013年1月1日起施行《中华人民共和国治安管理处罚法》第四条规定:"在中华人民共和国领域内发生的违反治安管理行为,除法律有特别规定的以外,适用于本法。""除法律有特别规定的以外",其中包括了国际惯例和有关国际条约,享有外交特权与豁免的人员。

1. 外交特权和豁免的主要内容

(1) 人身、寓所不可侵犯。外交代表不受搜查、逮捕和拘留。
(2) 馆舍和档案以及公文不可侵犯。
(3) 免受驻在国的司法裁判和行政管辖。外交代表不受驻在国刑事管辖。遇到享有外交特权的人犯罪,驻在国可要求他国将其召回或立即把该人遣送出境。外交代表一般也享有民事管辖的豁免。
(4) 通信自由。使馆的来往公文、外交邮袋不可侵犯。
(5) 免纳关税和其他一些捐税。
(6) 使馆及其馆长有在馆舍、寓邸和交通工具上使用本国国旗、国徽的权利。

2. 享有外交特权和豁免的人员

(1) 外国的国家元首(如总统、国家主席、国王、皇帝等)、政府首脑(如首相、总理、部长会议主席等)以及外交部长。
(2) 驻我国使馆的外交代表(如大使、公使、代办)、使馆的其他外交人员(参赞、一等、二等、三等秘书和随员)以及陆、海、空军武官,包括他们的配偶和未成年子女。
(3) 使馆的行政和技术人员以及在执行职务的外交使差等。
(4) 各国派来我国参加会议的代表、各国政府派来我国的高级官员、依照国际公约应享受外交特权与豁免的人员等。

以上这些享有外交特权和豁免的外国人有尊重驻在国法律和不干涉驻在国内政的义务。他们的法律责任问题,通过外交途径解决。

第三节 中国旅游者出境和入境管理

一、中国旅游者出境旅游情况

随着我国社会经济的发展和人民生活水平的提高,近年来我国公民出国旅游发展迅猛,中国正高速发展成为全球最主要的旅游市场之一。纵观中国旅游业的发展,国内近年出境旅游市场出现了令人震惊的发展,它不仅是当今世界发展速度最快、增长幅度最高的市场,追溯世界旅游出境史,没有任何国家是可以与之比拟的。我国每年出境游人次以25%的速度持续增长。

联合国世界旅游组织数据显示,自2012年起,中国连续多年成为世界第一大出境旅游消费国,对全球旅游收入的贡献年均超过13%。随着中国公民更多走出国门,游遍天下,中国旅游对世界旅游乃至经济的影响力与日俱增。根据国家旅游局的统计,2015年中国公民出境旅游人数达到1.2亿人次,旅游花费1 045亿美元,同比分别增长12%和16.7%。这一年,中国出境旅游人数、境外旅游消费继续位列世界第一。2016年中国旅游市场继续全面增长,出境游、家庭游、邮轮游等新旅行方式迎来爆发式增长。根据2017年国家公布的数据显示,2016年中国出境旅游者的规模达到了1.22亿人次(接近日本全国的人口)。

预计到2020年,中国人均GDP有望突破1万美元,旅游消费的需求将呈现爆发式增长,为旅游业发展提供巨大发展动力。届时全国城乡居民人均出游率、旅游消费总额、旅游投资总额、旅游就业总量等指标将比2015年翻一番。中国是世界上最令人激动和最具前景的旅游市场。

由于中国出境市场的出现,它正在逐渐地改变着世界旅游业的格局,它将对全球旅游业产生举足轻重的影响。尤其对亚洲目的地而言,中国出境市场,已经引发了批发零售体系、营销体系以及经营方式等革命性的变革。中国正在走着日本60—70年代所走过的道路。

目前已有超过118个国家跟中国签署了旅游目的地协议,其中有76个国家已经在接待中国旅游者,澳大利亚、泰国、韩国、日本、新加坡、法国、意大利、德国和瑞士等国家在中国投入重金,以吸引中国旅游者。近几年中国公民出境旅游总人次及消费情况见下图。

2009—2015年中国公民出境旅游总人次和消费情况统计表

二、中国旅游者出境旅游手续

(一) 护照办理

中国旅游者持有效普通护照的,可以直接到组团旅行社办理出国旅游手续。没有有效普通护照的,旅游者应当根据《中华人民共和国公民出境入境管理法》的有关规定办理护照后再办理出国旅游手续。根据有关规定,中国公民可以向户口所在地的市、县公安机关提出申请,办理护照。我国法律规定,年满16周岁的中国公民出国时可单独发给护照。不满16周岁时与其父母适用同一本护照。旅行者在领取护照时,应当检查姓名,出生年、月、日,地点是否填写正确,并在签字栏内签名。

(二) 兑换零用外汇

1. 兑换外币的标准

境内居民因私兑换外汇的具体标准根据因私活动的不同,其标准有以下几种:

(1) 出境旅游、探亲和会亲兑换外汇的标准是:去香港、澳门地区可兑换1 000美元的等值外汇,去香港、澳门地区以外的国家或者地区(含中国台湾)可兑换2 000美元的等值的外汇。

(2) 自费朝觐人员和自费留学人员出境时可一次性兑换1 000美元等值外汇。

(3) 自费出境参加国际学术会议、作学术报告、被聘任教等,如邀请方不负担旅途零用费,去香港、澳门的,可兑换500美元等值外汇;去中国香港、澳门以外的国家或地区(含中国台湾)可兑换1 000美元等值外汇;缴纳国际学术团体组织的会员费,按其学术团体规定标准兑换外汇汇出。

2. 因私兑换外汇需要办理的手续

出境旅游、出境探亲、会亲、朝觐的用汇,应当提供地区的有效入境签证的护照和出境证明或者工作单位的证明文件、前往国家等。自费出境参加国际学术会议、作学术报告、被聘任教,应当提供邀请函、电,工作单位证明及出境文件;缴纳国际学术团体组织的会员费,提供邀请函电、工作单位证明及出境文件。

目前,中国银行、工商银行和中信实业银行开办了因私购汇业务。

(三) 填写申请表

中国公民出境前需要填写《中国公民出境申请表》。填写前,首先要仔细看清表格内的每项内容以及填表须知,如有不明白处要向入境管理部门的工作人员询问或通过有关咨询服务机构帮助填写。申请表格必须用钢笔填写,字迹要端正、清楚,不能潦草或涂改。

三、中国公民出国旅游管理

为了使中国旅游者更加便利地出国旅游,国务院于2002年5月27日发布了第354号令《中国公民出国旅游管理办法》(以下简称《办法》)。该《办法》于同年7月1日正式施行,《中国公民自费出国旅游管理暂行办法》同时废止。

中国加入WTO后,形势的发展对旅游业提出了许多新的要求,需要规范的问题逐渐增多,为保障出国旅游者和出国旅游经营者的合法权益,国务院有关部门经过三年多的研究论证,在《中国公民自费出国旅游管理暂行办法》的基础上反复征求有关部门、有关企业和消费者意见,制定了《中国公民出国旅游管理办法》。

同过去相比,中国公民出国旅游护照办理简化了手续。为了使旅游者出国更加便利,该《办法》规定,旅游者持有有效普通护照的,可直接到组团社办理出国旅游手续。此外,还取消了出国旅游审核证明、团队《名单表》的地域限制,旅游者可在户口所在地之外的地区参团旅游。

中国国家旅游局一面规范经营者的行为,一面扩大经营出境游组团社,使原来的67家出境游组团社,扩大至几百家。这样将使出国游组团社形成服务网络,基本覆盖中国大、中型城市和出国旅游居民集中的地区,目的是为更加方便旅游者。

《办法》强化了对旅游者四方面的保护。一是强化了对旅游者知情权的保护。组团社向旅游者提供的出国旅游服务信息必须真实可靠,组团社对可能危及旅游人身安全的情况必须向旅游者作出真实说明和明确警示。二是强化了对旅游者经济利益的保护。三是强化了对旅游者在旅游活动中的人身、财产安全的保护。四是强化了对旅游者在境外遇到特殊困难时的外交保护。

《办法》明确了经营出国旅游业务须具备的三个条件:一是取得国际旅行社资格满一年;二是经营入境旅游业务有突出业绩;三是经营期间无重大服务质量问题。

旅游团队应当从国家开放口岸整团出入境。旅游团队出入境时,应当接受边防检查站对护照、签证、《名单表》的查验。经国务院有关部门批准,旅游团队可以到旅游目的地国家按照该国有关规定办理签证或者免签证。旅游团队出境前已确定分团入境的,组团社应当事先向出入境边防检查总站或者省级公安边防部门备案。旅游团队出境后因不可抗力或者其他特殊原因确需分团入境的,领队应当及时通知组团社,组团社应当立即向有关出入境边防检查总站或者省级公安边防部门备案。

| 案例 | 误读签证生效期欧洲之旅泡汤 |

吴女士想赶在暑期前带着母亲去欧洲旅游,为此她提前向公司请假,办好申根签证并预订机票。但在准备登机时,吴女士却被边检机关告知其申根签证并未生效,4天后才到生效期,因此不能出境。原来,吴女士签证需要在签发期后的4天方才生效,而吴女士错把签证的签发期当成了生效期,一次本应成行的欧洲之旅就这样泡汤了。

四、中国旅游者入出旅游国手续

世界很多国家对入出境本国的旅游者实行严格的检查手续。办理这些手续的部门一般设在该国入出境地点,如机场、车站、码头等。

入出境手续包括以下几点:

(1) 边防检查

很多国家由移民局负责,主要是填写入出境登记卡片(有时在飞机上填写)、交验护照、检查签证等。有些国家免办过境签证,并允许旅游者出机场到市内参观,只是将护照留在边防领取过境卡片,返回时再换回。

(2) 海关检查

一般仅询问一下有否需申报的物品,或填写旅客携带物品入出境申报单。必要时海关有权开箱检查所带物品。持外交护照者一般可免验。各国对入出境物品,管理规定不一,一般烟、酒等物品按限额放行。文物、武器、当地货币、毒品、动植物等为违禁品,非经特许不得出入国境。

(3) 安全检查

近年来由于劫持飞机事件时有发生,因此,各国对登机的旅客,一般都要进行一定的安全检查。主要是禁止携带武器、凶器、爆炸物等。检查方式包括过安全门、用磁性探测器检查、红外线透视,必要时还可以进行搜身检查。

(4) 检疫

交验黄皮书,即预防接种证书。有的国家有时会免验。为防止国际间某些传染病的流行,各国都有到本国旅行需进行某种预防接种的规定,如种牛痘、防霍乱、防黄热病的接种等。这些接种的有效期限是:牛痘自初种后8天之复种日算起,3年内有效;预防霍乱自接种后6日起6个月内有效;预防黄热病自接种后10日起10年内有效。

根据疫情的分布,不同地区、不同时期对预防接种要求不同,办理接种手续前应作了解。由各省、市、自治区卫生防疫站负责接种并发给黄皮书。

五、中国旅游者回国入境管理

1976年3月起,公安部开始实施出入境人员填写边防检查出入境登记卡制度。近年来,我国经济持续稳定发展,对外开放不断深化,中国旅游者申办出入境证件越来越方便,出入境人数不断增多。2005年,全国边防检查机关共检查出入境人员3亿多人次,其中外国人4 000多万人次、中国公民2亿多人次,口岸通行压力不断加大。

随着公安出入境边防检查机关管理水平和科技应用程度的不断提高,公安部将在维护国家主权、安全和正常的出入境秩序的同时,不断推出简化旅客出入境手续的措施,便利广大出入境旅客通行。

为便利人员出入境,提高口岸通关效率,出入境边防检查机关不断扩大免填出入境登记卡人员范围。目前,赴港澳内地居民、持用团体出国(境)旅游名单的中国旅游团等,已不需填写出入境登记卡。自2007年1月1日起,免填入境登记卡的人员范围扩大至包含内地居民、台湾居民及华侨在内的所有中国公民。上述措施进一步缩短了入境旅客在边防检查现场的候检时间。也就是说中国旅游者出国旅游后回国,没有特殊情况可以直接进关。

复习思考题

1. 什么是外国旅游者?
2. 外国旅游者在中国的民事法律地位内容是什么?
3. 外国旅游者在中国的刑事法律地位内容是什么?
4. 我国对外国旅游者入境有哪些限制?
5. 哪些外国旅游者不准出境?
6. 中国旅游者入出旅游国需办理哪些手续?

第十章 国内法与国际法

本章导读

旅游作为人类社会的一种活动现象,如今已经成为当今世界一种引人瞩目的全球化现象。旅游业要健康快速地发展,需要有关方面的立法加以保障。要学好旅游法这门课程,还需要了解一些有关法律基础知识。无论是外国旅游者到中国来旅游,还是中国旅游者出境旅游,都有可能涉及一些有关旅游方面的国际法规和国际惯例。全面掌握和了解这些相关的知识,对于今后所从事的旅游工作将有很大的帮助。

案例导入

2004年11月26日中午,南京市栖霞区尧化门,11岁少年小军放学回家,见校门口的铁路上停着一列火车,就爬上一列临时停在站外的车厢玩耍。这时火车突然启动,小军慌忙从车上跳下,结果左脚被拖入车底,导致断了一条腿,造成左腿截肢,构成6级伤残。

事故发生后,小军的家人多次找到当地铁路部门讨要说法,家人要求铁路部门赔偿伤残金和医疗费等项费用。铁路部门只愿意给600元钱,其依据是按照《铁路法》的规定。2005年1月,小军父子将铁路部门告到南京市栖霞区法院,要求赔偿各种费用共23万余元,其依据的是《民法通则》的规定。该案看似简单,却涉及一些法理上的问题,直到2006年1月,法院开庭审理了此案。

庭审中,双方首先就本案适用《铁路法》还是适用《民法通则》展开了激烈辩论。本案要么适用《铁路法》,要么适用《民法通则》,但适用哪个法对赔偿的后果大不一样。

小军的代理律师认为:本案应当适用《民法通则》,因为《铁路法》是铁路部门行政管理的行政法律,而《民法通则》属于民事大法,原告提起的是民事诉讼,所以本案应适用《民法通则》。

小军之所以上到铁轨上去玩耍,完全是因为铁路部门没有在周围设置防护栏,也没有设置任何的警示标志。应当认定其有过错,并承担相应的赔偿责任。

被告铁路部门的代理律师认为:本案应当适用《铁路法》,因为《铁路法》是特别法,而《民法通则》是一般法,从《立法法》的角度看应该是特别法优于一般法。这类案件在全国各地每年都有不少,但至今铁路部门从没有输过,理由是按照《铁路法》的规定,铁路运输企业不应该承担赔偿责任。

按照《铁路法》规定:违章通过平交道口或人行过道,或者在铁路线上行走、坐卧造成的人身伤亡,属于受害人自身原因,铁路运输企业不承担赔偿责任。小军是自己在铁路上玩耍造成的伤残,铁路部门不应该对他进行赔偿。

那么本案到底适用《铁路法》还是《民法通则》? 什么是一般法,什么是特别法?

第一节 法的一般分类

法的分类是指从一定的角度或根据一定标准将法律规范或法律制度划分为若干不同的种类。

一、一般法与特别法

一般法，是指在效力范围上具有普遍性的法律，即针对一般的人或事，在较长时期内，在全国范围普遍有效的法律，如《民法通则》。特别法是指对特定主体、事项，或在特定地域、特定时间有效的法律，如《合同法》。一般而言，特别法的效力优于普通法。

民法（一般法）与合同法（特别法）发生冲突的时候，适用合同法（特别法），因为，民法与合同法均为全国人大审议通过的，不涉及上位法优先于下位法的问题，两个法律是同位阶的。合同法仅仅对民法中的债权关系进行特别规定。

二、实体法与程序法

实体法规定的权利和义务直接来自人们在生产和生活中形成的相互关系的要求，如所有权、债权、政治权利义务，如合同法、民法、刑法、行政法等。程序法的主要内容是规定主体在诉讼活动中的权利和义务，也即主体在寻求国家机关对自己权利予以支持的过程中的行为方式，其作用在于保证主体在实际生活中享有的法律权利得以实现。因此实体法和程序法也被称为主法和助法。

三、根本法与普通法

在采用成文宪法的国家，根本法是指宪法，在国家法律体系中享有最高的法律地位和法律效力。宪法的内容和制定、修改的程序都不同于其他法律。普通法是指宪法以外的其他法律。普通法的内容一般只涉及社会生活的某一方面，如民法、行政法、刑法等，其法律效力低于宪法。

四、成文法与不成文法

成文法是指由特定国家机关制定颁布，以不同等级的规范性法律文件形式表现出来的法律规范，故又称"制定法"。不成文法是由国家机关以一定形式认可其法律效力，但不表现为成文的规范性法律文件形式的法律规范，一般是指习惯法。英美法系的判例法是由法院通过判决创制的法，它虽然表现为文字形式的判决，但不同于由立法机关制定的规范性法律文件，因此通常将判例法视为与制定法相对应的一种法律渊源，归入不成文法一类。

第二节 国内法

国内法，是指本国制定或认可并在本国主权管辖范围内生效的法律。国内法是按照法律制定的主体和适用范围所作的法的分类。

一、法律部门

法律部门,是指对一国现行法规按所调整的社会关系及与之相适应的调整方法的不同所作的基本分类。一个国家的法律规范所调整的社会关系是多种多样的,凡调整同一种类的社会关系并采用同一种调整方法的法律规范的总和,就构成一个独立的法律部门。

二、宪法

宪法是国家的根本大法,是一个国家的总章程,它所规定的是社会和国家生活中的根本性问题。我国宪法在我国法的体系中居于主导地位,它规定了我国社会制度和国家制度的基本原则,规定公民的基本权利和义务以及国家机构组织和活动的基本原则。

我国宪法在我国法的体系中居于主导地位,主要表现在以下几个方面:

(1) 宪法的内容不同于一般法律。宪法规定的是国家制度和社会制度的基本原则,包括国家性质、政治制度、经济制度、国家机构、公民的基本权利与义务、国家机关的体系及相互关系和组织活动原则等根本性的大问题。而一般法律只规定国家生活和社会生活中某个方面的具体问题。

(2) 宪法的效力不同于一般法律的效力。宪法具有最高法律效力,一般法律的精神和条文都不得与宪法相抵触,否则无法律效力。

(3) 宪法的制定和修改程序不同于一般法律。宪法的制定和修改有特定的程序,比一般法律的立法程序要严格。《中华人民共和国宪法》第六十四条规定:"宪法的修改,由全国人民代表大会常务委员会或者 1/5 以上的全国人民代表大会代表提议,并由全国人民代表大会以全体代表的 2/3 以上的多数通过。"一般法律的制定只需要一般的程序。

《中华人民共和国宪法》是我国的根本大法,是我国的立法基础,具有最高的法律效力。除《中华人民共和国宪法》外,我国还有《中华人民共和国国务院组织法》《中华人民共和国人民法院组织法》《中华人民共和国人民检察院组织法》《中华人民共和国民族区域自治法》等从属于宪法部门的宪法性法律。

三、民法

民法有广义民法与狭义民法之分。广义的民法指调整平等主体之间所有的财产关系、人身关系和婚姻家庭关系的法律;狭义的民法仅指调整一定范围的财产关系和人身关系的法律。财产关系是人们在生产、分配、交换和消费中形成的经济关系。财产关系内容很广,民法所调整的不是所有财产关系,它主要是调整商品关系,包括财产所有权关系、继承关系、债权关系、知识产权关系,是平等主体的公民之间、法人之间、公民和法人之间发生的财产关系,即横向的财产、经济关系。这里的人身关系主要是指公民的名誉权、肖像权、生命健康权,法人的名称权、名誉权等。这些人身权不仅是刑法调整的对象,也是民法所调整的对象。

其他一些财产关系由其他有关的法的部门调整。例如,政府对经济的管理,国家和企业之间以及企业内部等纵向经济关系或者行政管理关系,不是平等主体之间的财产、经济关系,而主要由有关经济法、行政法调整。

我国民法是我国法律体系中的一个重要部门。我国民法以平等主体之间的财产关系和人身关系为调整对象，以自愿、公平、等价有偿、诚实信用等原则和方法为调整手段，确保自然人（基于自然生命而活动的人）和法人（指具有民事权利能力和民事行为能力，依法独立享有民事权利和承担民事义务的组织）的民事权利，维护我国社会主义商品生产和商品交换的秩序。

近年来我国先后制定了一批民事或者与调整民事关系有关的法律，如《中华人民共和国民法通则》《中华人民共和国合同法》《中华人民共和国专利法》《中华人民共和国商标法》等。

四、刑法

刑法是法律体系的一个部门，它规定什么样的行为应被认定为犯罪，并规定这类行为应负什么责任，处以什么种类的刑罚。犯罪，是指危害统治阶级利益和统治秩序，依照统治阶级制定的法律负有责任并可处以刑罚的行为。

我国刑法是规定犯罪和刑罚的法律规范的总和，包括《中华人民共和国刑法》和其他刑法法律规范性文件。刑法是国家法律体系中的一个重要组成部分，它的主要任务是用刑罚同一切犯罪行为作斗争，以保卫国家安全、保卫人民民主专政的政权和社会主义制度，保护国有财产和劳动群众集体所有的财产，保护公民私人所有的财产，保护公民的人身权利、民主权利和其他权利，维护社会秩序、经济秩序，保障社会主义建设事业的顺利进行。

我国新《刑法》规定："一切危害国家主权、领土完整和安全，分裂国家、颠覆人民民主专政的政权和推翻社会主义制度，破坏社会秩序和经济秩序，侵犯国有财产或者劳动群众集体所有的财产，侵犯公民私人所有的财产，侵犯公民的人身权利、民主权利和其他权利，以及其他危害社会的行为，依照法律应当受刑罚处罚的，都是犯罪，但是情节显著轻微危害不大的，不认为是犯罪。"从我国刑法规定的犯罪概念和刑法的总体精神来看，犯罪的特征有以下三个：

（1）犯罪是危害社会的行为，具有一定的社会危害性。行为如果对社会没有危害性，或者危害性很轻微就不构成犯罪。犯罪只能是一种危害社会的行为，而不是思想，思想无论是如何有害或者多么反动，如果没有外化为人的行为，都不是犯罪。犯罪的危害性，是指给国家、社会或者个人利益造成实际损害或者有造成实际损害的可能性。

（2）犯罪是违反刑法规范的行为，具有刑事违法性。刑法规范，是指刑法所规定的禁止人们实施一定的行为和要求人们实施一定行为的行为规范，违反刑法规范的行为即具有刑事违法性。行为如果缺乏违法性，就不能成立犯罪，如正当防卫和紧急避险的情况下实施的行为，就不能认为是犯罪。

（3）犯罪是依法应受刑罚惩罚的行为，具有应受刑罚惩罚性。犯罪必须是依法应受刑罚惩罚的行为，这是法治原则的必然要求，也是罪刑法定原则在犯罪概念中的具体体现。依法应受刑罚惩罚，表明行为违反刑事禁令或者刑事命令，应当受到刑罚惩罚。即按照行为人所负的责任达到了可以受刑罚的程度。

犯罪的以上三个特征紧密相连，缺一不可。行为没有社会危害性，立法者不会将其规定为犯罪，行为没有触犯刑法而不具有惩罚性，无论其危害性有多大，司法机关都不能将其作为犯罪对待。

五、经济法

我国经济法是一个新兴的法律部门,它是国家为组织领导和管理经济的需要而制定调整纵向的经济管理关系和与此有密切联系的横向经济关系的法律规范的总称。

经济法涉及的范围比较广泛,一般包括所有制、土地和资源、计划和经营管理、工业、农业、商业、交通、外贸及工商行政管理、对外经济技术合作、财政税收、金融、保险、卫生、环境保护以及劳动、社会福利等。经济法是从民法、行政法等法律部门中分离出来的一个重要的法律部门,它的调整对象包括国民经济管理关系、国家与经济组织之间和各经济组织内部的纵向经济关系,以及一定条件下的某些横向经济关系。为了适应经济体制改革和对外开放的需要,保障和促进社会主义现代化建设的顺利进行,我国近年来制定了大量的经济方面的法律。

经济法和民法的主要区别是:

(1) 二者调整对象不同。经济法主要是调整国家对经济的管理、国家和企业之间以及企业内部等纵向的经济关系;而民法是调整平等主体的公民之间、法人之间、公民和法人之间的财产关系即横向经济关系和人身关系。

(2) 二者调整的原则不同。民法调整的主要原则是当事人在民事活动中的地位平等、自愿、公平、等价有偿、诚实信用;而经济法主体之间的法律地位是不平等的,反映了上下级的隶属关系。

六、劳动法

劳动法,是调整劳动关系以及与劳动关系密切联系的其他关系的法律规范的总和。它包括劳动合同的签订、变更、终止和解除的规定和程序,工作时间和劳动报酬的规定,安全保护和劳动卫生规程,劳动纪律和奖惩办法,劳动保险和生活福利制度,女工的保护规则,培训制度,职工代表大会制度,工会的组织原则及其权利和义务,处理劳动争议的程序,以及对于年老、患病和残疾者实行物质保险等方面的法律规范。

劳动法对于巩固和发展社会主义劳动组织、调动劳动者的积极性和创造性、不断提高劳动效率、改善劳动条件、保护劳动者的身心健康,以及在发展生产的基础上逐步提高劳动者的物质财富和文化水平起着重要的作用。

七、行政法

行政法,是指调整行政领域的社会关系(即调整国家行政机关在行使执行、指挥、组织、监督等各种职能过程中发生的各种社会关系)的法律规范的总和。它是国家行政机关工作的法律依据,也是人们在有关活动中所必须遵循的原则。行政法是国家整个法律体系中的一个重要的、独立的法律部门。

行政法是国家通过国家机关发挥组织、指挥、监督和管理职能的法律形式。行政法调整一定的行政关系,在这一关系中,国家处于领导者和指挥者的地位,并以自己的意志规定另一主体的行为,所以行政关系是按指令和服从原则建立起来的隶属关系。行政法调整的对象是国家行政机关在行政活动过程中所发生的各种社会关系,如国家行政机关相互之间、国家行政机关和企业事业单位、社会团体之间、国家行政机关和个别公民之间所发生的法律关系,即行政法律关系。它涉及的范围比较广泛,包括民政、治安、工商、文教、卫生、人事等各方面的行政管理。

行政法所规定的内容较为广泛,散见于各种形式的法律、法规之中,主要包括国家行政管理体制,行政管理活动的基本任务、内容、原则,国家行政机关的权限、职责范围、活动的方式和方法,国家工作人员的选拔、使用、任免、奖惩等规范。

行政不同于行政权,二者既有联系又有区别。行政指的是国家的组织活动,行政权是指行政机关的权限。在我国,国务院和其他各级人民政府都是行使行政权的国家行政机关。

行政法对于实现国家领导起着重要作用,是我国法的体系中重要的基本法部门。近年来,我国制定了一批行政法律、法规。

八、诉讼法

诉讼是人类社会制止和解决社会冲突的主要手段。"诉讼"一词是由"诉"与"讼"二字组成的。"诉"为叙说、告诉、告发、控告之意,"讼"为争辩是非、曲直之意。二字连用即为向法庭告发,在法庭上辩冤、争辩是非曲直。在法律上,诉讼是指国家专门机关在诉讼参与人的参加下,依据法定的权限和程序,解决具体案件的活动。

诉讼法,是关于诉讼程序的法律规范的总和。其内容主要是关于司法机关及其他诉讼参与人进行诉讼法律的原则、程序、方式和方法的规定;关于检查或监督诉讼活动,特别是侦查、审判活动是否合法,以及纠正错误的原则、程序、方式和方法的规定;关于执行程序的规定。其任务是从诉讼程序方面保证实体法的正确实施。

我国诉讼法按其性质,分为刑事诉讼法、民事诉讼法和行政诉讼法。

(一) 刑事诉讼法

刑事诉讼法,是关于刑事诉讼程序的法律规范的总和。它包括我国刑事诉讼法和全国人民代表大会及其常设机构的有关决议和决定。例如,关于死刑案件的核准问题的决定,关于迅速审判严重危害社会治安的犯罪分子的程序的决定等。它主要规定刑事诉讼的性质、任务、原则与制度,以及刑事立案、侦查、起诉、审判、监督、执行等程序。

新的《中华人民共和国刑事诉讼法》的特点是改纠问式为控辩式。这一特点确立了控诉方和被控诉方在法庭上的平等地位,体现出"罪从判定"——任何人未经人民法院的判决,均应视为无罪的原则,从而显示出一种司法制度对人最宝贵的权利——生命和自由的高度重视。

(二) 民事诉讼法

民事诉讼法,是关于民事诉讼程序的法律规范的总和。它的规范主要规定在我国民事诉讼法中,包括民事诉讼的性质、任务、原则与制度,以及起诉、调解、审判、监督、执行等程序。它的任务是保证人民法院查明事实,分清是非,正确适用法律,及时审理民事案件,确认民事权利义务关系,制裁民事违法行为,保护国家、集体和个人的权益,教育公民自觉遵守法律。

(三) 行政诉讼法

行政诉讼法,是指由国家制定和认可的,人民法院和行政诉讼参与人在审理行政案件中所进行的各种诉讼活动,以这些诉讼活动所产生的诉讼关系的法律规范的总称。简单地说,行政诉讼法就是国家规定的关于行政诉讼的法律规范的总称。

行政诉讼,是指公民、法人或者其他组织不服行政机关所作的处理决定,依法起诉,审判机关依法审理的活动。行政诉讼包含以下几个基本内容:

(1) 原告是行政管理相对人,即公民、法人或组织;

(2) 被告是行使国家行政管理职权的行政机关,是作出行政处罚决定或者其他行政处理决定的行政机关,或者是作出行政复议决定的行政机关;

(3) 原告提起诉讼是因不服行政机关的行政行为而引起的,包括行政处罚决定、其他行政处理决定和行政复议决定;

(4) 提起的行政诉讼案件必须是法律、法规明文规定当事人可以向人民法院起诉的行政争议案件;

(5) 行政诉讼必须在人民法院的主持下,按照一定的诉讼程序和方式进行。

第三节 国 际 法

一、国际法的概念

国际法,是以国家之间关系为主要调整对象,规定其权利与义务的有约束力的原则、规则和制度的总称。为了同国际私法相区别,国际法又称"国际公法"(旧称"万国法")。

国际法是一个特殊的法律部门,与国内法相比较,它有下列三个特征:

(1) 国际法的主体(权利与义务的承担者)主要是国家。个人不能成为国际法的主体,而国内法的主体主要是个人。一些类似国家的政治实体以及由国家组成的国际组织,在一定条件下和一定范围内也被认为是国际法主体。

(2) 国际法的制定者是参与国际关系的国家。各国通过协议而制定对国家有约束力的国际法原则、规则和制度,它没有超于国家之上的立法机关来制定任何对国家有约束力的所谓"国际立法"。

(3) 在强制实施方面,国际法不像国内法那样有强制的执行机构,它的强制只能主要依靠各国本身单独的或集体的行动。

二、国际法的渊源

国际法的渊源主要是国际条约和国际惯例,此外,也来源于国际组织的有些决议以及各国有关国际问题的国内法和司法判例经国家认可的部分。

国际条约是国际法的主要渊源,国际条约按其参加国的多少,可分为多边条约和双边条约,前者是指世界上多数国家参加的条约,由于多数国家参加的条约带有普遍性,因而这种条约就直接构成国际法的渊源。两个或少数国家缔结的条约称"双边条约",它只对缔约国有约束力,不直接构成国际法的渊源。如果有许多条约作出相同或类似的规定,它们就可能成为国际法的渊源。

国际惯例是国际法的重要渊源。国际条约是国家间的明示协议,而国际惯例是默示协议。国际惯例是各国通行的做法并被认为具有法律的约束力。近年来,在联合国的倡议下,已将外交、领事条约和海洋等方面的国际惯例以公约的形式确定下来。

国际法的渊源除了国际条约和国际惯例外,还有国际组织的决议。只有普遍性的国际组织决议,而且这些决议反映着国际法原则、规则和制度,才能成为国际法的渊源。

为把国际法或国际法某一部门的原则、规则、制度,全面地、系统地用类似法典的形式制定出来,1947年11月21日联合国大会通过《国际法委员会章程》,设立国际法委员会,作为联合国负责编纂工作的主要机构。到1982年为止,经国际法委员会拟订的公约草案和条款草案有《国家权利义务宣言》《纽伦堡法庭宪章》及法庭判决所承认的国际法原则、《危害人类和平及安全治罪法》《消除未来无国籍状况公约》《最惠国条款》《外交关系公约》《领事关系公约》《特别使团公约》《领海和毗连区公约》《公海公约》《大陆架公约》以及关于国家在条约继承方面的公约等等。

三、国际法与国内法的关系

公认的国际法原则、规则和制度是各国所应遵守的,任何国家都不能用国内法予以改变或否定。国家是主权国家,国际法不能干预国家所制定的国内法,这是作为国际法基本原则之一的不干涉内政原则的体现。

国际法一经国内法接受(如条约经过批准)即被认为是国内法的一部分,国际法上称为"转化"。由于国际法是各国协议制定的,因此原则上它在国内与国内法处于同等的地位,具有同等的法律效力。同时,国内法在一些情况下还须依靠国际法或者需要以国际法为补充。

四、国际法的基本原则

国际法的基本原则有:各国主权平等,和平解决国际争端,禁止以武力威胁或使用武力,不干涉别国内政,民族自决,和平共处五项原则等。

和平共处五项原则是:互相尊重主权和领土完整、互不侵犯、互不干涉内政、平等互利与和平共处。其中以主权原则最基本、最重要,国家的独立权、自卫权、平等权和管辖权都与主权原则有密切关系。

第四节 国际私法

一、国际私法的概念

国际私法,是指调整含有涉外因素的民事关系的法律规范的总称。由于涉外因素又称"国际因素",而西方在传统上又将民法和商法称为私法,而此种关系是在进行对外关系以及本国人(自然人和法人)与外国人(自然人和法人)交往过程中产生的,国际私法因此得名。

既然有些民事关系含有涉外因素,那么就需要首先解决在什么情况下适用国内法,在什么情况下适用外国法以及哪一外国法。这正是国际私法的任务。

二、国际私法的渊源和调整范围

国际私法的渊源是国际条约、国内法和国际惯例。

国际私法所调整的范围包括外国人在本国的民事法律地位、涉外所有权关系、对外贸易关系、涉外民事案件的司法管辖和仲裁、外国法院的判决或外国仲裁机构裁决的承认和执行等。

第五节 国际惯例

国际惯例是国际习惯和国际通例的总称,是指在国家间具有普遍性、明确性和长期性的习惯做法。国际惯例是国际交往中逐渐形成的不成文的原则、准则和规则。国际惯例一般包括国际外交惯例和国际商业(贸易)惯例,它是国际法的渊源之一(如1961年的《维也纳外交公约》)。

国际惯例最初为某些国家反复采用,以后为世界各国广泛接受和沿用,并公认具有法律效力。1945年《国际法院规约》中第三十八条规定,国际法院裁判时,对于"作为通例(一般实践)的证明并经接受为法律者"的国际习惯也应适用。

国际惯例的形成条件在于:有习惯事实,内容明确规范,与现行法律没有冲突而法律又未规定,经过国家承认,有一定的强制力保证。

同国际条约和各国国内法律相比,国际惯例是一种不成文的法律规范,只有经过国家权力的认可才有约束力。如今,世界各国越来越多地适用商业惯例,其主要原因在于,随着世界经济贸易的发展,各国交往愈加频繁,交易各方由于没有国家间的统一实体法可依,而又不愿意适用对方国家的法律,于是,交易各方就约定在合同的主要问题上采用国际惯例。这样,既可避免依据冲突规范引用一个国家的国内法来具体确定当事人在某项交易中的权利和义务关系,又可直接运用国际经济贸易中有关的实际经验以节省谈判时间。

国际商业惯例并不是法律,不具有强制性。但是,它一经被法律采用即具有法律地位和法律效力,而不再是本来意义上的国际惯例。我国现行的经济法规中,涉及的许多内容都是尽量参照了国际惯例,在广泛吸收国外先进经验的基础上制定的,其中包含的国际惯例已通过国内立法融于中国的法律,成为不可缺少的组成部分。

国际惯例有以下五个特点:

(1) 通用性,即在国际上大多数国家和地区通用;
(2) 稳定性,不受政策调整和经济波动的影响;
(3) 效益性,被国际交往活动验证是成功的;
(4) 重复性,要重复多次地运行作用;
(5) 准强制性,虽不是法律但受到各国法律的保护,具有一定的法律约束力。

在旅游方面通常所说的国际惯例,主要是指国际间旅游方面长期形成的通行做法,与国际法范畴中的国际惯例有所区别。对于那些适合我国国情、国际社会中普遍认可的,具有约束力的那些惯例,我们应当自觉遵守和维护。

第六节 国际旅游组织

一、世界旅游组织(World Tourism Organization)(简称 WTO)

(一)世界旅游组织起源

世界旅游组织是联合国系统的政府间国际旅游组织,最早由国际官方旅游宣传组织联盟(IUOTPO)发展而来。其宗旨是促进和发展旅游事业,使之有利于经济发展、国家间相互了解、和平与繁荣。主要负责收集和分析旅游数据,定期向成员国提供统计资料、研究报告,制定国际性旅游公约、宣言、规则、范本,研究全球旅游政策。它的前身是国际官方旅游组织联盟,1975 年改为现名,总部设在西班牙首都马德里。

世界旅游组织标志

1925 年 5 月 4 日—9 日在荷兰海牙召开了国际官方旅游协会大会。1934 年在海牙正式成立国际官方旅游宣传组织联盟。1946 年 10 月 1 日—4 日在伦敦召开了首届国家旅游组织国际大会。1947 年 10 月在巴黎举行的第二届国家旅游组织国际大会上决定正式成立官方旅游组织国际联盟,其总部设在伦敦,1951 年迁至日内瓦,现设在西班牙马德里。1969 年联合国大会批准将其改为政府间组织。

(二)世界旅游组织宗旨

该组织宗旨是促进和发展旅游事业,使之有利于经济发展、国家间相互了解、和平与繁荣以及不分种族、性别、语言或宗教信仰、尊重人权和人的基本自由。并强调在贯彻这一宗旨时,要特别注意发展中国家在旅游事业方面的利益。

该组织的出版刊物有《世界旅游组织消息》《旅游发展报告(政策与趋势)》《旅游统计年鉴》《旅游统计手册》《旅游及旅游动态》。世界旅游组织确定每年的 9 月 27 日为世界旅游日(World Tourism Day)。为不断向全世界普及旅游理念,形成良好的旅游发展环境,促进世界旅游业的不断发展,该组织每年都推出一个世界旅游日的主题口号。

(三)世界旅游组织组织机构

世界旅游组织的组织机构包括全体大会、执行委员会、秘书处及地区委员会。其中全体大会为最高权力机构,每两年召开一次,审议该组织重大问题。2003 年 10 月,世界旅游组织第 15 届全体大会在北京举行。执行委员会每年至少召开两次。执委会下设五个委员会:计划和协调技术委员会、预算和财政委员会、环境保护委员会、简化手续委员会、旅游安全委员会。秘书处负责日常工作,秘书长由执委会推荐,大会选举产生。地区委员会系非常设机构,负责协调、组织本地区的研讨会、工作项目和地区性活动,每年召开一次会议。共有非洲、美洲、东亚和太平洋、南亚、欧洲和中东 6 个地区委员会。

(四)世界旅游组织成员

世界旅游组织成员分为正式成员(主权国家政府旅游部门)、联系成员(无外交实权的领地)和附属成员(直接从事旅游业或与旅游业有关的组织、企业和机构)。联系成员和附属成员对世界旅游组织事务无决策权。截至 2005 年 11 月,世界旅游组织有正式成员 144 个。

1975 年 5 月,世界旅游组织承认中华人民共和国为中国唯一合法代表。1983 年 10 月 5 日,该组织第五次会议全体大会通过决议,接纳中国为该组织的正式成员,成为它的第 106 个正式会员。1987 年 9 月,在第七次全体大会上,中国首次当选为该组织执行委员会委员,并同时当选为统计委员会委员和亚太地区委员会副主席。1991 年,再次当选为该组织执委会委员。2003 年 10 月,世界旅游组织第 15 届全体大会在北京举行。2011 年 10 月第 19 届世界旅游组织全体大会通过 2011—2015 年执委会 16 个选举决议,中国成功连任执委会成员国。

二、太平洋亚洲旅游协会(Pacific Asia Travel Association)(简称 PATA)

(一)太平洋亚洲旅游协会起源

原名太平洋地区旅游协会,1952 年 1 月成立于夏威夷檀香山,协会总部设在美国旧金山。自 1952 年召开第一次年会以来,太平洋亚洲旅游协会逐渐成为组织和监督环太平洋沿岸及亚洲旅游业的重要民间组织,太平洋亚洲旅游协会是个具有广泛代表性和影响力的民间国际旅游组织,在整个亚太地区以至世界的旅游开发、宣传、培训和合作等多方面具有十分广泛的代表性和号召力。

太平洋亚洲旅游协会标志

(二)太平洋亚洲旅游协会宗旨

太平洋亚洲旅游协会的宗旨是发展、促进、便利世界其他地区的游客前来太平洋地区各国旅游以及太平洋地区各国居民在本地区内开展国际旅游,提升太平洋亚洲地区旅游业增长、旅游价值及旅游质素,促进亚太地区旅游业的发展,致力于推广太平洋亚洲地区的旅游业。协会受到亚太地区各国旅游业界的普遍重视。太平洋亚洲旅游协会是一个非牟利的组织。

(三)太平洋亚洲旅游协会组织机构

太平洋亚洲旅游协会的管理机构为理事会(由 49 至 51 名成员组成),其职能是在两届年会之间开展协会的工作。协会下设三个委员会:管理委员会、企业委员会、咨询委员会。太平洋亚洲旅游协会各地逾 70 个分会。现任主席(秘书长)为拉特纳帕拉先生(MR RAT-NAPALA)。

2005 年太平洋亚洲旅游协会年会在澳门召开,主办委员会下设咨询委员会、筹备委员会及秘书处。主办委员会主席为澳门特区政府社会文化司司长崔世安,筹备委员会主席为澳门特区政府旅游局局长安栋梁。

(四)太平洋亚洲旅游协会成员

太平洋亚洲旅游协会的章程规定,任何全部和部分位于西经 110 度至东经 75 度地理区域内所有纬度的任何国家、地区或政治区域均有权成为该协会会员。该协会成员广泛,不仅包括亚太地区,而且包括如欧洲各重要客源国在内的政府旅游部门和用空运、海运、陆运、旅行社、饭店、餐饮等与旅游有关的企业。目前,协会成员包括有 100 个国家及地区的政府旅游单位、地方政府及当地旅游机构,有37名正式官方会员、44名联系官方会员、60名航空公司及邮轮公司会员以及2 100多名财团、企业等会员。此外,协会除在旧金山设有秘书处外,还分别在新加坡、悉尼、旧金山和摩纳哥设有亚洲、太平洋、美洲和欧洲分部办事机构。另外,遍布世界各地的79个PATA分会还拥有17 000多名分会会员。

三、世界旅行社协会联合会(UNIVERSAL FEDERATION OF TRAVEL AGENTS, ASSOCIATION)(简称 UFTAA)

(一) 世界旅行社协会联合会起源

世界旅行社协会联合会是最大的民间性国际旅游组织。其前身是1919年在巴黎成立的欧洲旅行社和1964年在纽约成立的美洲旅行社,1966年10月由这两个组织合并组成,并于1966年11月22日在罗马正式成立。

世界旅行社协会联合会标志

(二) 世界旅行社协会联合会宗旨

世界旅行社协会联合会宗旨是,负责国际政府间或非政府间旅游团体的谈判事宜,代表并为旅游工业和旅行社的利益服务。

(三) 世界旅行社协会联合会组织机构

世界旅行社协会联合会总部设在比利时布鲁塞尔,每年召开一次全体大会,交流经验、互通情报。该会出版发行《世界旅行社协会联合会议使报》(月刊)(《COURRIER UFTAA》)。

(四) 世界旅行社协会联合会成员

世界旅行社协会联合会在20世纪70年代末共有76个国家参加,代表18 000多家旅行社,共计50多万职工,其中美国的旅行社最多,共14 804家。

四、国际航空运输协会 (International Air Transport Association)(简称 IATA)

(一) 国际航空运输协会起源

国际航空运输协会是一个由世界各国航空公司所组成的大型国际组织,其前身是1919年在海牙成立并在二战时解体的国际航空业务协会。1944年12月,出席芝加哥国际民航会议的一些政府代表和顾问以及空运企业的代表聚会,商定成立一个委员会为新的组织起草章程。1945年4月16日在哈瓦那会议上修改并通过了草案章程后,国际航空运输协会成立。总部设在加拿大蒙特利尔,执行机构设在日内瓦。

国际航空运输协会标志

(二) 国际航空运输协会宗旨

国际航空运输协会的宗旨是,为了世界人民的利益,促进安全、正常和经济的航空运输,扶植航空交通,并研究与此有关的问题,对于直接或间接从事国际航空运输工作的各空运企业提供合作的途径,与国际民航组织及其他国际组织协力合作。协会的基本业务包括:国际航空运输规则的统一,业务代理,空运企业间的财务结算,技术上合作,参与机场活动,协调国际航空客货运价,航空法律工作,帮助发展中国家航空公司培训高级和专门人员。

(三) 国际航空运输协会组织机构

国际航空运输协会年度大会是最高权力机构;执行委员会有 27 个执行委员,由年会选出的空运企业高级人员组成,任期 3 年,每年改选 1/3,协会的年度主席是执委会的当然委员。常设委员会有运输业务、技术、财务和法律委员会;秘书处是办事机构。在新加坡、日内瓦、贝鲁特、布宜诺斯艾利斯、华盛顿设地区运输业务服务处;在曼谷、日内瓦、伦敦、内罗毕、里约热内卢和达喀尔设地区技术办事处;在日内瓦设清算所。

1994 年 4 月 15 日,国际航空运输协会在北京设立了中国代理人事务办事处。

出版物为《国际航空运输协会评论》(季刊),英文版。

(四) 国际航空运输协会主要工作内容

国际航空运输协会的主要工作内容:

1. 同业活动

代表会员进行会外活动,向具有权威的国际组织和国家当局申述意见,以维护会员的利益。

2. 协调活动

监督世界性的销售代表系统,建立经营标准和程序,协调国际航空运价。

3. 行业服务活动

承办出版物、财务金融、市场调研、会议、培训等服务项目。通过上述活动,统一国际航空运输的规则和承运条件,办理业务代理及空运企业间的财务结算,协调运价和班期时刻,促进技术合作,参与机场活动,进行人员培训等。

(五) 国际航空运输协会成员

凡国际民航组织成员国的任何空运企业,经其政府许可都可以成为国际航空运输协会会员。从事国际飞行的空运企业为正式会员,只经营国内航班业务的为准会员。截至 2016 年 11 月,国际航空运输协会共有 265 个会员;北美 16 个、北大西洋 1 个、欧洲 100 个、中东 21 个、非洲 36 个、亚洲 50 个、南美 21 个、太平洋 6 个、中美洲 14 个。

1993 年 8 月,中国国际航空公司、中国东方航空公司和中国南方航空公司正式加入该组织。1995 年 7 月 21 日,中国国际旅行社总社正式加入该组织,成为该协会在中国内地的首家代理人会员。中国国际旅行社取得该组织指定代理人资格后,国旅便有权使用国际航协代理人的专用标志,可取得世界各大航空公司的代理权,使用国际航协的统一结算系统,机票也同世界通用的中性客票相同。

1997 年 3 月 3 日,中国西南航空公司正式成为国际航协的多边联运协议成员。多边联运协议(MITA)的主要职能是为成员航空公司进行旅客、行李、货物的接收、中转、更改航程及其他相关程序提供统一的标准,成员航空公司间可互相销售而不必再签双边联运协议。这一协议使成员公司相互接受运输凭证,使用标准的国际航空运输协会客票和货单,将世界各航空公司各自独立的航线,结合成为有机的全球性航空运输网络。全球共有 300 家航空公司加入该协议。中国西南航空公司是中国民航继国航、东航、南航之后,第四家成为 MITA 成员的航空运输企业。

五、国际民用航空组织（International Civil Aviation Organization）（简称 ICAO）

（一）国际民用航空组织起源

国际民用航空组织是协调世界各国政府在民用航空领域内各种经济和法律事务、制定航空技术国际标准和条例的重要组织，总部设在加拿大的蒙特利尔（截至 2011 年共有 191 个缔约国）。1944 年 11 月 1 日至 12 月 7 日，52 个国家在美国芝加哥举行国际民用航空会议，签订了《国际民用航空公约》（简称《芝加哥公约》），并决定成立过渡性的临时国际民用航空组织。1947 年 4 月 4 日《芝加哥公约》生效，国际民用航空组织正式成立，同年 5 月 13 日成为联合国的一个专门机构。

国际民用航空组织标志

（二）国际民用航空组织宗旨

国际民用航空组织的宗旨是制定国际空中航行原则，发展国际空中航行技术，促进国际航行运输的发展，以保证国际民航的安全和增长，促进和平用途的航行器的设计和操作艺术，鼓励用于国际民航的航路、航站和航行设备的发展，保证缔约各国的权利受到尊重和拥有国际航线的均等机会等。

（三）国际民用航空组织组织机构

国际民用航空组织成员大会为该组织最高权力机构，每 3 年召开一次，理事会为常设机构，有 33 名理事，第一类理事国为民航大国，占 10 席；第二类理事国是向国际民航提供便利方面作出较大贡献的国家，占 11 席；第三类理事国是具有区域代表性的国家，占 12 席。理事会每年召开 3 次会议，下设航行技术、航空运输、法律、经营导航设备、财务和非法干扰国际民航等委员会。

根据《芝加哥公约》第四十四条规定，国际民航组织的宗旨和目的主要有以下几点：

(1) 保证全世界国际民用航空安全、有秩序地发展。
(2) 鼓励为和平用途的航空器的设计和操作艺术。
(3) 鼓励国际民用航空应用的航路、机场和航行设施。
(4) 满足世界人民对安全、正常、有效和经济的航空运输的需要；防止因不合理的竞争而造成经济上的浪费。
(5) 保证缔约国的权利充分受到尊重，每一缔约国均有经营国际空运企业的公平的机会。
(6) 避免缔约各国之间的差别待遇。
(7) 促进国际航行的飞行安全。

国际民航组织的日常办事机构，设有航空技术局、航空运输局、法律局、技术援助局、行政服务局和对外关系办公室，这些机构统一在秘书长领导下工作。

国际民航组织的总部设在加拿大的蒙特利尔。在全球各地还有 7 个地区办事处，它们是：西非和中非区（达喀尔），欧洲区（巴黎），亚洲太平洋区（曼谷），中东区（开罗），东非和南非区（内罗毕），北美、中美和加勒比区（墨西哥城）和南美区（利马）。

（四）国际民航组织主要工作内容

(1) 通过制定《国际民用航空公约》的 18 个技术业务附件和多种技术文件以及召开各

种技术会议,逐步统一国际民航的技术业务标准和管理国际航路的工作制度。

(2) 通过双边通航协定的登记、运力运价等方针政策的研讨、机场联检手续的简化、统计的汇编等方法以促进国际航空运输的发展。

(3) 通过派遣专家、顾问,建立训练中心,举办训练班及其他形式,以执行联合国开发计划署向缔约国提供的技术援助。

(4) 管理公海上的联营导航设备。

(5) 研究国际航空法,组织拟订和修改涉及国际民航活动的各种公约。根据统约国的建议和议事规则,通过大会、理事会、地区会议以及特别会议讨论和决定涉及国际航空安全和发展的各种重要问题。

(五) 中国与国际民航组织

1944年12月9日,当时的中国政府在《芝加哥公约》上签字,并于1946年2月20日批准该公约。1971年11月19日国际民航组织第74届理事会通过决议,承认中华人民共和国政府为中国唯一合法的政府,驱逐了国民党集团的代表。1974年2月我国决定承认《国际民用航空公约》,并自该日起参加该组织的活动。中国从1974年起连续当选为理事国,并在蒙特利尔设有常驻该组织理事会的中国代表处。1977年国际民航组织第22届大会决定中文作为这个组织的工作语言之一。2013年9月28日,中国在加拿大蒙特利尔召开的国际民航组织第38届大会上再次当选为一类理事国。

复习思考题

1. 什么是一般法和特别法?
2. 什么是实体法和程序法?
3. 为什么说宪法在我国法的体系中居于主导地位?
4. 为什么说民法是我国法律体系中的一个重要部门?
5. 犯罪的特征有哪些?
6. 经济法和民法的主要区别是什么?
7. 国际法与国内法相比较,它有哪些特征?
8. 国际惯例有哪些特点?
9. 世界旅游组织的宗旨是什么?

第十一章 涉外诉讼

本章导读

旅游企业是涉外行业,在日常的经营与管理中,有很多问题涉及外国人或境外的旅游组织或企业。所以,在旅游企业涉及法律诉讼等问题时,又要涉及涉外诉讼等问题。诉讼,民间称为打官司。涉外诉讼是指某种具有涉外因素的民事和刑事等案件的官司。在诉讼,特别是涉外诉讼方面,它的特点以及诉讼程序等方面是旅游从业人员所必须要了解的。涉外诉讼和国内诉讼有很大的不同,它具有某种涉外因素,因此在具体的受理与法律适用等问题上较国内诉讼要复杂得多。我国的民法通则、民事诉讼法、刑法和刑事诉讼法都列有专章或专门的条款对涉外诉讼加以规定。涉外诉讼一般分为涉外民事诉讼、涉外刑事诉讼和涉外行政诉讼等。国际上一些国家多在实体法与诉讼法中予以专门规定,或以单行法规的形式加以规定。

案例导入

原告刘某与被告美籍华人陈某某于2006年4月在山东某市市工商行政管理局注册登记开办了"美得利酒店"。根据公司章程,注册资本全部由原告投资,被告负责经营管理。2008年4月25日,陈某某用"美得利酒店"董事长的身份免除原告董事、副总经理的职务,刘某作为被告方的投资人,告到市东港区人民法院要求被告方撤销免除原告董事、副总经理的决定书。

2009年6月区法院审理了此案。区法院经审理查明,原告用"美得利酒店"的名称及相关资料和美籍华人陈某某的身份在市工商行政管理局注册登记了外商独资的"美得利酒店"公司;注册资金全部由原告投入,被告法人代表陈某某只是负责经营管理工作。另查明,该公司章程第16条、19条、21条规定:董事长应在董事会开会前30天书面通知各董事;出席董事会的法定人数为全体董事,有董事缺席时通过的董事会决议无效。2009年4月25日。陈某某以"美得利酒店"董事长的身份在未通知原告参加的情况下,召开董事会议,免除原告刘某董事职务和副总经理职务。

法庭认为,原告用"美得利酒店"的名称及相关资料和美籍华人陈某某的身份在某市市工商行政管理局注册登记了被告公司;并且注册资本全部由原告投资,故应当认为"美得利酒店"系原告投资成立,原告是该公司的唯一出资人;陈某某作为该公司的董事长,违反公司章程召开董事会作出董事会决议,原告申请撤销应予准许。据此,依照《中华人民共和国民事诉讼法》第一百三十条,《中华人民共和国民事诉讼法》第四条第一款、第十八条、第四十七条第二款、第四十九条第一、二款之规定,判决如下:

> 一、原告为被告的唯一出资人。
> 二、撤销被告作出免除原告董事、总经理的决议。
> 三、案件受理费50元,其他诉讼费用250元,共计300元,由被告负担。
> 如不服本判决,可在接到判决书之日起十五日内向本院递交上诉状,并按对方当事人的人数提出副本,同时交纳上诉费用300元,上诉于市中级人民法院。
> 请问该法院的判决是否恰当?为什么?

第一节 涉外民事诉讼

一、涉外民事诉讼的概念

民事诉讼,是指法院在双方当事人及其他诉讼参与人的参加下,审理民事案件和解决民事纠纷所进行的活动,以及由这些活动所发生的关系。涉外民事诉讼是指法院审判具有涉外因素的民事案件所适用的诉讼程序。

所谓具有涉外因素的民事案件是指具有下列三种情况之一,并在我国法院进行诉讼的案件:

(1) 诉讼的主体方面含有涉外因素,即诉讼当事人一方或者双方是外国人、无国籍人、外国企业或者组织。

(2) 诉讼的客体方面含有涉外因素,即诉讼当事人争议的财产在国外。

(3) 诉讼的内容方面含有涉外因素,即诉讼当事人之间民事法律关系发生、变更或者消灭的法律事实存在于国外。

凡是具有以上三种涉外因素之一的民事案件,都是涉外民事案件。

根据我国有关法律规定:凡民事关系的一方或者双方当事人是外国人、无国籍人、外国法人的;民事关系的标的物在外国领域内的;产生、变更或者消灭民事权利义务关系的法律事实发生在国外的,均为涉外民事关系。从中看出,构成涉外民事案件的关键是具有涉外民事法律关系。也就是说,人们之间产生了由民事法律调整的人们的某种社会关系,而且在这种关系中又加入了涉外的因素。

涉外民事诉讼与国内民事诉讼在调整方法上存在着十分明显的差异。国内民事诉讼受理的法律依据是国内法。具有管辖权的是各级国内法院,适用国内法进行诉讼判决。涉外民事诉讼其依据法律可能是国内法,也可能是国际条约或国际惯例,还可能是外国法。在具体受理的审判程序上还必须确定管辖权,选择应适用的法律和判决的执行。确定管辖权是受理涉外民事案件的前提。法院在审理某一涉外案件之前,最先遇到的就是我国法院对该案件有无管辖权的问题。只有肯定了管辖权,才有权受理案件,才能通过法律的适用,确定当事人的权利义务。

二、涉外民事案件的管辖

根据世界各国有关涉外诉讼程序的立法和国际惯例,国际上主要有地域管辖、属人管辖、协议管辖和专属管辖。

（1）地域管辖，以领土为标志，是一国对该国领土范围的一切人、物、法律行为都具有的管辖权；

（2）属人管辖，是以当事人的国籍为标志，确定管辖权；

（3）协议管辖，是指允许双方当事人协议将争议事项交某国法院受理；

（4）专属管辖，是指一国主张其法院对某些国际民事案件有独占的和排他的管辖权。

我国对涉外民事案件的管辖权采用的基本原则是地域管辖原则，同时也对不同类型的涉外民事案件采取不同的管辖原则。在实践中，我国法院管辖涉外民事案件是根据具体情况交替使用地域管辖、属人管辖、协议管辖等原则，以确保应由我国法院管辖的案件真正能由我国法院进行实际审理。2012年第二次修正的《中华人民共和国民事诉讼法》第四编的第二十三章对涉外民事诉讼程序作了特别规定，其中的第二百五十九条规定："在中华人民共和国领域内进行涉外民事诉讼，适用本编规定。本编没有规定的，适用本法其他有关规定。"

根据2001年12月25日《最高人民法院审判委员会第1203次会议通过的法释〔2002〕5号》（以下简称《法释》）第一条规定：第一审涉外民商事案件由下列人民法院管辖：

（一）国务院批准设立的经济技术开发区人民法院；

（二）省会、自治区首府、直辖市所在地的中级人民法院；

（三）经济特区、计划单列市中级人民法院；

（四）最高人民法院指定的其他中级人民法院；

（五）高级人民法院。

本章"案例导入"中的区法院的判决是不恰当的。因为根据规定，涉外案件的诉讼只能由该市的中级人民法院审理。《法释》第七条规定："本规定于2002年3月1日起施行。本规定施行前已经受理的案件由原受理人民法院继续审理。本规定发布前的有关司法解释、规定与本规定不一致的，以本规定为准。"该区法院之所以判决不恰当，是因为该《法释》是从2002年3月1日起施行，而该案发生在2008年。

三、涉外民事关系的法律适用

涉外民事关系的法律适用，是指国家审理涉外民事案件时，应适用哪一个国家的法律。我国是一个独立的主权国家，在审理涉外民事案件时，应由我国确定案件所适用的法律，或者依照我国参加或缔结的国际条约、国际惯例，确定应适用的法律。我国《宪法》第三十二条规定："中华人民共和国保护在中国境内的外国人的合法权利和利益，在中国境内的外国人必须遵守中华人民共和国的法律。"在我国的有关法律和我国参加的一些国际条约规定中，规定了一些法律适用的内容，主要包括：

（1）在我国领域内的涉外民事关系适用我国法律（法律另有规定的除外）；我国缔结或参加的国际条约同我国的民事法律有不同规定的，适用国际条约的规定，但我国声明保留的条款除外；我国法律和我国缔结或者参加的国际条约没有规定的，可以适用国际惯例。

（2）我国公民定居国外的，其民事行为能力可以适用定居国法律。

（3）不动产的所有权，适用不动产所在地法律。

（4）涉外合同当事人可以选择处理合同争议所适用的法律，当事人没有选择的，适用与合同最密切联系的国家的法律,法律未作规定的,可以适用国际惯例。我国涉外经济法规定:在中国境内执行中外合资经营企业合同、中外合作经营企业合同,只适用中国法律。

(5) 行为的损害赔偿,适用侵权行为地法律;当事人双方国籍相同或在同一国家有住所的,也可以适用当事人本国法律或者住所地法律;我国法律不认为在我国领域外发生的行为是侵权行为的,不作为侵权行为处理。

按以上规定适用外国法律或者国际惯例的,不得违背我国的社会公共利益。

第二节 涉外刑事诉讼

一、涉外刑事诉讼的概念

涉外刑事诉讼是指含有涉外因素的刑事案件的诉讼。按照我国刑事法律的规定,这种涉外因素主要有以下几方面:

(1) 刑事案件主体的刑事被告人或诉讼参与人的被害人是外国人(或者无国籍人),包括外国人或无国籍人在我国领域内犯罪的刑事案件,我国公民侵犯外国人或者无国籍人合法权利的刑事案件等。

(2) 刑事诉讼涉及国家间的法律协助,如引渡刑事被告人、国际刑事司法协助等。

(3) 刑事诉讼涉及国际条约、国家间协定的"法律适用"等问题。

二、涉外刑事案件的管辖

对涉外刑事案件的管辖国际上通行的原则主要有属地原则、属人原则、保护原则、普遍原则和混合原则。

(1) 属地原则,是以一国领域为标准,凡在本国领域内犯罪,无论犯罪者是否为本国人,无论受侵害权益是在本国还是在外国,也无论受害人是否为本国人,均适用本国刑法。但是,当本国或其公民的权益在国外受到犯罪侵害时则不能有效保护,所以目前国际上很少有国家能独自采用此原则。

(2) 属人原则,是指刑法效力以犯罪人国籍为标准,凡是本国国籍者,无论是否在国内,无论其侵害的是否为本国或其公民的权益,均适用本国刑法。但是,当非本国人在本国犯罪时则不适用本国刑法,故目前世界各国也没有独自采用该原则的。

(3) 保护原则,是指保护本国利益为标准,凡犯罪侵害本国或其公民权益的,无论犯罪人是否为本国人,无论犯罪是否发生在本国,均适用本国刑法。但是,一国刑法认为是犯罪的行为,另一国可能并不认为是犯罪,所以,此原则在适用上有一定的困难。各国刑法采用该原则时都加以限制。

(4) 普遍原则,是指无论犯罪人是否为本国人,犯罪的地点是否在本国,是否侵害本国利益,均适用本国刑法。

(5) 混合原则,是指采用属地原则为主,兼采用其他的原则。目前各国刑法多采取这一原则。

2015年11月1日实施的《中华人民共和国刑法修正案(九)》第六条规定:"凡在中华人

民共和国领域内犯罪的,除法律有特别规定的以外,都适用本法。"2013年1月1日起实施的《中华人民共和国刑事诉讼法》第十六条规定:"享有外交特权和豁免权的外国人犯罪应当追究刑事责任的,通过外交途径解决。"根据我国的有关法律规定可以看出,我国采取的是"普遍原则"与"混合原则"的主张。

三、我国法院受理涉外刑事案件的范围

根据我国法律的规定,以及我国签署或参加的国际条约中的有关规定,我国司法机关受理的涉外刑事案件的范围有以下几种:

(1) 外国人在我国领域内犯罪的刑事案件;
(2) 我国公民在我国领域外犯罪的刑事案件;
(3) 外国人在我国领域外对我国或我国公民犯罪的刑事案件;
(4) 我国公民侵犯外国人合法权利的刑事案件;
(5) 危害国际社会安全和人类的生存、进步与发展的国际犯罪案件。

第五种情况应当具备两个条件:第一,这类案件必须是我国签署或参加的国际条约中所规定的应承担的义务。第二,必须是国际条约规定的罪行。

四、刑事诉讼法中的证据

证据,是指证明案件真实情况的一切事实。我国《刑事诉讼法》中认定的证据有以下几种:

(1) 物证;
(2) 书证;
(3) 证人证言;
(4) 被害人陈述;
(5) 犯罪嫌疑人、被告人供述和辩解;
(6) 鉴定意见;
(7) 勘验、检查、辨认、侦查实验等笔录;
(8) 视听资料、电子数据。

这些证据必须经过查证属实,才能作为定案的根据。

第三节 涉外仲裁

一、涉外仲裁的概念

涉外仲裁,是指我国涉外仲裁机构根据双方当事人在合同中订立的仲裁条款或者事后签订的仲裁协议,依法对涉外经济争议、海事争议在事实上作出判断、在权利义务上作出裁决的法律制度。

二、涉外仲裁的性质

涉外仲裁机构属民间性质,它的仲裁员也由民间推荐选任,对仲裁事项仲裁机构没有

强制管辖权,涉外仲裁机构行使仲裁权的基础取决于双方当事人的合意。

三、我国的涉外仲裁机构

我国涉外仲裁机构有两个：一是中国国际经济贸易仲裁委员会；二是中国海事仲裁委员会。这两个委员会隶属于中国国际商会。

(一) 中国国际经济贸易仲裁委员会

中国国际经济贸易仲裁委员会(China International Economic and Trade Arbitration Commission)，简称CIETAC(贸仲)，原名对外经济贸易仲裁委员会，成立于1956年，总会设在北京。根据业务发展的需要，仲裁委员会分别先后在深圳、上海、重庆、武汉杭州等地设立了分会。总会和分会使用相同的仲裁规则和仲裁员名册，在整体上享有一个仲裁管辖权。

中国国际经济贸易仲裁委员会由主任一人、副主任和委员若干人组成。其仲裁的范围按照2015年1月1日起施行的《中国国际经济贸易仲裁委员会仲裁规则》规定，中国国际经济贸易仲裁委员会根据当事人的约定受理契约性或非契约性的经济贸易等争议案件，包括国际或涉外争议案件，涉及香港特别行政区、澳门特别行政区及台湾地区的争议案件，国内争议案件。如合资经营、合作经营、合作开发、合作生产、技术转让、金融信贷、财产租赁、融资租赁、货物买卖、补偿贸易等方面的案件。

(二) 中国海事仲裁委员会

中国海事仲裁委员会(China Maritime Arbitration Commission 简称CMAC)根据中华人民共和国国务院1958年11月21日的决定，于1959年1月22日设立于中国国际贸易促进委员会内受理国内外海事争议案件的常设仲裁机构，设立时名为中国国际贸易促进委员会海事仲裁委员会，1988年改为现在的名称，主要以仲裁的方式，解决海事、海商和物流争议，以及其他契约性和非契约性争议。中国海事仲裁委员会的总部设于北京，只在上海、天津、重庆设有分会。中国海事仲裁委员会香港仲裁中心于2014年设立，提供国际海事争议仲裁服务。

中国海事仲裁委员会由主席一人、副主席和委员若干人组成。仲裁员从具有有关专业知识和实际经验的中外人士中聘任。中国海事仲裁委员会主要管辖下列案件：关于海上船舶互相救助、海上船舶和内河船舶互相救助报酬的争议；关于海上船舶碰撞、海上船舶和内河船舶碰撞或海上船舶损坏港口建筑物或设备所发生的争议；关于海上船舶租赁、代理、买卖、修理以及根据运输合同、提单或其他运输文件办理的海上运输业务和海上保险所发生的争议；双方当事人协议要求仲裁的其他海事争议。

四、涉外仲裁的原则

(1) 协议原则

所谓协议原则，是指仲裁机构仲裁权的取得须建立在当事人自愿协议基础之上。当事人可以事先在合同中订立仲裁条款，也可以在案发后达成书面仲裁协议。没有当事人的仲裁协议，仲裁机构不能行使仲裁权。

(2) 独立裁决原则

独立裁决原则，首先是指仲裁机构在仲裁案件时，只能依据客观事实和法律，实事求是地裁决,不受任何机关、团体和个人的干涉。其次是指仲裁员个人独立,基于独立的意志作出裁决意见。

(3) 公平原则

公平原则建立在当事人法律地位平等的基础之上。无论是中国当事人或外国当事人,也无论当事人所在国家的大、小、强、弱,他们在仲裁程序中都处于平等的地位,仲裁机构将公平相待、公正裁决。

(4) 保密审理原则

保密审理即指不公开审理和当事人、仲裁员、证人、鉴定人等承担不向外界透露案件实情和程序进行情况的义务。对涉外案件不公开仲裁是出于对当事人自由意志的尊重和商业保密的考虑。如果双方当事人申请公开审理,必须征得仲裁庭的同意和认可。

(5) 参照国际惯例原则

各国在长期的商业交往中已形成若干惯例,这些惯例既涉及实体法又涉及程序法。涉外仲裁机构在仲裁时,参照这些国际惯例可以弥补我国法律法规的某些缺陷,也利于双方当事人接受裁决结果,从而合理、迅速地解决当事人间的争执。

复习思考题

1. 什么是涉外民事诉讼?
2. 涉外民事诉讼的案件有哪几种情况?
3. 我国对涉外民事案件的管辖权采取的基本原则是什么?
4. 我国法院受理涉外刑事案件的范围包括哪几种情况?
5. 刑事诉讼法中的证据有哪几种?
6. 什么是涉外仲裁?
7. 涉外仲裁的原则有哪些?

附录一 中华人民共和国旅游法

（中华人民共和国第十二届全国人民代表大会常务委员会第二次会议于2013年4月25日通过。2016年11月7日第十二届全国人民代表大会常务委员会第二十四次会议通过修改，重新公布，自公布之日起施行。）

目 录

第一章　总则
第二章　旅游者
第三章　旅游规划和促进
第四章　旅游经营
第五章　旅游服务合同
第六章　旅游安全
第七章　旅游监督管理
第八章　旅游纠纷处理
第九章　法律责任
第十章　附则

第一章　总　则

第一条　为保障旅游者和旅游经营者的合法权益，规范旅游市场秩序，保护和合理利用旅游资源，促进旅游业持续健康发展，制定本法。

第二条　在中华人民共和国境内的和在中华人民共和国境内组织到境外的游览、度假、休闲等形式的旅游活动以及为旅游活动提供相关服务的经营活动，适用本法。

第三条　国家发展旅游事业，完善旅游公共服务，依法保护旅游者在旅游活动中的权利。

第四条　旅游业发展应当遵循社会效益、经济效益和生态效益相统一的原则。国家鼓励各类市场主体在有效保护旅游资源的前提下，依法合理利用旅游资源。利用公共资源建设的游览场所应当体现公益性质。

第五条　国家倡导健康、文明、环保的旅游方式，支持和鼓励各类社会机构开展旅游公益宣传，对促进旅游业发展做出突出贡献的单位和个人给予奖励。

第六条　国家建立健全旅游服务标准和市场规则，禁止行业垄断和地区垄断。旅游经营者应当诚信经营，公平竞争，承担社会责任，为旅游者提供安全、健康、卫生、方便的旅游服务。

第七条　国务院建立健全旅游综合协调机制，对旅游业发展进行综合协调。

县级以上地方人民政府应当加强对旅游工作的组织和领导，明确相关部门或者机构，对本行政区域的旅游业发展和监督管理进行统筹协调。

第八条 依法成立的旅游行业组织，实行自律管理。

第二章 旅游者

第九条 旅游者有权自主选择旅游产品和服务，有权拒绝旅游经营者的强制交易行为。

旅游者有权知悉其购买的旅游产品和服务的真实情况。

旅游者有权要求旅游经营者按照约定提供产品和服务。

第十条 旅游者的人格尊严、民族风俗习惯和宗教信仰应当得到尊重。

第十一条 残疾人、老年人、未成年人等旅游者在旅游活动中依照法律、法规和有关规定享受便利和优惠。

第十二条 旅游者在人身、财产安全遇有危险时，有请求救助和保护的权利。

旅游者人身、财产受到侵害的，有依法获得赔偿的权利。

第十三条 旅游者在旅游活动中应当遵守社会公共秩序和社会公德，尊重当地的风俗习惯、文化传统和宗教信仰，爱护旅游资源，保护生态环境，遵守旅游文明行为规范。

第十四条 旅游者在旅游活动中或者在解决纠纷时，不得损害当地居民的合法权益，不得干扰他人的旅游活动，不得损害旅游经营者和旅游从业人员的合法权益。

第十五条 旅游者购买、接受旅游服务时，应当向旅游经营者如实告知与旅游活动相关的个人健康信息，遵守旅游活动中的安全警示规定。

旅游者对国家应对重大突发事件暂时限制旅游活动的措施以及有关部门、机构或者旅游经营者采取的安全防范和应急处置措施，应当予以配合。

旅游者违反安全警示规定，或者对国家应对重大突发事件暂时限制旅游活动的措施、安全防范和应急处置措施不予配合的，依法承担相应责任。

第十六条 出境旅游者不得在境外非法滞留，随团出境的旅游者不得擅自分团、脱团。

入境旅游者不得在境内非法滞留，随团入境的旅游者不得擅自分团、脱团。

第三章 旅游规划和促进

第十七条 国务院和县级以上地方人民政府应当将旅游业发展纳入国民经济和社会发展规划。

国务院和省、自治区、直辖市人民政府以及旅游资源丰富的设区的市和县级人民政府，应当按照国民经济和社会发展规划的要求，组织编制旅游发展规划。对跨行政区域且适宜进行整体利用的旅游资源进行利用时，应当由上级人民政府组织编制或者由相关地方人民政府协商编制统一的旅游发展规划。

第十八条 旅游发展规划应当包括旅游业发展的总体要求和发展目标，旅游资源保护和利用的要求和措施，以及旅游产品开发、旅游服务质量提升、旅游文化建设、旅游形象推广、旅游基础设施和公共服务设施建设的要求和促进措施等内容。

根据旅游发展规划，县级以上地方人民政府可以编制重点旅游资源开发利用的专项规划，对特定区域内的旅游项目、设施和服务功能配套提出专门要求。

第十九条 旅游发展规划应当与土地利用总体规划、城乡规划、环境保护规划以及其他自然资源和文物等人文资源的保护和利用规划相衔接。

第二十条 各级人民政府编制土地利用总体规划、城乡规划，应当充分考虑相关旅游项目、设施的空间布局和建设用地要求。规划和建设交通、通信、供水、供电、环保等基础设施和公共服务设施,应当兼顾旅游业发展的需要。

第二十一条　对自然资源和文物等人文资源进行旅游利用,必须严格遵守有关法律、法规的规定,符合资源、生态保护和文物安全的要求,尊重和维护当地传统文化和习俗,维护资源的区域整体性、文化代表性和地域特殊性,并考虑军事设施保护的需要。有关主管部门应当加强对资源保护和旅游利用状况的监督检查。

第二十二条　各级人民政府应当组织对本级政府编制的旅游发展规划的执行情况进行评估,并向社会公布。

第二十三条　国务院和县级以上地方人民政府应当制定并组织实施有利于旅游业持续健康发展的产业政策,推进旅游休闲体系建设,采取措施推动区域旅游合作,鼓励跨区域旅游线路和产品开发,促进旅游与工业、农业、商业、文化、卫生、体育、科教等领域的融合,扶持少数民族地区、革命老区、边远地区和贫困地区旅游业发展。

第二十四条　国务院和县级以上地方人民政府应当根据实际情况安排资金,加强旅游基础设施建设、旅游公共服务和旅游形象推广。

第二十五条　国家制定并实施旅游形象推广战略。国务院旅游主管部门统筹组织国家旅游形象的境外推广工作,建立旅游形象推广机构和网络,开展旅游国际合作与交流。

县级以上地方人民政府统筹组织本地的旅游形象推广工作。

第二十六条　国务院旅游主管部门和县级以上地方人民政府应当根据需要建立旅游公共信息和咨询平台,无偿向旅游者提供旅游景区、线路、交通、气象、住宿、安全、医疗急救等必要信息和咨询服务。设区的市和县级人民政府有关部门应当根据需要在交通枢纽、商业中心和旅游者集中场所设置旅游咨询中心,在景区和通往主要景区的道路设置旅游指示标识。

旅游资源丰富的设区的市和县级人民政府可以根据本地的实际情况,建立旅游客运专线或者游客中转站,为旅游者在城市及周边旅游提供服务。

第二十七条　国家鼓励和支持发展旅游职业教育和培训,提高旅游从业人员素质。

第四章　旅游经营

第二十八条　设立旅行社,招徕、组织、接待旅游者,为其提供旅游服务,应当具备下列条件,取得旅游主管部门的许可,依法办理工商登记:

(一) 有固定的经营场所;

(二) 有必要的营业设施;

(三) 有符合规定的注册资本;

(四) 有必要的经营管理人员和导游;

(五) 法律、行政法规规定的其他条件。

第二十九条　旅行社可以经营下列业务:

(一) 境内旅游;

(二) 出境旅游;

(三) 边境旅游;

(四) 入境旅游;

（五）其他旅游业务。

旅行社经营前款第二项和第三项业务，应当取得相应的业务经营许可，具体条件由国务院规定。

第三十条　旅行社不得出租、出借旅行社业务经营许可证，或者以其他形式非法转让旅行社业务经营许可。

第三十一条　旅行社应当按照规定交纳旅游服务质量保证金，用于旅游者权益损害赔偿和垫付旅游者人身安全遇有危险时紧急救助的费用。

第三十二条　旅行社为招徕、组织旅游者发布信息，必须真实、准确，不得进行虚假宣传，误导旅游者。

第三十三条　旅行社及其从业人员组织、接待旅游者，不得安排参观或者参与违反我国法律、法规和社会公德的项目或者活动。

第三十四条　旅行社组织旅游活动应当向合格的供应商订购产品和服务。

第三十五条　旅行社不得以不合理的低价组织旅游活动，诱骗旅游者，并通过安排购物或者另行付费旅游项目获取回扣等不正当利益。

旅行社组织、接待旅游者，不得指定具体购物场所，不得安排另行付费旅游项目。但是，经双方协商一致或者旅游者要求，且不影响其他旅游者行程安排的除外。

发生违反前两款规定情形的，旅游者有权在旅游行程结束后三十日内，要求旅行社为其办理退货并先行垫付退货货款，或者退还另行付费旅游项目的费用。

第三十六条　旅行社组织团队出境旅游或者组织、接待团队入境旅游，应当按照规定安排领队或者导游全程陪同。

第三十七条　参加导游资格考试成绩合格，与旅行社订立劳动合同或者在相关旅游行业组织注册的人员，可以申请取得导游证。

第三十八条　旅行社应当与其聘用的导游依法订立劳动合同，支付劳动报酬，缴纳社会保险费用。

旅行社临时聘用导游为旅游者提供服务的，应当全额向导游支付本法第六十条第三款规定的导游服务费用。

旅行社安排导游为团队旅游提供服务的，不得要求导游垫付或者向导游收取任何费用。

第三十九条　从事领队业务，应当取得导游证，具有相应的学历、语言能力和旅游从业经历，并与委派其从事领队业务的取得出境旅游业务经营许可的旅行社订立劳动合同。

第四十条　导游和领队为旅游者提供服务必须接受旅行社委派，不得私自承揽导游和领队业务。

第四十一条　导游和领队从事业务活动，应当佩戴导游证，遵守职业道德，尊重旅游者的风俗习惯和宗教信仰，应当向旅游者告知和解释旅游文明行为规范，引导旅游者健康、文明旅游，劝阻旅游者违反社会公德的行为。

导游和领队应当严格执行旅游行程安排，不得擅自变更旅游行程或者中止服务活动，不得向旅游者索取小费，不得诱导、欺骗、强迫或者变相强迫旅游者购物或者参加另行付费旅游项目。

第四十二条　景区开放应当具备下列条件，并听取旅游主管部门的意见：

（一）有必要的旅游配套服务和辅助设施；
（二）有必要的安全设施及制度，经过安全风险评估，满足安全条件；
（三）有必要的环境保护设施和生态保护措施；
（四）法律、行政法规规定的其他条件。

第四十三条 利用公共资源建设的景区的门票以及景区内的游览场所、交通工具等另行收费项目，实行政府定价或者政府指导价，严格控制价格上涨。拟收费或者提高价格的，应当举行听证会，征求旅游者、经营者和有关方面的意见，论证其必要性、可行性。

利用公共资源建设的景区，不得通过增加另行收费项目等方式变相涨价；另行收费项目已收回投资成本的，应当相应降低价格或者取消收费。

公益性的城市公园、博物馆、纪念馆等，除重点文物保护单位和珍贵文物收藏单位外，应当逐步免费开放。

第四十四条 景区应当在醒目位置公示门票价格、另行收费项目的价格及团体收费价格。景区提高门票价格应当提前六个月公布。

将不同景区的门票或者同一景区内不同游览场所的门票合并出售的，合并后的价格不得高于各单项门票的价格之和，且旅游者有权选择购买其中的单项票。

景区内的核心游览项目因故暂停向旅游者开放或者停止提供服务的，应当公示并相应减少收费。

第四十五条 景区接待旅游者不得超过景区主管部门核定的最大承载量。景区应当公布景区主管部门核定的最大承载量，制定和实施旅游者流量控制方案，并可以采取门票预约等方式，对景区接待旅游者的数量进行控制。

旅游者数量可能达到最大承载量时，景区应当提前公告并同时向当地人民政府报告，景区和当地人民政府应当及时采取疏导、分流等措施。

第四十六条 城镇和乡村居民利用自有住宅或者其他条件依法从事旅游经营，其管理办法由省、自治区、直辖市制定。

第四十七条 经营高空、高速、水上、潜水、探险等高风险旅游项目，应当按照国家有关规定取得经营许可。

第四十八条 通过网络经营旅行社业务的，应当依法取得旅行社业务经营许可，并在其网站主页的显著位置标明其业务经营许可证信息。

发布旅游经营信息的网站，应当保证其信息真实、准确。

第四十九条 为旅游者提供交通、住宿、餐饮、娱乐等服务的经营者，应当符合法律、法规规定的要求，按照合同约定履行义务。

第五十条 旅游经营者应当保证其提供的商品和服务符合保障人身、财产安全的要求。

旅游经营者取得相关质量标准等级的，其设施和服务不得低于相应标准；未取得质量标准等级的，不得使用相关质量等级的称谓和标识。

第五十一条 旅游经营者销售、购买商品或者服务，不得给予或者收受贿赂。

第五十二条 旅游经营者对其在经营活动中知悉的旅游者个人信息，应当予以保密。

第五十三条 从事道路旅游客运的经营者应当遵守道路客运安全管理的各项制度，并在车辆显著位置明示道路旅游客运专用标识，在车厢内显著位置公示经营者和驾驶人信息、道路运输管理机构监督电话等事项。

第五十四条 景区、住宿经营者将其部分经营项目或者场地交由他人从事住宿、餐饮、购物、游览、娱乐、旅游交通等经营的，应当对实际经营者的经营行为给旅游者造成的损害承担连带责任。

第五十五条 旅游经营者组织、接待出入境旅游，发现旅游者从事违法活动或者有违反本法第十六条规定情形的，应当及时向公安机关、旅游主管部门或者我国驻外机构报告。

第五十六条 国家根据旅游活动的风险程度，对旅行社、住宿、旅游交通以及本法第四十七条规定的高风险旅游项目等经营者实施责任保险制度。

第五章 旅游服务合同

第五十七条 旅行社组织和安排旅游活动，应当与旅游者订立合同。

第五十八条 包价旅游合同应当采用书面形式，包括下列内容：

（一）旅行社、旅游者的基本信息；

（二）旅游行程安排；

（三）旅游团成团的最低人数；

（四）交通、住宿、餐饮等旅游服务安排和标准；

（五）游览、娱乐等项目的具体内容和时间；

（六）自由活动时间安排；

（七）旅游费用及其交纳的期限和方式；

（八）违约责任和解决纠纷的方式；

（九）法律、法规规定和双方约定的其他事项。

订立包价旅游合同时，旅行社应当向旅游者详细说明前款第二项至第八项所载内容。

第五十九条 旅行社应当在旅游行程开始前向旅游者提供旅游行程单。旅游行程单是包价旅游合同的组成部分。

第六十条 旅行社委托其他旅行社代理销售包价旅游产品并与旅游者订立包价旅游合同的，应当在包价旅游合同中载明委托社和代理社的基本信息。

旅行社依照本法规定将包价旅游合同中的接待业务委托给地接社履行的，应当在包价旅游合同中载明地接社的基本信息。

安排导游为旅游者提供服务的，应当在包价旅游合同中载明导游服务费用。

第六十一条 旅行社应当提示参加团队旅游的旅游者按照规定投保人身意外伤害保险。

第六十二条 订立包价旅游合同时，旅行社应当向旅游者告知下列事项：

（一）旅游者不适合参加旅游活动的情形；

（二）旅游活动中的安全注意事项；

（三）旅行社依法可以减免责任的信息；

（四）旅游者应当注意的旅游目的地相关法律、法规和风俗习惯、宗教禁忌，依照中国法律不宜参加的活动等；

（五）法律、法规规定的其他应当告知的事项。

在包价旅游合同履行中，遇有前款规定事项的，旅行社也应当告知旅游者。

第六十三条 旅行社招徕旅游者组团旅游,因未达到约定人数不能出团的,组团社可以解除合同。但是,境内旅游应当至少提前七日通知旅游者,出境旅游应当至少提前三十日通知旅游者。

因未达到约定人数不能出团的,组团社经征得旅游者书面同意,可以委托其他旅行社履行合同。组团社对旅游者承担责任,受委托的旅行社对组团社承担责任。旅游者不同意的,可以解除合同。

因未达到约定的成团人数解除合同的,组团社应当向旅游者退还已收取的全部费用。

第六十四条 旅游行程开始前,旅游者可以将包价旅游合同中自身的权利义务转让给第三人,旅行社没有正当理由的不得拒绝,因此增加的费用由旅游者和第三人承担。

第六十五条 旅游行程结束前,旅游者解除合同的,组团社应当在扣除必要的费用后,将余款退还旅游者。

第六十六条 旅游者有下列情形之一的,旅行社可以解除合同:

(一)患有传染病等疾病,可能危害其他旅游者健康和安全的;
(二)携带危害公共安全的物品且不同意交有关部门处理的;
(三)从事违法或者违反社会公德的活动的;
(四)从事严重影响其他旅游者权益的活动,且不听劝阻、不能制止的;
(五)法律规定的其他情形。

因前款规定情形解除合同的,组团社应当在扣除必要的费用后,将余款退还旅游者;给旅行社造成损失的,旅游者应当依法承担赔偿责任。

第六十七条 因不可抗力或者旅行社、履行辅助人已尽合理注意义务仍不能避免的事件,影响旅游行程的,按照下列情形处理:

(一)合同不能继续履行的,旅行社和旅游者均可以解除合同。合同不能完全履行的,旅行社经向旅游者作出说明,可以在合理范围内变更合同;旅游者不同意变更的,可以解除合同。

(二)合同解除的,组团社应当在扣除已向地接社或者履行辅助人支付且不可退还的费用后,将余款退还旅游者;合同变更的,因此增加的费用由旅游者承担,减少的费用退还旅游者。

(三)危及旅游者人身、财产安全的,旅行社应当采取相应的安全措施,因此支出的费用,由旅行社与旅游者分担。

(四)造成旅游者滞留的,旅行社应当采取相应的安置措施。因此增加的食宿费用,由旅游者承担;增加的返程费用,由旅行社与旅游者分担。

第六十八条 旅游行程中解除合同的,旅行社应当协助旅游者返回出发地或者旅游者指定的合理地点。由于旅行社或者履行辅助人的原因导致合同解除的,返程费用由旅行社承担。

第六十九条 旅行社应当按照包价旅游合同的约定履行义务,不得擅自变更旅游行程安排。

经旅游者同意,旅行社将包价旅游合同中的接待业务委托给其他具有相应资质的地接社履行的,应当与地接社订立书面委托合同,约定双方的权利和义务,向地接社提供与旅游者订立的包价旅游合同的副本,并向地接社支付不低于接待和服务成本的费用。地接社应当按照包价旅游合同和委托合同提供服务。

第七十条 旅行社不履行包价旅游合同义务或者履行合同义务不符合约定的,应当依法承担继续履行、采取补救措施或者赔偿损失等违约责任;造成旅游者人身损害、财产损失的,应当依法承担赔偿责任。旅行社具备履行条件,经旅游者要求仍拒绝履行合同,造成旅游者人身损害、滞留等严重后果的,旅游者还可以要求旅行社支付旅游费用一倍以上三倍以下的赔偿金。

由于旅游者自身原因导致包价旅游合同不能履行或者不能按照约定履行,或者造成旅游者人身损害、财产损失的,旅行社不承担责任。

在旅游者自行安排活动期间,旅行社未尽到安全提示、救助义务的,应当对旅游者的人身损害、财产损失承担相应责任。

第七十一条 由于地接社、履行辅助人的原因导致违约的,由组团社承担责任;组团社承担责任后可以向地接社、履行辅助人追偿。

由于地接社、履行辅助人的原因造成旅游者人身损害、财产损失的,旅游者可以要求地接社、履行辅助人承担赔偿责任,也可以要求组团社承担赔偿责任;组团社承担责任后可以向地接社、履行辅助人追偿。但是,由于公共交通经营者的原因造成旅游者人身损害、财产损失的,由公共交通经营者依法承担赔偿责任,旅行社应当协助旅游者向公共交通经营者索赔。

第七十二条 旅游者在旅游活动中或者在解决纠纷时,损害旅行社、履行辅助人、旅游从业人员或者其他旅游者的合法权益的,依法承担赔偿责任。

第七十三条 旅行社根据旅游者的具体要求安排旅游行程,与旅游者订立包价旅游合同的,旅游者请求变更旅游行程安排,因此增加的费用由旅游者承担,减少的费用退还旅游者。

第七十四条 旅行社接受旅游者的委托,为其代订交通、住宿、餐饮、游览、娱乐等旅游服务,收取代办费用的,应当亲自处理委托事务。因旅行社的过错给旅游者造成损失的,旅行社应当承担赔偿责任。

旅行社接受旅游者的委托,为其提供旅游行程设计、旅游信息咨询等服务的,应当保证设计合理、可行,信息及时、准确。

第七十五条 住宿经营者应当按照旅游服务合同的约定为团队旅游者提供住宿服务。住宿经营者未能按照旅游服务合同提供服务的,应当为旅游者提供不低于原定标准的住宿服务,因此增加的费用由住宿经营者承担;但由于不可抗力、政府因公共利益需要采取措施造成不能提供服务的,住宿经营者应当协助安排旅游者住宿。

第六章 旅游安全

第七十六条 县级以上人民政府统一负责旅游安全工作。县级以上人民政府有关部门依照法律、法规履行旅游安全监管职责。

第七十七条 国家建立旅游目的地安全风险提示制度。旅游目的地安全风险提示的级别划分和实施程序,由国务院旅游主管部门会同有关部门制定。

县级以上人民政府及其有关部门应当将旅游安全作为突发事件监测和评估的重要内容。

第七十八条 县级以上人民政府应当依法将旅游应急管理纳入政府应急管理体系，制定应急预案，建立旅游突发事件应对机制。

突发事件发生后，当地人民政府及其有关部门和机构应当采取措施开展救援，并协助旅游者返回出发地或者旅游者指定的合理地点。

第七十九条 旅游经营者应当严格执行安全生产管理和消防安全管理的法律、法规和国家标准、行业标准，具备相应的安全生产条件，制定旅游者安全保护制度和应急预案。

旅游经营者应当对直接为旅游者提供服务的从业人员开展经常性应急救助技能培训，对提供的产品和服务进行安全检验、监测和评估，采取必要措施防止危害发生。

旅游经营者组织、接待老年人、未成年人、残疾人等旅游者，应当采取相应的安全保障措施。

第八十条 旅游经营者应当就旅游活动中的下列事项，以明示的方式事先向旅游者作出说明或者警示：

（一）正确使用相关设施、设备的方法；

（二）必要的安全防范和应急措施；

（三）未向旅游者开放的经营、服务场所和设施、设备；

（四）不适宜参加相关活动的群体；

（五）可能危及旅游者人身、财产安全的其他情形。

第八十一条 突发事件或者旅游安全事故发生后，旅游经营者应当立即采取必要的救助和处置措施，依法履行报告义务，并对旅游者作出妥善安排。

第八十二条 旅游者在人身、财产安全遇有危险时，有权请求旅游经营者、当地政府和相关机构进行及时救助。

中国出境旅游者在境外陷于困境时，有权请求我国驻当地机构在其职责范围内给予协助和保护。

旅游者接受相关组织或者机构的救助后，应当支付应由个人承担的费用。

第七章　旅游监督管理

第八十三条 县级以上人民政府旅游主管部门和有关部门依照本法和有关法律、法规的规定，在各自职责范围内对旅游市场实施监督管理。

县级以上人民政府应当组织旅游主管部门、有关主管部门和工商行政管理、产品质量监督、交通等执法部门对相关旅游经营行为实施监督检查。

第八十四条 旅游主管部门履行监督管理职责，不得违反法律、行政法规的规定向监督管理对象收取费用。

旅游主管部门及其工作人员不得参与任何形式的旅游经营活动。

第八十五条 县级以上人民政府旅游主管部门有权对下列事项实施监督检查：

（一）经营旅行社业务以及从事导游、领队服务是否取得经营、执业许可；

（二）旅行社的经营行为；

（三）导游和领队等旅游从业人员的服务行为；

（四）法律、法规规定的其他事项。

旅游主管部门依照前款规定实施监督检查，可以对涉嫌违法的合同、票据、账簿以及其他资料进行查阅、复制。

第八十六条　旅游主管部门和有关部门依法实施监督检查,其监督检查人员不得少于二人,并应当出示合法证件。监督检查人员少于二人或者未出示合法证件的,被检查单位和个人有权拒绝。

监督检查人员对在监督检查中知悉的被检查单位的商业秘密和个人信息应当依法保密。

第八十七条　对依法实施的监督检查,有关单位和个人应当配合,如实说明情况并提供文件、资料,不得拒绝、阻碍和隐瞒。

第八十八条　县级以上人民政府旅游主管部门和有关部门,在履行监督检查职责中或者在处理举报、投诉时,发现违反本法规定行为的,应当依法及时作出处理;对不属于本部门职责范围的事项,应当及时书面通知并移交有关部门查处。

第八十九条　县级以上地方人民政府建立旅游违法行为查处信息的共享机制,对需要跨部门、跨地区联合查处的违法行为,应当进行督办。

旅游主管部门和有关部门应当按照各自职责,及时向社会公布监督检查的情况。

第九十条　依法成立的旅游行业组织依照法律、行政法规和章程的规定,制定行业经营规范和服务标准,对其会员的经营行为和服务质量进行自律管理,组织开展职业道德教育和业务培训,提高从业人员素质。

第八章　旅游纠纷处理

第九十一条　县级以上人民政府应当指定或者设立统一的旅游投诉受理机构。受理机构接到投诉,应当及时进行处理或者移交有关部门处理,并告知投诉者。

第九十二条　旅游者与旅游经营者发生纠纷,可以通过下列途径解决:

(一)双方协商;

(二)向消费者协会、旅游投诉受理机构或者有关调解组织申请调解;

(三)根据与旅游经营者达成的仲裁协议提请仲裁机构仲裁;

(四)向人民法院提起诉讼。

第九十三条　消费者协会、旅游投诉受理机构和有关调解组织在双方自愿的基础上,依法对旅游者与旅游经营者之间的纠纷进行调解。

第九十四条　旅游者与旅游经营者发生纠纷,旅游者一方人数众多并有共同请求的,可以推选代表人参加协商、调解、仲裁、诉讼活动。

第九章　法律责任

第九十五条　违反本法规定,未经许可经营旅行社业务的,由旅游主管部门或者工商行政管理部门责令改正,没收违法所得,并处一万元以上十万元以下罚款;违法所得十万元以上的,并处违法所得一倍以上五倍以下罚款;对有关责任人员,处二千元以上二万元以下罚款。

旅行社违反本法规定,未经许可经营本法第二十九条第一款第二项、第三项业务,或者出租、出借旅行社业务经营许可证,或者以其他方式非法转让旅行社业务经营许可的,除依照前款规定处罚外,并责令停业整顿;情节严重的,吊销旅行社业务经营许可证;对直接负责的主管人员,处二千元以上二万元以下罚款。

第九十六条 旅行社违反本法规定,有下列行为之一的,由旅游主管部门责令改正,没收违法所得,并处五千元以上五万元以下罚款;情节严重的,责令停业整顿或者吊销旅行社业务经营许可证;对直接负责的主管人员和其他直接责任人员,处二千元以上二万元以下罚款:

(一) 未按照规定为出境或者入境团队旅游安排领队或者导游全程陪同的;

(二) 安排未取得导游证的人员提供导游服务或者安排不具备领队条件的人员提供领队服务的;

(三) 未向临时聘用的导游支付导游服务费用的;

(四) 要求导游垫付或者向导游收取费用的。

第九十七条 旅行社违反本法规定,有下列行为之一的,由旅游主管部门或者有关部门责令改正,没收违法所得,并处五千元以上五万元以下罚款;违法所得五万元以上的,并处违法所得一倍以上五倍以下罚款;情节严重的,责令停业整顿或者吊销旅行社业务经营许可证;对直接负责的主管人员和其他直接责任人员,处二千元以上二万元以下罚款:

(一) 进行虚假宣传,误导旅游者的;

(二) 向不合格的供应商订购产品和服务的;

(三) 未按照规定投保旅行社责任保险的。

第九十八条 旅行社违反本法第三十五条规定的,由旅游主管部门责令改正,没收违法所得,责令停业整顿,并处三万元以上三十万元以下罚款;违法所得三十万元以上的,并处违法所得一倍以上五倍以下罚款;情节严重的,吊销旅行社业务经营许可证;对直接负责的主管人员和其他直接责任人员,没收违法所得,处二千元以上二万元以下罚款,并暂扣或者吊销导游证。

第九十九条 旅行社未履行本法第五十五条规定的报告义务的,由旅游主管部门处五千元以上五万元以下罚款;情节严重的,责令停业整顿或者吊销旅行社业务经营许可证;对直接负责的主管人员和其他直接责任人员,处二千元以上二万元以下罚款,并暂扣或者吊销导游证。

第一百条 旅行社违反本法规定,有下列行为之一的,由旅游主管部门责令改正,处三万元以上三十万元以下罚款,并责令停业整顿;造成旅游者滞留等严重后果的,吊销旅行社业务经营许可证;对直接负责的主管人员和其他直接责任人员,处二千元以上二万元以下罚款,并暂扣或者吊销导游证:

(一) 在旅游行程中擅自变更旅游行程安排,严重损害旅游者权益的;

(二) 拒绝履行合同的;

(三) 未征得旅游者书面同意,委托其他旅行社履行包价旅游合同的。

第一百零一条 旅行社违反本法规定,安排旅游者参观或者参与违反我国法律、法规和社会公德的项目或者活动的,由旅游主管部门责令改正,没收违法所得,责令停业整顿,并处二万元以上二十万元以下罚款;情节严重的,吊销旅行社业务经营许可证;对直接负责的主管人员和其他直接责任人员,处二千元以上二万元以下罚款,并暂扣或者吊销导游证。

第一百零二条 违反本法规定,未取得导游证或者不具备领队条件而从事导游、领队活动的,由旅游主管部门责令改正,没收违法所得,并处一千元以上一万元以下罚款,予以公告。

导游、领队违反本法规定,私自承揽业务的,由旅游主管部门责令改正,没收违法所得,处一千元以上一万元以下罚款,并暂扣或者吊销导游证。

导游、领队违反本法规定,向旅游者索取小费的,由旅游主管部门责令退还,处一千元以上一万元以下罚款;情节严重的,并暂扣或者吊销导游证。

第一百零三条 违反本法规定被吊销导游证的导游、领队和受到吊销旅行社业务经营许可证处罚的旅行社的有关管理人员,自处罚之日起未逾三年的,不得重新申请导游证或者从事旅行社业务。

第一百零四条 旅游经营者违反本法规定,给予或者收受贿赂的,由工商行政管理部门依照有关法律、法规的规定处罚;情节严重的,并由旅游主管部门吊销旅行社业务经营许可证。

第一百零五条 景区不符合本法规定的开放条件而接待旅游者的,由景区主管部门责令停业整顿直至符合开放条件,并处二万元以上二十万元以下罚款。

景区在旅游者数量可能达到最大承载量时,未依照本法规定公告或者未向当地人民政府报告,未及时采取疏导、分流等措施,或者超过最大承载量接待旅游者的,由景区主管部门责令改正,情节严重的,责令停业整顿一个月至六个月。

第一百零六条 景区违反本法规定,擅自提高门票或者另行收费项目的价格,或者有其他价格违法行为的,由有关主管部门依照有关法律、法规的规定处罚。

第一百零七条 旅游经营者违反有关安全生产管理和消防安全管理的法律、法规或者国家标准、行业标准的,由有关主管部门依照有关法律、法规的规定处罚。

第一百零八条 对违反本法规定的旅游经营者及其从业人员,旅游主管部门和有关部门应当记入信用档案,向社会公布。

第一百零九条 旅游主管部门和有关部门的工作人员在履行监督管理职责中,滥用职权、玩忽职守、徇私舞弊,尚不构成犯罪的,依法给予处分。

第一百一十条 违反本法规定,构成犯罪的,依法追究刑事责任。

第十章 附 则

第一百一十一条 本法下列用语的含义:

(一)旅游经营者,是指旅行社、景区以及为旅游者提供交通、住宿、餐饮、购物、娱乐等服务的经营者。

(二)景区,是指为旅游者提供游览服务、有明确的管理界限的场所或者区域。

(三)包价旅游合同,是指旅行社预先安排行程,提供或者通过履行辅助人提供交通、住宿、餐饮、游览、导游或者领队等两项以上旅游服务,旅游者以总价支付旅游费用的合同。

(四)组团社,是指与旅游者订立包价旅游合同的旅行社。

(五)地接社,是指接受组团社委托,在目的地接待旅游者的旅行社。

(六)履行辅助人,是指与旅行社存在合同关系,协助其履行包价旅游合同义务,实际提供相关服务的法人或者自然人。

第一百一十二条 本法自2013年10月1日起施行。

附录二 旅游安全管理办法

中华人民共和国国家旅游局令

第 41 号

《旅游安全管理办法》已经2016年9月7日国家旅游局第11次局长办公会议审议通过,现予公布,自2016年12月1日起施行。

国家旅游局局长　李金早
2016年9月27日

旅游安全管理办法

第一章　总　则

第一条　为了加强旅游安全管理,提高应对旅游突发事件的能力,保障旅游者的人身、财产安全,促进旅游业持续健康发展,根据《中华人民共和国旅游法》、《中华人民共和国安全生产法》、《中华人民共和国突发事件应对法》、《旅行社条例》和《安全生产事故报告和调查处理条例》等法律、行政法规,制定本办法。

第二条　旅游经营者的安全生产、旅游主管部门的安全监督管理,以及旅游突发事件的应对,应当遵守有关法律、法规和本办法的规定。

本办法所称旅游经营者,是指旅行社及地方性法规规定旅游主管部门负有行业监管职责的景区和饭店等单位。

第三条　各级旅游主管部门应当在同级人民政府的领导和上级旅游主管部门及有关部门的指导下,在职责范围内,依法对旅游安全工作进行指导、防范、监管、培训、统计分析和应急处理。

第四条　旅游经营者应当承担旅游安全的主体责任,加强安全管理,建立、健全安全管理制度,关注安全风险预警和提示,妥善应对旅游突发事件。

旅游从业人员应当严格遵守本单位的安全管理制度,接受安全生产教育和培训,增强旅游突发事件防范和应急处理能力。

第五条　旅游主管部门、旅游经营者及其从业人员应当依法履行旅游突发事件报告义务。

第二章　经营安全

第六条　旅游经营者应当遵守下列要求:

（一）服务场所、服务项目和设施设备符合有关安全法律、法规和强制性标准的要求；
（二）配备必要的安全和救援人员、设施设备；
（三）建立安全管理制度和责任体系；
（四）保证安全工作的资金投入。

第七条 旅游经营者应当定期检查本单位安全措施的落实情况，及时排除安全隐患；对可能发生的旅游突发事件及采取安全防范措施的情况，应当按照规定及时向所在地人民政府或者人民政府有关部门报告。

第八条 旅游经营者应当对其提供的产品和服务进行风险监测和安全评估，依法履行安全风险提示义务，必要时应当采取暂停服务、调整活动内容等措施。

经营高风险旅游项目或者向老年人、未成年人、残疾人提供旅游服务的，应当根据需要采取相应的安全保护措施。

第九条 旅游经营者应当对从业人员进行安全生产教育和培训，保证从业人员掌握必要的安全生产知识、规章制度、操作规程、岗位技能和应急处理措施，知悉自身在安全生产方面的权利和义务。

旅游经营者建立安全生产教育和培训档案，如实记录安全生产教育和培训的时间、内容、参加人员以及考核结果等情况。

未经安全生产教育和培训合格的旅游从业人员，不得上岗作业；特种作业人员必须按照国家有关规定经专门的安全作业培训，取得相应资格。

第十条 旅游经营者应当主动询问与旅游活动相关的个人健康信息，要求旅游者按照明示的安全规程，使用旅游设施和接受服务，并要求旅游者对旅游经营者采取的安全防范措施予以配合。

第十一条 旅行社组织和接待旅游者，应当合理安排旅游行程，向合格的供应商订购产品和服务。

旅行社及其从业人员发现履行辅助人提供的服务不符合法律、法规规定或者存在安全隐患的，应当予以制止或者更换。

第十二条 旅行社组织出境旅游，应当制作安全信息卡。

安全信息卡应当包括旅游者姓名、出境证件号码和国籍，以及紧急情况下的联系人、联系方式等信息，使用中文和目的地官方语言（或者英文）填写。

旅行社应当将安全信息卡交由旅游者随身携带，并告知其自行填写血型、过敏药物和重大疾病等信息。

第十三条 旅游经营者应当依法制定旅游突发事件应急预案，与所在地县级以上地方人民政府及其相关部门的应急预案相衔接，并定期组织演练。

第十四条 旅游突发事件发生后，旅游经营者及其现场人员应当采取合理、必要的措施救助受害旅游者，控制事态发展，防止损害扩大。

旅游经营者应当按照履行统一领导职责或者组织处置突发事件的人民政府的要求，配合其采取的应急处置措施，并参加所在地人民政府组织的应急救援和善后处置工作。

旅游突发事件发生在境外的，旅行社及其领队应当在中国驻当地使领馆或者政府派出机构的指导下，全力做好突发事件应对处置工作。

第十五条 旅游突发事件发生后，旅游经营者的现场人员应当立即向本单位负责人报告,单位负责人接到报告后,应当于1小时内向发生地县级旅游主管部门、安全生产监督管理部门和负有安全生产监督管理职责的其他相关部门报告;旅行社负责人应当同时向单位所在地县级以上地方旅游主管部门报告。

情况紧急或者发生重大、特别重大旅游突发事件时,现场有关人员可直接向发生地、旅行社所在地县级以上旅游主管部门、安全生产监督管理部门和负有安全生产监督管理职责的其他相关部门报告。

旅游突发事件发生在境外的,旅游团队的领队应当立即向当地警方、中国驻当地使领馆或者政府派出机构,以及旅行社负责人报告。旅行社负责人应当在接到领队报告后1小时内,向单位所在地县级以上地方旅游主管部门报告。

第三章 风险提示

第十六条 国家建立旅游目的地安全风险(以下简称风险)提示制度。

根据可能对旅游者造成的危害程度、紧急程度和发展态势,风险提示级别分为一级(特别严重)、二级(严重)、三级(较重)和四级(一般),分别用红色、橙色、黄色和蓝色标示。

风险提示级别的划分标准,由国家旅游局会同外交、卫生、公安、国土、交通、气象、地震和海洋等有关部门制定或者确定。

第十七条 风险提示信息,应当包括风险类别、提示级别、可能影响的区域、起始时间、注意事项、应采取的措施和发布机关等内容。

一级、二级风险的结束时间能够与风险提示信息内容同时发布的,应当同时发布;无法同时发布的,待风险消失后通过原渠道补充发布。

三级、四级风险提示可以不发布风险结束时间,待风险消失后自然结束。

第十八条 风险提示发布后,旅行社应当根据风险级别采取下列措施:

(一)四级风险的,加强对旅游者的提示;

(二)三级风险的,采取必要的安全防范措施;

(三)二级风险的,停止组团或者带团前往风险区域;已在风险区域的,调整或者中止行程;

(四)一级风险的,停止组团或者带团前往风险区域,组织已在风险区域的旅游者撤离。

其他旅游经营者应当根据风险提示的级别,加强对旅游者的风险提示,采取相应的安全防范措施,妥善安置旅游者,并根据政府或者有关部门的要求,暂停或者关闭易受风险危害的旅游项目或者场所。

第十九条 风险提示发布后,旅游者应当关注相关风险,加强个人安全防范,并配合国家应对风险暂时限制旅游活动的措施,以及有关部门、机构或者旅游经营者采取的安全防范和应急处置措施。

第二十条 国家旅游局负责发布境外旅游目的地国家(地区),以及风险区域范围覆盖全国或者跨省级行政区域的风险提示。发布一级风险提示的,需经国务院批准;发布境外旅游目的地国家(地区)风险提示的,需经外交部门同意。

地方各级旅游主管部门应当及时转发上级旅游主管部门发布的风险提示,并负责发布前款规定之外涉及本辖区的风险提示。

第二十一条 风险提示信息应当通过官方网站、手机短信及公众易查阅的媒体渠道对外发布。一级、二级风险提示应同时通报有关媒体。

第四章 安全管理

第二十二条 旅游主管部门应当加强下列旅游安全日常管理工作：

（一）督促旅游经营者贯彻执行安全和应急管理的有关法律、法规，并引导其实施相关国家标准、行业标准或者地方标准，提高其安全经营和突发事件应对能力；

（二）指导旅游经营者组织开展从业人员的安全及应急管理培训，并通过新闻媒体等多种渠道，组织开展旅游安全及应急知识的宣传普及活动；

（三）统计分析本行政区域内发生旅游安全事故的情况；

（四）法律、法规规定的其他旅游安全管理工作。

旅游主管部门应当加强对星级饭店和A级景区旅游安全和应急管理工作的指导。

第二十三条 地方各级旅游主管部门应当根据有关法律、法规的规定，制定、修订本地区或者本部门旅游突发事件应急预案，并报上一级旅游主管部门备案，必要时组织应急演练。

第二十四条 地方各级旅游主管部门应当在当地人民政府的领导下，依法对景区符合安全开放条件进行指导，核定或者配合相关景区主管部门核定景区最大承载量，引导景区采取门票预约等方式控制景区流量；在旅游者数量可能达到最大承载量时，配合当地人民政府采取疏导、分流等措施。

第二十五条 旅游突发事件发生后，发生地县级以上旅游主管部门应当根据同级人民政府的要求和有关规定，启动旅游突发事件应急预案，并采取下列一项或者多项措施：

（一）组织或者协同、配合相关部门开展对旅游者的救助及善后处置，防止次生、衍生事件；

（二）协调医疗、救援和保险等机构对旅游者进行救助及善后处置；

（三）按照同级人民政府的要求，统一、准确、及时发布有关事态发展和应急处置工作的信息，并公布咨询电话。

第二十六条 旅游突发事件发生后，发生地县级以上旅游主管部门应当根据同级人民政府的要求和有关规定，参与旅游突发事件的调查，配合相关部门依法对应当承担事件责任的旅游经营者及其责任人进行处理。

第二十七条 各级旅游主管部门应当建立旅游突发事件报告制度。

第二十八条 旅游主管部门在接到旅游经营者依据本办法第十五条规定的报告后，应当向同级人民政府和上级旅游主管部门报告。一般旅游突发事件上报至设区的市级旅游主管部门；较大旅游突发事件逐级上报至省级旅游主管部门；重大和特别重大旅游突发事件逐级上报至国家旅游局。向上级旅游主管部门报告旅游突发事件，应当包括下列内容：

（一）事件发生的时间、地点、信息来源；

（二）简要经过、伤亡人数、影响范围；

（三）事件涉及的旅游经营者、其他有关单位的名称；

（四）事件发生原因及发展趋势的初步判断；

（五）采取的应急措施及处置情况；

（六）需要支持协助的事项；

（七）报告人姓名、单位及联系电话。

前款所列内容暂时无法确定的，应当先报告已知情况；报告后出现新情况的，应当及时补报、续报。

第二十九条 各级旅游主管部门应当建立旅游突发事件信息通报制度。旅游突发事件发生后，旅游主管部门应当及时将有关信息通报相关行业主管部门。

第三十条 旅游突发事件处置结束后，发生地旅游主管部门应当及时查明突发事件的发生经过和原因，总结突发事件应急处置工作的经验教训，制定改进措施，并在30日内按照下列程序提交总结报告：

（一）一般旅游突发事件向设区的市级旅游主管部门提交；

（二）较大旅游突发事件逐级向省级旅游主管部门提交；

（三）重大和特别重大旅游突发事件逐级向国家旅游局提交。

旅游团队在境外遇到突发事件的，由组团社所在地旅游主管部门提交总结报告。

第三十一条 省级旅游主管部门应当于每月5日前，将本地区上月发生的较大旅游突发事件报国家旅游局备案，内容应当包括突发事件发生的时间、地点、原因及事件类型和伤亡人数等。

第三十二条 县级以上地方各级旅游主管部门应当定期统计分析本行政区域内发生旅游突发事件的情况，并于每年1月底前将上一年度相关情况逐级报国家旅游局。

第五章 罚 则

第三十三条 旅游经营者及其主要负责人、旅游从业人员违反法律、法规有关安全生产和突发事件应对规定的，依照相关法律、法规处理。

第三十四条 旅行社违反本办法第十一条第二款的规定，未制止履行辅助人的非法、不安全服务行为，或者未更换履行辅助人的，由旅游主管部门给予警告，可并处2 000元以下罚款；情节严重的，处2 000元以上10 000元以下罚款。

第三十五条 旅行社违反本办法第十二条的规定，不按要求制作安全信息卡，未将安全信息卡交由旅游者，或者未告知旅游者相关信息的，由旅游主管部门给予警告，可并处2 000元以下罚款；情节严重的，处2 000元以上10 000元以下罚款。

第三十六条 旅行社违反本办法第十八条规定，不采取相应措施的，由旅游主管部门处2 000元以下罚款；情节严重的，处2 000元以上10 000元以下罚款。

第三十七条 按照旅游业国家标准、行业标准评定的旅游经营者违反本办法规定的，由旅游主管部门建议评定组织依据相关标准作出处理。

第三十八条 旅游主管部门及其工作人员违反相关法律、法规及本办法规定，玩忽职守，未履行安全管理职责的，由有关部门责令改正，对直接负责的主管人员和其他直接责任人员依法给予处分。

第六章 附 则

第三十九条 本办法所称旅游突发事件，是指突然发生，造成或者可能造成旅游者人身伤亡、财产损失，需要采取应急处置措施予以应对的自然灾害、事故灾难、公共卫生事件和社会安全事件。

根据旅游突发事件的性质、危害程度、可控性以及造成或者可能造成的影响，旅游突发事件一般分为特别重大、重大、较大和一般四级。

第四十条　本办法所称特别重大旅游突发事件,是指下列情形:

(一)造成或者可能造成人员死亡(含失踪)30人以上或者重伤100人以上;

(二)旅游者500人以上滞留超过24小时,并对当地生产生活秩序造成严重影响;

(三)其他在境内外产生特别重大影响,并对旅游者人身、财产安全造成特别重大威胁的事件。

第四十一条　本办法所称重大旅游突发事件,是指下列情形:

(一)造成或者可能造成人员死亡(含失踪)10人以上、30人以下或者重伤50人以上、100人以下;

(二)旅游者200人以上滞留超过24小时,对当地生产生活秩序造成较严重影响;

(三)其他在境内外产生重大影响,并对旅游者人身、财产安全造成重大威胁的事件。

第四十二条　本办法所称较大旅游突发事件,是指下列情形:

(一)造成或者可能造成人员死亡(含失踪)3人以上10人以下或者重伤10人以上50人以下;

(二)旅游者50人以上、200人以下滞留超过24小时,并对当地生产生活秩序造成较大影响;

(三)其他在境内外产生较大影响,并对旅游者人身、财产安全造成较大威胁的事件。

第四十三条　本办法所称一般旅游突发事件,是指下列情形:

(一)造成或者可能造成人员死亡(含失踪)3人以下或者重伤10人以下;

(二)旅游者50人以下滞留超过24小时,并对当地生产生活秩序造成一定影响;

(三)其他在境内外产生一定影响,并对旅游者人身、财产安全造成一定威胁的事件。

第四十四条　本办法所称的"以上"包括本数;除第三十四条、第三十五条、第三十六条的规定外,所称的"以下"不包括本数。

第四十五条　本办法自2016年12月1日起施行。国家旅游局1990年2月20日发布的《旅游安全管理暂行办法》同时废止。

附录三 旅游投诉处理办法

国家旅游局令

第32号

《旅游投诉处理办法》已经2010年1月4日国家旅游局第1次局长办公会议审议通过。现予公布,自2010年7月1日起施行。

国家旅游局局长　邵琪伟
二○一○年五月五日

旅游投诉处理办法

第一章　总　则

第一条　为了维护旅游者和旅游经营者的合法权益,依法公正处理旅游投诉,依据《中华人民共和国消费者权益保护法》、《旅行社条例》、《导游人员管理条例》和《中国公民出国旅游管理办法》等法律、法规,制定本办法。

第二条　本办法所称旅游投诉,是指旅游者认为旅游经营者损害其合法权益,请求旅游行政管理部门、旅游质量监督管理机构或者旅游执法机构(以下统称"旅游投诉处理机构"),对双方发生的民事争议进行处理的行为。

第三条　旅游投诉处理机构应当在其职责范围内处理旅游投诉。

地方各级旅游行政主管部门应当在本级人民政府的领导下,建立、健全相关行政管理部门共同处理旅游投诉的工作机制。

第四条　旅游投诉处理机构在处理旅游投诉中,发现被投诉人或者其从业人员有违法或犯罪行为的,应当按照法律、法规和规章的规定,作出行政处罚、向有关行政管理部门提出行政处罚建议或者移送司法机关。

第二章　管　辖

第五条　旅游投诉由旅游合同签订地或者被投诉人所在地县级以上地方旅游投诉处理机构管辖。

需要立即制止、纠正被投诉人的损害行为的,应当由损害行为发生地旅游投诉处理机构管辖。

第六条　上级旅游投诉处理机构有权处理下级旅游投诉处理机构管辖的投诉案件。

第七条　发生管辖争议的,旅游投诉处理机构可以协商确定,或者报请共同的上级旅游投诉处理机构指定管辖。

第三章　受　理

第八条　投诉人可以就下列事项向旅游投诉处理机构投诉:

（一）认为旅游经营者违反合同约定的;

（二）因旅游经营者的责任致使投诉人人身、财产受到损害的;

（三）因不可抗力、意外事故致使旅游合同不能履行或者不能完全履行,投诉人与被投诉人发生争议的;

（四）其他损害旅游者合法权益的。

第九条　下列情形不予受理:

（一）人民法院、仲裁机构、其他行政管理部门或者社会调解机构已经受理或者处理的;

（二）旅游投诉处理机构已经作出处理,且没有新情况、新理由的;

（三）不属于旅游投诉处理机构职责范围或者管辖范围的;

（四）超过旅游合同结束之日 90 天的;

（五）不符合本办法第十条规定的旅游投诉条件的;

（六）本办法规定情形之外的其他经济纠纷。

属于前款第（三）项规定的情形的,旅游投诉处理机构应当及时告知投诉人向有管辖权的旅游投诉处理机构或者有关行政管理部门投诉。

第十条　旅游投诉应当符合下列条件:

（一）投诉人与投诉事项有直接利害关系;

（二）有明确的被投诉人、具体的投诉请求、事实和理由。

第十一条　旅游投诉一般应当采取书面形式,一式两份,并载明下列事项:

（一）投诉人的姓名、性别、国籍、通讯地址、邮政编码、联系电话及投诉日期;

（二）被投诉人的名称、所在地;

（三）投诉的要求、理由及相关的事实根据。

第十二条　投诉事项比较简单的,投诉人可以口头投诉,由旅游投诉处理机构进行记录或者登记,并告知被投诉人;对于不符合受理条件的投诉,旅游投诉处理机构可以口头告知投诉人不予受理及其理由,并进行记录或者登记。

第十三条　投诉人委托代理人进行投诉活动的,应当向旅游投诉处理机构提交授权委托书,并载明委托权限。

第十四条　投诉人 4 人以上,以同一事由投诉同一被投诉人的,为共同投诉。

共同投诉可以由投诉人推选 1 至 3 名代表进行投诉。代表人参加旅游投诉处理机构处理投诉过程的行为,对全体投诉人发生效力,但代表人变更、放弃投诉请求或者进行和解,应当经全体投诉人同意。

第十五条　旅游投诉处理机构接到投诉,应当在 5 个工作日内作出以下处理:

（一）投诉符合本办法的,予以受理;

（二）投诉不符合本办法的,应当向投诉人送达《旅游投诉不予受理通知书》,告知不予受理的理由;

（三）依照有关法律、法规和本办法规定，本机构无管辖权的，应当以《旅游投诉转办通知书》或者《旅游投诉转办函》，将投诉材料转交有管辖权的旅游投诉处理机构或者其他有关行政管理部门，并书面告知投诉人。

第四章 处 理

第十六条 旅游投诉处理机构处理旅游投诉，除本办法另有规定外，实行调解制度。

旅游投诉处理机构应当在查明事实的基础上，遵循自愿、合法的原则进行调解，促使投诉人与被投诉人相互谅解，达成协议。

第十七条 旅游投诉处理机构处理旅游投诉，应当立案办理，填写《旅游投诉立案表》，并附有关投诉材料，在受理投诉之日起5个工作日内，将《旅游投诉受理通知书》和投诉书副本送达被投诉人。

对于事实清楚、应当即时制止或者纠正被投诉人损害行为的，可以不填写《旅游投诉立案表》和向被投诉人送达《旅游投诉受理通知书》，但应当对处理情况进行记录存档。

第十八条 被投诉人应当在接到通知之日起10日内作出书面答复，提出答辩的事实、理由和证据。

第十九条 投诉人和被投诉人应当对自己的投诉或者答辩提供证据。

第二十条 旅游投诉处理机构应当对双方当事人提出的事实、理由及证据进行审查。

旅游投诉处理机构认为有必要收集新的证据，可以根据有关法律、法规的规定，自行收集或者召集有关当事人进行调查。

第二十一条 需要委托其他旅游投诉处理机构协助调查、取证的，应当出具《旅游投诉调查取证委托书》，受委托的旅游投诉处理机构应当予以协助。

第二十二条 对专门性事项需要鉴定或者检测的，可以由当事人双方约定的鉴定或者检测部门鉴定。没有约定的，当事人一方可以自行向法定鉴定或者检测机构申请鉴定或者检测。

鉴定、检测费用按双方约定承担。没有约定的，由鉴定、检测申请方先行承担；达成调解协议后，按调解协议承担。鉴定、检测的时间不计入投诉处理时间。

第二十三条 在投诉处理过程中，投诉人与被投诉人自行和解的，应当将和解结果告知旅游投诉处理机构；旅游投诉处理机构在核实后应当予以记录并由双方当事人、投诉处理人员签名或者盖章。

第二十四条 旅游投诉处理机构受理投诉后，应当积极安排当事双方进行调解，提出调解方案，促成双方达成调解协议。

第二十五条 旅游投诉处理机构应当在受理旅游投诉之日起60日内，作出以下处理：

（一）双方达成调解协议的，应当制作《旅游投诉调解书》，载明投诉请求、查明的事实、处理过程和调解结果，由当事人双方签字并加盖旅游投诉处理机构印章；

（二）调解不成的，终止调解，旅游投诉处理机构应当向双方当事人出具《旅游投诉终止调解书》。

调解不成的，或者调解书生效后没有执行的，投诉人可以按照国家法律、法规的规定，向仲裁机构申请仲裁或者向人民法院提起诉讼。

第二十六条 在下列情形下，经旅游投诉处理机构调解，投诉人与旅行社不能达成调

解协议的,旅游投诉处理机构应当做出划拨旅行社质量保证金赔偿的决定,或向旅游行政管理部门提出划拨旅行社质量保证金的建议:

(一)旅行社因解散、破产或者其他原因造成旅游者预交旅游费用损失的;

(二)因旅行社中止履行旅游合同义务、造成旅游者滞留,而实际发生了交通、食宿或返程等必要及合理费用的。

第二十七条 旅游投诉处理机构应当每季度公布旅游者的投诉信息。

第二十八条 旅游投诉处理机构应当使用统一规范的旅游投诉处理信息系统。

第二十九条 旅游投诉处理机构应当为受理的投诉制作档案并妥善保管相关资料。

第三十条 本办法中有关文书式样,由国家旅游局统一制定。

第五章 附 则

第三十一条 本办法由国家旅游局负责解释。

第三十二条 本办法自2010年7月1日起施行。《旅行社质量保证金暂行规定》、《旅行社质量保证金暂行规定实施细则》、《旅行社质量保证金赔偿暂行办法》同时废止。

附录四 关于印发《旅行社服务质量赔偿标准》的通知

旅办发〔2011〕44号

各省、自治区、直辖市旅游局（委）：

为提高旅游服务质量，规范旅行社经营，打击违法违规行为，保护旅游者合法权益，特制定《旅行社服务质量赔偿标准》。现将《旅行社服务质量赔偿标准》印发给你们，请结合工作实际认真贯彻执行。现将有关事项通知如下：

一、《旅行社服务质量赔偿标准》在《旅行社质量保证金赔偿试行标准》基础上，总结归纳了近年来各地调解旅游投诉纠纷实践经验，并广泛吸收了社会各界意见。国家旅游局〔2010〕6号公告已将《旅行社质量保证金赔偿试行标准》废止，今后在调解旅游纠纷时，以《旅行社服务质量赔偿标准》为调解赔偿依据。

二、组织旅游纠纷调解机构和人员认真学习《旅行社服务质量赔偿标准》，要做到吃透精神、熟知条款、合理运用，充分发挥赔偿标准在解决群众关心的热点问题、保护旅游者合法权益等方面的作用。

三、通过各类媒体，采取多种方式，广泛宣传《旅行社服务质量赔偿标准》，引导旅行社依法经营、诚信经营，引导旅游者理性维权，形成重视提升旅游服务质量的浓厚氛围。特别要倡导旅行社与旅游者以合同约定的方式，解决旅游服务质量纠纷。只有在旅游者和旅行社对旅行社服务质量赔偿没有做出合同约定时，才适用《旅行社服务质量赔偿标准》。

四、请各地将贯彻实施《旅行社服务质量赔偿标准》过程中存在的问题及时反馈给我们。

特此通知。

国家旅游局办公室

二〇一一年四月十二日

旅行社服务质量赔偿标准

第一条 为了维护旅游者的合法权益，根据《旅行社条例》及有关法律、法规，制定本赔偿标准。

第二条 旅行社不履行合同或者履行合同不符合约定的服务质量标准，旅游者和旅行社对赔偿标准未做出合同约定的，旅游行政管理部门或者旅游质监执法机构在处理相关旅游投诉时，参照适用本赔偿标准。

第三条 由于不可抗力等不可归责于旅行社的客观原因或旅游者个人原因，造成旅游者经济损失的，旅行社不承担赔偿责任。

第四条 旅行社与旅游者订立合同或收取旅游者预付旅游费用后，因旅行社原因不能

成行的,旅行社应在合理期限内通知旅游者,否则按下列标准承担赔偿责任:

(一)国内旅游应提前7日(不含7日)通知旅游者,否则应向旅游者全额退还预付旅游费用,并按下述标准向旅游者支付违约金:出发前7日(含7日)至4日,支付旅游费用总额10%的违约金;出发前3日至1日,支付旅游费用总额15%的违约金;出发当日,支付旅游费用总额20%的违约金。

(二)出境旅游(含赴台游)应提前30日(不含30日)通知旅游者,否则应向旅游者全额退还预付旅游费用,并按下述标准向旅游者支付违约金:出发前30日至15日,支付旅游费用总额2%的违约金;出发前14日至7日,支付旅游费用总额5%的违约金;出发前6日至4日,支付旅游费用总额10%的违约金;出发前3日至1日,支付旅游费用总额15%的违约金;出发当日,支付旅游费用总额20%的违约金。

第五条 旅行社未经旅游者同意,擅自将旅游者转团、拼团的,旅行社应向旅游者支付旅游费用总额25%的违约金。解除合同的,还应向未随团出行的旅游者全额退还预付旅游费用,向已随团出行的旅游者退还未实际发生的旅游费用。

第六条 在同一旅游行程中,旅行社提供相同服务,因旅游者的年龄、职业等差异增收费用的,旅行社应返还增收的费用。

第七条 因旅行社原因造成旅游者未能乘坐预定的公共交通工具的,旅行社应赔偿旅游者的直接经济损失,并支付直接经济损失20%的违约金。

第八条 旅行社安排的旅游活动及服务档次与合同不符,造成旅游者经济损失的,旅行社应退还旅游者合同金额与实际花费的差额,并支付同额违约金。

第九条 导游或领队未按照国家或旅游行业对旅游者服务标准提供导游或者领队服务,影响旅游服务质量的,旅行社应向旅游者支付旅游费用总额1%至5%的违约金,本赔偿标准另有规定的除外。

第十条 旅行社及导游或领队违反旅行社与旅游者的合同约定,损害旅游者合法权益的,旅行社按下述标准承担赔偿责任:

(一)擅自缩短游览时间、遗漏旅游景点、减少旅游服务项目的,旅行社应赔偿未完成约定旅游服务项目等合理费用,并支付同额违约金。遗漏无门票景点的,每遗漏一处旅行社向旅游者支付旅游费用总额5%的违约金。

(二)未经旅游者签字确认,擅自安排合同约定以外的用餐、娱乐、医疗保健、参观等另行付费项目的,旅行社应承担另行付费项目的费用。

(三)未经旅游者签字确认,擅自违反合同约定增加购物次数、延长停留时间的,每次向旅游者支付旅游费用总额10%的违约金。

(四)强迫或者变相强迫旅游者购物的,每次向旅游者支付旅游费用总额20%的违约金。

(五)旅游者在合同约定的购物场所所购物品系假冒伪劣商品的,旅行社应负责挽回或赔偿旅游者的直接经济损失。

(六)私自兜售商品,旅行社应全额退还旅游者购物价款。

第十一条 旅行社违反合同约定,中止对旅游者提供住宿、用餐、交通等旅游服务的,应当负担旅游者在被中止旅游服务期间所订的同等级别的住宿、用餐、交通等必要费用,并向旅游者支付旅游费用总额30%的违约金。

第十二条 本标准自发布之日起实施。

附录五 最高人民法院关于审理旅游纠纷案件适用法律若干问题的规定

法释〔2010〕13号（2010年9月13日最高人民法院审判委员会第1496次会议通过，自2010年11月1日起施行。）

为正确审理旅游纠纷案件，依法保护当事人合法权益，根据《中华人民共和国民法通则》、《中华人民共和国合同法》、《中华人民共和国消费者权益保护法》、《中华人民共和国侵权责任法》和《中华人民共和国民事诉讼法》等有关法律规定，结合民事审判实践，制定本规定。

第一条 本规定所称的旅游纠纷，是指旅游者与旅游经营者、旅游辅助服务者之间因旅游发生的合同纠纷或者侵权纠纷。

"旅游经营者"是指以自己的名义经营旅游业务，向公众提供旅游服务的人。

"旅游辅助服务者"是指与旅游经营者存在合同关系，协助旅游经营者履行旅游合同义务，实际提供交通、游览、住宿、餐饮、娱乐等旅游服务的人。

旅游者在自行旅游过程中与旅游景点经营者因旅游发生的纠纷，参照适用本规定。

第二条 以单位、家庭等集体形式与旅游经营者订立旅游合同，在履行过程中发生纠纷，除集体以合同一方当事人名义起诉外，旅游者个人提起旅游合同纠纷诉讼的，人民法院应予受理。

第三条 因旅游经营者方面的同一原因造成旅游者人身损害、财产损失，旅游者选择要求旅游经营者承担违约责任或者侵权责任的，人民法院应当根据当事人选择的案由进行审理。

第四条 因旅游辅助服务者的原因导致旅游经营者违约，旅游者仅起诉旅游经营者的，人民法院可以将旅游辅助服务者追加为第三人。

第五条 旅游经营者已投保责任险，旅游者因保险责任事故仅起诉旅游经营者的，人民法院可以应当事人的请求将保险公司列为第三人。

第六条 旅游经营者以格式合同、通知、声明、告示等方式作出对旅游者不公平、不合理的规定，或者减轻、免除其损害旅游者合法权益的责任，旅游者请求依据消费者权益保护法第二十四条的规定认定该内容无效的，人民法院应予支持。

第七条 旅游经营者、旅游辅助服务者未尽到安全保障义务，造成旅游者人身损害、财产损失，旅游者请求旅游经营者、旅游辅助服务者承担责任的，人民法院应予支持。

因第三人的行为造成旅游者人身损害、财产损失，由第三人承担责任；旅游经营者、旅游辅助服务者未尽安全保障义务，旅游者请求其承担相应补充责任的，人民法院应予支持。

第八条 旅游经营者、旅游辅助服务者对可能危及旅游者人身、财产安全的旅游项目未履行告知、警示义务，造成旅游者人身损害、财产损失，旅游者请求旅游经营者、旅游辅助服务者承担责任的，人民法院应予支持。

旅游者未按旅游经营者、旅游辅助服务者的要求提供与旅游活动相关的个人健康信息并履行如实告知义务，或者不听从旅游经营者、旅游辅助服务者的告知、警示，参加不适合自身条件的旅游活动，导致旅游过程中出现人身损害、财产损失，旅游者请求旅游经营者、旅游辅助服务者承担责任的，人民法院不予支持。

第九条 旅游经营者、旅游辅助服务者泄露旅游者个人信息或者未经旅游者同意公开其个人信息，旅游者请求其承担相应责任的，人民法院应予支持。

第十条 旅游经营者将旅游业务转让给其他旅游经营者，旅游者不同意转让，请求解除旅游合同、追究旅游经营者违约责任的，人民法院应予支持。

旅游经营者擅自将其旅游业务转让给其他旅游经营者，旅游者在旅游过程中遭受损害，请求与其签订旅游合同的旅游经营者和实际提供旅游服务的旅游经营者承担连带责任的，人民法院应予支持。

第十一条 除合同性质不宜转让或者合同另有约定之外，在旅游行程开始前的合理期间内，旅游者将其在旅游合同中的权利义务转让给第三人，请求确认转让合同效力的，人民法院应予支持。

因前款所述原因，旅游经营者请求旅游者、第三人给付增加的费用或者旅游者请求旅游经营者退还减少的费用的，人民法院应予支持。

第十二条 旅游行程开始前或者进行中，因旅游者单方解除合同，旅游者请求旅游经营者退还尚未实际发生的费用，或者旅游经营者请求旅游者支付合理费用的，人民法院应予支持。

第十三条 因不可抗力等不可归责于旅游经营者、旅游辅助服务者的客观原因导致旅游合同无法履行，旅游经营者、旅游者请求解除旅游合同的，人民法院应予支持。旅游经营者、旅游者请求对方承担违约责任的，人民法院不予支持。旅游者请求旅游经营者退还尚未实际发生的费用的，人民法院应予支持。

因不可抗力等不可归责于旅游经营者、旅游辅助服务者的客观原因变更旅游行程，在征得旅游者同意后，旅游经营者请求旅游者分担因此增加的旅游费用或旅游者请求旅游经营者退还因此减少的旅游费用的，人民法院应予支持。

第十四条 因旅游辅助服务者的原因造成旅游者人身损害、财产损失，旅游者选择请求旅游辅助服务者承担侵权责任的，人民法院应予支持。

旅游经营者对旅游辅助服务者未尽谨慎选择义务，旅游者请求旅游经营者承担相应补充责任的，人民法院应予支持。

第十五条 签订旅游合同的旅游经营者将其部分旅游业务委托旅游目的地的旅游经营者，因受托方未尽旅游合同义务，旅游者在旅游过程中受到损害，要求作出委托的旅游经营者承担赔偿责任的，人民法院应予支持。

旅游经营者委托除前款规定以外的人从事旅游业务，发生旅游纠纷，旅游者起诉旅游经营者的，人民法院应予受理。

第十六条 旅游经营者准许他人挂靠其名下从事旅游业务，造成旅游者人身损害、财产损失，旅游者请求旅游经营者与挂靠人承担连带责任的，人民法院应予支持。

第十七条 旅游经营者违反合同约定，有擅自改变旅游行程、遗漏旅游景点、减少旅游服务项目、降低旅游服务标准等行为，旅游者请求旅游经营者赔偿未完成约定旅游服务项目等合理费用的,人民法院应予支持。

旅游经营者提供服务时有欺诈行为,旅游者请求旅游经营者双倍赔偿其遭受的损失的,人民法院应予支持。

第十八条 因飞机、火车、班轮、城际客运班车等公共客运交通工具延误,导致合同不能按照约定履行,旅游者请求旅游经营者退还未实际发生的费用的,人民法院应予支持。合同另有约定的除外。

第十九条 旅游者在自行安排活动期间遭受人身损害、财产损失,旅游经营者未尽到必要的提示义务、救助义务,旅游者请求旅游经营者承担相应责任的,人民法院应予支持。

前款规定的自行安排活动期间,包括旅游经营者安排的在旅游行程中独立的自由活动期间、旅游者不参加旅游行程的活动期间以及旅游者经导游或者领队同意暂时离队的个人活动期间等。

第二十条 旅游者在旅游行程中未经导游或者领队许可,故意脱离团队,遭受人身损害、财产损失,请求旅游经营者赔偿损失的,人民法院不予支持。

第二十一条 旅游者提起违约之诉,主张精神损害赔偿的,人民法院应告知其变更为侵权之诉;旅游者仍坚持提起违约之诉的,对于其精神损害赔偿的主张,人民法院不予支持。

第二十二条 旅游经营者或者旅游辅助服务者为旅游者代管的行李物品损毁、灭失,旅游者请求赔偿损失的,人民法院应予支持,但下列情形除外:

(一)损失是由于旅游者未听从旅游经营者或者旅游辅助服务者的事先声明或者提示,未将现金、有价证券、贵重物品由其随身携带而造成的;

(二)损失是由于不可抗力、意外事件造成的;

(三)损失是由于旅游者的过错造成的;

(四)损失是由于物品的自然属性造成的。

第二十三条 旅游者要求旅游经营者返还下列费用的,人民法院应予支持:

(一)因拒绝旅游经营者安排的购物活动或者另行付费的项目被增收的费用;

(二)在同一旅游行程中,旅游经营者提供相同服务,因旅游者的年龄、职业等差异而增收的费用。

第二十四条 旅游经营者因过错致其代办的手续、证件存在瑕疵,或者未尽妥善保管义务而遗失、毁损,旅游者请求旅游经营者补办或者协助补办相关手续、证件并承担相应费用的,人民法院应予支持。

因上述行为影响旅游行程,旅游者请求旅游经营者退还尚未发生的费用、赔偿损失的,人民法院应予支持。

第二十五条 旅游经营者事先设计,并以确定的总价提供交通、住宿、游览等一项或者多项服务,不提供导游和领队服务,由旅游者自行安排游览行程的旅游过程中,旅游经营者提供的服务不符合合同约定,侵害旅游者合法权益,旅游者请求旅游经营者承担相应责任的,人民法院应予支持。

旅游者在自行安排的旅游活动中合法权益受到侵害,请求旅游经营者、旅游辅助服务者承担责任的,人民法院不予支持。

第二十六条 本规定施行前已经终审,本规定施行后当事人申请再审或者按照审判监督程序决定再审的案件,不适用本规定。

附录六 旅游发展规划管理办法

中华人民共和国国家旅游局令第 12 号《旅游发展规划管理办法》已经 2000 年 10 月 26 日国家旅游局局长办公会议通过，现予发布，自发布之日起施行。

局　长　何光暐
二〇〇〇年十月二十六日

第一章

第一条　为促进我国旅游产业的健康、持续发展，加强旅游规划管理，提高旅游规划水平，制定本办法。

第二条　编制和实施旅游发展规划，应当遵守本办法。

第三条　编制旅游开发建设规划应当服从旅游发展规划。旅游资源的开发和旅游项目建设，应当符合旅游发展规划的要求。

第四条　旅游发展规划应当坚持可持续发展和市场导向的原则，注重对资源和环境的保护，防止污染和其他公害，因地制宜、突出特点、合理利用，提高旅游业发展的社会、经济和环境效益。

第五条　国家旅游局负责全国的旅游发展规划管理工作；地方各级旅游局负责本行政区域内的旅游发展规划管理工作。

第二章

第六条　旅游发展规划是根据旅游业的历史、现状和市场要素的变化所制定的目标体系，以及为实现目标体系在特定的发展条件下对旅游发展的要素所做的安排。

第七条　旅游发展规划应当确定旅游业在国民经济中的地位、作用，提出旅游业发展目标，拟定旅游业的发展规模、要素结构与空间布局，安排旅游业发展速度，指导和协调旅游业健康发展。

第八条　旅游发展规划一般为期限五年以上的中长期规划。

第九条　旅游发展规划按照范围划分为全国旅游发展规划、跨省级区域旅游发展规划和地方旅游发展规划。

第十条　不同层次和不同范围的旅游发展规划应当相互衔接，相互协调，并遵循下级服从上级、局部服从全局的原则。

第三章

第十一条　旅游发展规划的编制应当以国民经济和社会发展计划为依据，与经济增长和相关产业的发展相适应。

第十二条　旅游发展规划应当与国土规划、土地利用总体规划、城市总体规划等有关区域规划相协调,应当遵守国家基本建设计划的有关规定。

第十三条 旅游发展规划应当与风景名胜区、自然保护区、文化宗教场所、文物保护单位等专业规划相协调。

第十四条 国家旅游局负责组织编制全国旅游发展规划、跨省级区域旅游发展规划和国家确定的重点旅游线路、旅游区的发展规划;地方旅游局负责编制本行政区域的旅游发展规划。

第十五条 国家旅游局对编制旅游发展规划的单位进行资质认定,并予以公告。

第十六条 编制旅游发展规划应当对国民经济与社会发展、市场前景、资源条件、环境因素进行深入调查,取得准确的基础资料,从市场需求出发,注意生态环境和文化历史遗产的保护和延续,积极采用先进的规划方法与技术手段。

第十七条 旅游发展规划编制的内容、方法和程序,应当遵守国家关于旅游规划技术标准的要求。

第十八条 旅游发展规划应当包括如下基本内容:

(一)综合评价旅游业发展的资源条件与基础条件;

(二)全面分析市场需求,科学测定市场规模,合理确定旅游业发展目标;

(三)确定旅游业发展战略,明确旅游区域与旅游产品重点开发的时间序列与空间布局;

(四)综合平衡旅游产业要素结构的功能组合,统筹安排资源开发与设施建设的关系;

(五)确定环境保护的原则,提出科学保护利用人文景观、自然景观的措施;

(六)根据旅游业的投入产出关系和市场开发力度,确定旅游业的发展规模和速度;

(七)提出实施规划的政策和措施。

第十九条 旅游发展规划成果应包括规划文本、规划图表和附件。规划说明和基础资料收入附件。

第四章

第二十条 旅游发展规划实行分级制定和审批。

全国旅游发展规划,由国家旅游局制定。

跨省级区域旅游发展规划,由国家旅游局组织有关地方旅游局编制,征求有关地方人民政府意见后,由国家旅游局审批。

地方旅游发展规划由地方各级旅游局编制,在征求上一级旅游局意见后,报同级人民政府批复实施。

第二十一条 国家确定的重点旅游城市的旅游发展规划,在征求国家旅游局和本省(自治区、直辖市)旅游局意见后,由当地人民政府批复实施。

国家确定的重点旅游线路、旅游区发展规划由国家旅游局征求地方旅游局意见后批复实施。

第二十二条 旅游发展规划上报审批前应进行经济、社会、环境可行性论证,由各级旅游局组织专家评审,并征求有关部门意见。

第二十三条 地方各级旅游局可以根据市场需求的变化对旅游规划进行调整,报同级人民政府和上一级旅游局备案,但涉及旅游产业地位、发展方向、发展目标和产品格局的重大变更,须报原批复单位审批。

  第二十四条 旅游发展规划经批复后,由各级旅游局负责协调有关部门纳入国土规划、土地利用总体规划和城市总体规划等相关规划。旅游发展规划所确定的旅游开发建设项目,应当按照国家基本建设程序的规定纳入国民经济和社会发展计划。

  第二十五条 旅游规划的培训教材、宣传材料等必须符合国家旅游局制定的旅游规划技术规范的要求。

第五章

  第二十六条 本办法由国家旅游局负责解释。

  第二十七条 本办法自发布之日起施行。